赣南苏区发展取得重大进展，经济发展迈入快车道，特色产业快速发展，科技创新能力明显增强，民生问题得到较好解决，脱贫攻坚取得决定性胜利，城乡面貌大变样，赣南的巨大变化是江西和革命老区发展变化的一个生动缩影。

——中共中央总书记、国家主席、中央军委主席习近平（2019 年 5 月 22 日，在听取江西省委、省政府工作汇报时的讲话）

前　言

　　消除贫困、改善民生、逐步实现共同富裕，是社会主义的本质要求，是中国共产党的重要使命。不忘初心，方得始终。中国共产党人的初心和使命，就是为中国人民谋幸福、为中华民族谋复兴。这个初心和使命，是激励中国共产党人不断前进的根本动力。党的十八大以来，以习近平同志为核心的党中央把扶贫开发工作纳入"五位一体"总体布局、"四个全面"战略布局，作出一系列重大部署和安排，全面打响脱贫攻坚战；党的十九大后，又把打好脱贫攻坚战作为全面建成小康社会的三大攻坚战之一，向全党发出了动员令，吹响了全面建成小康社会的嘹亮号角。这些年来，脱贫攻坚已经成为全国的统一部署、统一行动，脱贫攻坚力度之大、规模之广、影响之深，前所未有，取得了历史性成就。中华民族即将彻底摆脱绝对贫困，千百年来"民亦劳止，汔可小康"的憧憬将变为美好现实。

　　赣南老区是原中央苏区的主体及核心区域，是人民共和国的摇篮，是苏区精神和长征精神的主要发源地，为中国革命作出了重大贡献和巨大牺牲，在中国革命史上具有特殊重要的地位。新中国成立特别是改革开放以来，赣州经济社会发生了翻天覆地的变化，但由于种种原因，后发展、欠发达状况没有得到根本改变，仍然是全国较大的集中连片特殊困难地区之一，赣南老区还有相当部分群众徘徊在贫困线边缘，贫困量大、面广、程度深、持续时间长，是我国贫困地区的典型代表，脱贫攻坚、振兴发展的任务非常繁重。

人民共和国没有忘记赣南老区，党和国家领导人更是把深情的目光投向赣南老区。习近平同志先后2次亲临赣州视察、9次对赣南老区发展作出重要指示批示，并多次强调：原中央苏区振兴发展工作要抓好，这具有政治意义。要使老区人民过上富裕、幸福的生活。要推动老区加快发展，坚决打赢脱贫攻坚战，确保老区与全国同步全面进入小康社会。习近平同志还亲自推动《国务院关于支持赣南等原中央苏区振兴发展的若干意见》出台实施，把赣南老区振兴发展上升到国家战略层面。习近平总书记的重要讲话和重要指示批示精神，为赣州打赢脱贫攻坚战提供了根本遵循，注入了强大动力。

殷殷嘱托，重如千钧，老区人民永远铭记在心。军令如山，一诺千金，打赢脱贫攻坚战志在必得。赣州市委、市政府深入学习贯彻习近平总书记关于扶贫工作重要论述，以及对江西和赣州工作的重要要求，特别是2019年5月视察江西和赣州时的重要讲话精神，全面贯彻党中央、国务院和江西省委、省政府脱贫攻坚决策部署，坚持把脱贫攻坚作为首要政治任务和第一民生工程，统揽经济社会发展全局，大力弘扬苏区精神、长征精神和苏区干部好作风，团结带领全市广大干部群众感恩奋进、担当实干，下足"绣花"功夫，精准扶贫、精准脱贫，努力探索革命老区脱贫攻坚新路子；坚持问题导向，聚焦"两不愁三保障"目标标准，一年一个重点，一年一个台阶，压茬推进脱贫攻坚各项工作；坚持改革创新，创新推出产业扶贫"五个一"机制、健康扶贫"四道医疗保障线"、农村保障房、金融扶贫等政策组合，扎实推进高质量、可持续脱贫；坚持把作风建设贯穿脱贫攻坚全过程，铁心硬手惩治扶贫领域的腐败和作风问题，大力整治"怕、慢、假、庸、散"等作风顽疾，坚决破除形式主义、官僚主义，以最

脱贫攻坚丛书

POVERTY ALLEVIATION SERIES

决不让一个老区群众掉队

——脱贫攻坚"赣州答卷"

北京师范大学中国扶贫研究院 / 著

人民出版社

严的要求、最实的作风，确保脱贫攻坚责任落实、政策落实、工作落实；坚持统筹推进，积极探索脱贫攻坚的体制机制、政策保障、产业就业、资金项目等与乡村振兴相衔接，加快推动乡村全面振兴。8年来，赣南老区脱贫攻坚取得显著成效，许多方面走在江西省乃至全国前列，成功承办全国产业扶贫、就业扶贫、网络扶贫、消费扶贫、"互联网＋社会扶贫"等大型会议，创造了许多"赣州经验"，书写了革命老区脱贫攻坚的"赣州答卷"。2019年5月，习近平总书记在视察江西和赣州时指出，赣南苏区发展取得重大进展，脱贫攻坚取得决定性胜利。

时代是思想之母，实践是理论之源。赣南老区的脱贫实践是革命老区发展变化的一个生动缩影，具有典型性和代表性。本书系统总结了赣州的精准扶贫、精准脱贫模式，力图通过图文并茂的形式和通俗易懂的语言，全方位展现地市操作层面的脱贫攻坚做法、经验和成效，并从实践层面上升到理论层面，以期为"后扶贫时代"巩固脱贫攻坚成果、建立解决相对贫困的长效机制、全面实施乡村振兴战略提供有益借鉴和参考。同时，我们认为，赣州的脱贫攻坚工作是研究我国扶贫开发实践的一个窗口，对其他国家和地区推进减贫行动具有一定的启发和借鉴意义。

本书以赣州各地脱贫攻坚实践为基础，同时参阅了有关方面的资料。由于脱贫攻坚工作时间跨度长、政策措施多、涉及经济社会发展的方方面面，书中难免存在疏漏和不当之处，敬请各位读者批评指正。

本书编写组

2020年5月

目 录 CONTENTS

第　一　章

革命老区脱贫攻坚的"赣州答卷"

《国务院关于支持赣南等原中央苏区振兴发展的若干意见》（以下简称《若干意见》）明确，支持赣州建设全国革命老区扶贫攻坚示范区。这一战略定位，为赣州脱贫攻坚工作标定了目标航向。脱贫攻坚战打响以来，赣州深入学习贯彻习近平总书记关于扶贫工作重要论述，坚持把脱贫攻坚作为检验"四个意识"、践行"两个维护"的试金石，切实把思想与行动统一到党中央和江西省委的部署要求上来，坚持真扶贫、扶真贫、真脱贫，历史性实现了区域性整体脱贫，脱贫质量高、成色足、可持续，走出了一条革命老区脱贫致富的新路子，书写了革命老区脱贫攻坚的"赣州答卷"。

第一节　赣州是全国较大的集中
连片特殊困难地区

赣州又称赣南，位于华东南部，地处赣江上游，处于东南沿海地区向中部内地延伸的过渡地带，是江西省的"南大门"，是江西省面积最大、人口最多的设区市，同时也是江西省唯一的省域副中心城市，素有千里赣江第一城、江南宋城、红色故都、客家摇篮、世界橙乡、世界钨都、稀土王国、生态家园和世界堪舆文化发源地等美誉。赣州地处罗霄山脉中段，境内有 11 个县（市、区）被纳入罗霄山片区区域发展与扶贫攻坚规划，占该片区总数的近一半。长期以来，赣南老区经济社会发展相对滞后，第一产业占比较高，群众生产生活水平与江西省和全国平均水平相比，存在较大差距。

一、赣州概况

赣州，山清水秀、美丽宜居，地处南岭、武夷山和罗霄山三大山脉交会地带，是我国南方地区重要生态屏障，是赣江、东江的源头；赣州，历史悠久、民风淳朴，是客家先民南迁的第一站，是客家文化和客家民系的摇篮；赣州，将星璀璨、功勋卓著，是中华苏维埃共和国临时中央政府所在地和中央红军长征集结出发地，是全国著名的革命老区。近年来，赣州这座千年古城，不断焕发新的生机活力。今日之赣州，城市更具都市魅力，农村更加整洁美丽，一个现代化的省域副中心城市正在加速崛起，正成为一颗冉冉升起的耀眼明珠。

文明久远灿烂。5000 多年前已有先民在此繁衍生息，秦代始置县，宋代定名赣州。秦代开始设置县治，至今已有 2200 多年；唐代贯通梅岭驿道，成为"五岭之要冲""粤闽之咽喉"和中国"海上丝绸之路"的重要节点；宋代繁盛，跻身全国三十六大城市、四十四大经济中心之列，商贾如云、货物如雨。1994 年，赣州被国务院命名为"国家历史文化名城"。张九龄、苏东坡、辛弃疾、文天祥等历史名人曾在此留下政功墨迹，唐代的马祖道一禅师、风水大师杨筠松在此弘扬中国禅宗文化、堪舆文化，周敦颐、程颢、程颐、王阳明等理学大家使赣州成为宋明理学发祥地。赣州是江南宋城，至今存有全国最为完整的宋代砖城墙，保存着大量宋代遗址，被誉为"宋城博物馆"。八境台踞章、贡两江交汇处，"览群山之参差，俯章贡之奔流"；郁孤台以辛弃疾《菩萨蛮·书江西造口壁》所云"郁孤台下清江水，中间多少行人泪"而声名远播；江南第一石窟——通天岩，以江西省最大的石龛造像群著称于世；江西四大名窑之一的赣州七里镇古窑址，有"先有七里镇，后有景德镇"之说；泽惠古今的宋代地下排水系统——福寿沟，被誉为中国城市建设史上的奇迹，现已建成我国唯一的地下排水系统博物馆并对外开放。

赣州市的八境台（左）和客家先民南迁纪念坛

🔍 **深度链接**

作为中原人南迁的第一站，赣州是客家摇篮，热情好客、诚实守信、开明开放、大气包容的客家品格，深深浸润这块土地，崇文重教、耕读传家的人文传统深远厚重，为孕育壮大客家民系、绵延广播客家血脉，作出了卓越贡献。赣州是全球最大的客家人聚居地，赣州 983 万人口当中，95% 为客家人；全球每 10 个客家人中，就有 1 个赣州人；全国 44 个"纯客家县"，赣州有 17 个。赣州至今保存完好的上千座客家围屋，被誉为中国民居建筑奇葩、"东方的古罗马城堡"。赣南采茶戏、兴国山歌、于都唢呐、石城灯会等国家级非物质文化遗产流传至今。

革命历史辉煌。赣州是全国著名的革命老区，是人民共和国的摇篮、全国著名的红色故都、土地革命战争时期中央苏区的主体及核心区域。中华苏维埃共和国在此奠基，举世闻名的红军二万五千里长征从于都、瑞金等地出发，艰苦卓绝的南方红军 3 年游击战争在赣南山区浴血坚持，毛泽东、周恩来、刘少奇、朱德、邓小平、陈云等老一辈无产阶级革命家在这里留下闪光足迹。赣南苏区人民是中央红军的基本力量，当年 240 万苏区人口中，参军"扩红"33 万余人、支前参战 60 余万人，为中国革命作出了重大贡献和巨大牺牲，仅有名有姓的烈士就达 10.82 万人，分别占江西全省、全国烈士总数的 43.8%、7.5%，长征路上平均每公里就有 3 名赣州籍烈士倒下。中央红军长征出发时的 8.7 万余人中，赣州籍红军就达 5 万余人，占中央红军总数的 65%。赣州走出了 134 位开国将军，其中兴国籍将军 56

名，兴国县被誉为"将军县"。为支援革命战争和苏区建设，赣南苏区人民提供了大量军费和军需物资。一个地区、一个贫困山区，为中国革命作出如此大的贡献和牺牲，在全国实属罕见，震撼人心。

位于瑞金市的中华苏维埃共和国临时中央政府大礼堂旧址

　　区位优势明显。赣州的地理位置得天独厚，赣粤闽湘四省通衢，东邻武夷，南接五岭，西连罗霄，承南启北、呼东应西，处赣粤闽湘之要会，为沿海腹地、内地前沿。当前，赣州正加快成为我国南方地区重要的区域性综合交通枢纽城市，拥有四省边际区域最大的4C级民用机场——黄金机场，通达北京、上海等国内50多个重要城市。2019年，黄金机场年旅客吞吐量突破200万人次，迈入中型机场行列；航空口岸获批临时对外开放，升格为国际空港，开通赴泰国芭提雅国际航线,赣南老区人民实现了家门口的"出国梦"。铁路营运里程663公里,(南)昌赣(州)高铁和赣(州)龙(岩)铁路扩能改造、赣(州)韶(关)铁路建成运营,赣州迈入"高铁时代","一纵一横"高速铁路和"两纵两横"普速铁路网加快形成。高速公路建成总里程约占江西省的四分之一,形成"三纵三横六联"路网,实现县县通高速公路。无中生有打造的赣州国际陆港,获批全国内陆第8个永久对外开放口岸和全国内陆首个国检监管试验区,江西省首个汽车整车进口口岸、进口肉类指定口岸通过验收,中欧(亚)班列开行数量进入全国内陆港"第一方阵",成为全国功能最齐全的内陆口岸之一。赣州已成为全国革命老区中唯一同时拥有铁路口岸、公路口岸和航空口岸的城市。

位于南康区的赣州国际陆港,目前已成为江西省吞吐量最大和全国铁海联运外贸集装箱吞吐量最大的内陆港

资源禀赋独特。赣州被誉为世界钨都、稀土王国。黑钨储量居世界第一;离子型稀土资源储量占全国同类稀土资源保有储量的60%以上,在国内外同类型矿种中位居第一,富含高价值的铽、镝、铕、钇

等中重稀土元素。境内发现的砷钇矿、黄钇钽矿，为中国首次发现的矿物。国际矿物协会新矿物与矿物命名委员会在 1983 年审查通过并正式确认的赣南矿，为世界首次发现的新矿物。赣州还是世界橙乡，脐橙种植面积稳定在 163 万亩左右，年产量稳定在 125 万吨左右，种植面积和年产量分别居全球第一、世界第三，赣南脐橙品牌价值居全国地理标志产品区域品牌第六、水果类第一。

位于赣州市的中国科学院稀土研究院，成为中科院近 10 年在全国布局的唯一院所

　　生态环境良好。赣州青山绿水，享绿色家园、生态家园之美誉，有国家级森林公园 8 个、省级森林公园 20 个，国家级自然保护区 3 个、省级自然保护区 5 个、市县级自然保护区 27 个，森林覆盖率达 76.4%，是全国十八大重点林区和十大森林覆盖率最高的城市之一，也是江西母亲河赣江和香港同胞饮用水源东江的源头；章、贡两水合流为赣江，鄱阳湖水系的 25%、东江水系的 10.4% 流量源于赣南，

年均水资源量达 335.7 亿立方米；空气质量优良率、饮用水源地水质达标率均为 100%，城市生态环境竞争力进入全国前 20 强，被联合国环境规划基金会授予绿色生态城市保护特别贡献奖。年平均气温 19.3 摄氏度、降雨量 1605 毫米，无霜期平均 288 天。崇义县阳明山号称"天然氧吧"，空气中的负氧离子最高值为每立方厘米 19.2 万个单位。

赣州市阳明湖国家森林公园，目前为国家 4A 级景区

二、赣州贫困溯源

改革开放以后，赣州作为传统农区，由于战争创伤、山高路远、基础薄弱等原因，在全国工业化、城镇化加快发展的大背景下，发展相对慢了，与江西省、全国相比，小康实现程度总体偏低，尤其是农

村实现全面小康的程度，更是存在比较大的差距，整个赣南老区成为与全国同步全面建成小康社会的一个薄弱环节。

（一）贫困分布现状

赣州集丘陵山区、集中连片特困地区、革命老区于一体，发展底子薄、经济实力弱、人均收入低，贫困人口分布范围广、数量多，是我国典型的贫困地区。根据 2010 年的统计数据，赣州市有贫困人口 215.46 万人、贫困户 63.62 万户，贫困发生率为 29.95%，高出全国平均水平 16.55 个百分点。其中，五保户有 4.42 万户、5.3 万人，分别占贫困总户数及总人口的 9.33% 和 2.46%；低保户有 12.70 万户、31.35 万人，分别占贫困总户数及总人口的 26.82% 和 14.55%；其他类型贫困户有 30.23 万户、178.81 万人，分别占贫困总户数及总人口的 63.85% 和 82.99%。

表 1-1 赣州市 2010 年农村各类贫困户数及人口数统计表

贫困户属性	户数（万户）	户占比（%）	人口数（万人）	人口占比（%）
五保户	4.42	9.33	5.30	2.46
低保户	12.70	26.82	31.35	14.55
其他类型贫困户	30.23	63.85	178.81	82.99
合计	47.35	100	215.46	100

数据来源：根据赣州市相关资料整理。

当时，赣州的贫困状况可分为两个方面。一方面，社会民生保障不够，2010 年赣州市的农村居民人均可支配收入为 4182 元，比全国人均水平少 1737 元，农村教育、医疗、卫生等公共服务水平不高，实现"两不愁三保障"压力大。另一方面，农村基础设施水平落后，脱贫致富的基础条件较差。

表 1-2 赣州市 2010 年贫困人口生产生活状况

居难"安"	赣州市 171.26 万多户农户中,有 69.52 万多户居住在年代已久的土坯房中,占总户数的 40.59%。
食难"饱"	大部分贫困群众日常吃食为自己种的萝卜、青菜,腌制的梅干菜和酸萝卜,营养摄入不够全面;少数特困户存在愁吃问题。
衣难"添"	贫困户家中小孩穿衣基本是轮换着穿,中老年人基本上多年不买新衣服穿。
就医难	农村医疗卫生事业落后,村卫生医疗设备短缺、老化现象严重,农村缺医少药,看病难问题十分突出。
上学难	农村中小学校舍面积不够,还有不少危房;师资力量短缺,师生教学条件差。

资料来源:根据赣州市相关资料整理。

"十二五"时期,赣州把解决突出的民生问题摆在首位,推动全市贫困人口大幅减少、贫困发生率大幅降低。经 2014 年建档立卡,赣州有贫困户 28.74 万户、贫困人口 114.33 万人,贫困发生率为 14.28%,贫困人口占江西省的 40%。"十三五"时期,赣州有省级贫困村 932 个,占江西全省贫困村总数的 32%;有深度贫困村 167 个,占江西省深度贫困村总数的 62%;有兴国县、宁都县、于都县、瑞金市、石城县、寻乌县、会昌县、安远县、上犹县、赣县区、南康区等 11 个贫困县(市、区),占江西省贫困县总数的 45.8%。

(二)致贫原因分析

贫有百样,困有千种。赣州贫困群众致贫原因复杂多样,各类影响因素交织,主要分为 7 种类型,即因病致贫、因残致贫、因学致贫、缺技术致贫、缺劳动力致贫、缺资金致贫、因自身发展能力不足致贫。从 2014 年建档立卡贫困户的主要致贫原因来看,因病致贫 8.76 万户,数量最多,占总建档立卡贫困户户数的 30.48%;次要致贫原因为缺资金致贫、因残致贫、缺技术致贫、缺劳动力致贫,共计 17.51 万户。

历史因素——战争造成创伤。20 世纪二三十年代,以毛泽东为主要代表的中国共产党人在赣南大地领导开展了艰苦卓绝的革命斗

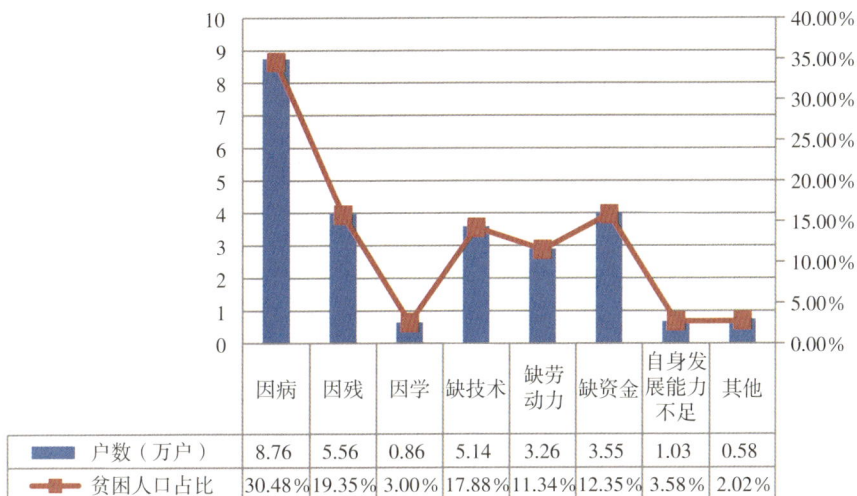

	因病	因残	因学	缺技术	缺劳动力	缺资金	自身发展能力不足	其他
户数（万户）	8.76	5.56	0.86	5.14	3.26	3.55	1.03	0.58
贫困人口占比	30.48%	19.35%	3.00%	17.88%	11.34%	12.35%	3.58%	2.02%

赣州市 2014 年建档立卡贫困户致贫原因分布图

争。当时，赣南人民为了支援红军、支持战争，倾尽人力、物力、财力，大量青壮年因为参军参战而牺牲或丧失劳动力；红军北上长征后，国民党反动派进行疯狂反扑，实行"茅草过火、石头过刀、人要换种"的反动政策，致使人口特别是青壮年劳动力骤减，成为长期制约赣南地区经济社会发展的一大因素。

🔍 深 度 链 接

　　为了支援红军、支持革命，赣南苏区人民节衣缩食、倾其所有。当年最光荣的事，除了"送郎当红军"，就是"挑粮送给苏维埃"。赣南苏区人民省下口粮，踊跃购买革命战争和经济建设公债 368 万元，占发行总数的 76%。另外，据不完全统计，红军长征时带走中华苏维埃共和国国家银行直属瑞金支行 2600 万元存款，其他捐赠如草鞋、棉被、衣物、菜干等，因史料、数据繁杂庞大，更是难以确切统计。

自然因素——资源禀赋制约。赣南地区地形复杂，境内群山环绕，以山地和丘陵为主。其中，丘陵面积24053平方公里，占赣州土地总面积的61%；山地面积8620平方公里，占总面积的21.89%。人均耕地只有0.635亩，低于江西省0.995亩，大大低于全国1.45亩的平均水平。赣州地势中间低、四周高，地理位置偏僻，生态环境脆弱，山地水土流失严重，很多贫困人口聚居在偏远深山地区、库区，生存和发展条件较差，不仅“无业可扶”，而且还长期受洪涝、泥石流、低温冻害等自然灾害影响，因灾返贫的状况时有发生。

发展因素——基础设施滞后。基础设施的完善程度，往往影响一个地方的经济社会发展程度。长期以来，由于经济欠发展，赣南老区财政实力薄弱，人均财政收入及自给率严重偏低，“吃饭财政”问题突出，发展支撑能力严重不足。这在很大程度上造成赣南老区基础设施建设长期落后，特别是与外部交往不够、相对闭塞、信息不畅，大大制约了赣州的发展空间。2010年以前，赣州有1.8万个村民小组、2.3万个自然村不通公路，541个行政村不通客运班车；31.78%的农田得不到有效灌溉，不少农户还存在安全饮水问题。

个人因素——内生动力不足。受封闭环境影响，赣南老区大部分贫困群众整体受教育程度偏低，缺乏知识和技能，自主发展能力较弱，不能很好地适应社会发展需要，无法及时就业增收。一些贫困户内生发展动力不足，存在“等靠要”思想，缺乏脱贫致富的信心和勇气。由于贫困群众受教育程度低、观念落后，贫困人口长久处于贫困状态，贫困代际传递现象比较普遍。

（三）扶贫历程

改革开放以来，经过40余年的接续奋斗，赣南老区同全国一样发生了翻天覆地的变化，扶贫开发取得了前所未有的成就。从1978年至今，中国扶贫开发逐步从解决温饱问题，转为加快脱贫致富、改善生态环境、提高发展能力、缩小发展差距，扶贫开发的针对性和实效性越来越强。赣州的扶贫工作历程大致经历了 5 个阶段，各个阶段都有鲜明的主题、工作内容，并取得了相应的工作成效。

1978—1985 年：改革推动扶贫。

1978 年开始进行土地经营制度改革，从制度层面推动赣州扶贫工作实质性起步。中央通过在农村实行家庭联产承包经营责任制，极大解放了生产力、提高了土地产出率。国家通过农产品价格提升、农业产业结构向附加值更高产业转化以及农村劳动力在非农领域就业等 3 个方面的渠道，使很多农民得以摆脱绝对贫困状况，农村贫困状况大幅度缓解。赣州在这一时期主要以农村土地制度、市场制度和就业制度的改革为重点，促进农村经济的增长，使大批长期得不到温饱的农民摆脱了贫困。

1986—1993 年：大规模开发式扶贫。

根据国务院统一部署，赣州成立专门的扶贫工作机构，将扶贫当作一项重要的事业来抓，开展有计划、有组织和大规模的开发式扶贫。这一阶段，对救济式扶贫进行了彻底改革，确定了开发式扶贫的方式，专门制定了针对贫困地区和贫困人口的政策措施。到 1993 年年底，赣州年人均纯收入在 400 元以下的绝对贫困人口下降到 105 万人。

1994—2000 年："八七"扶贫攻坚。

经过前两个阶段的工作，贫困人口的组成在结构上发生了重大变化，贫困人口主要集中在自然条件恶劣、交通不便、信息闭塞的地区，需要以更大力度推动贫困地区的经济发展。为此，国家制定《八七扶贫攻坚计划》。这是新中国历史上第一个有明确目标、明确对象、明确措施和明确期限的扶贫开发行动纲领。赣州积极落实党和国家的扶贫攻坚政策措施，以贫困乡村为重点，以贫困户增收为目标，以经济效益、扶贫效益为中心，有计划、有重点地扶持修建了一批急需的交通、能源、水电、教育、卫生等基础设施，扶贫攻坚取得了显著成绩，极大改善了群众的生产生活条件。

2001—2010 年：新阶段扶贫开发工作。

这个阶段，国家制定了《中国农村扶贫开发纲要（2001—2010年)》，规定以县为基本单元，以贫困乡村为基础，集中力量、集中资金，分期分批对贫困村进行重点扶持。据此，赣州研究编制扶贫开发规划，及时制定《关于加强新阶段扶贫开发工作的意见》，明确新阶段扶贫开发工作的目标、任务和措施。根据党的十七大对扶贫开发提出的"一个加大、两个提高"新要求，赣州把扶贫开发纳入全面建设小康社会总体部署，作为改善民生的重要内容之一，制定下发《关于进一步加大扶贫工作力度，提高扶贫开发水平的实施意见》《赣州市库区深山区移民扶贫工作实施意见》等一系列政策，坚持 80% 的财政扶贫资金下达到重点村，"十五"时期对 170 个重点乡镇 403 个重点村、"十一五"时期对 1047 个重点村予以重点扶持，推动贫困地区面貌明显改观、农业产业水平明显提升、贫困人口进一步减少。

2011—2020 年：决胜全面建成小康社会。

党的十八大以来，党中央把扶贫开发作为经济社会发展规划的主要内容，扶贫开发进入啃硬骨头、攻坚拔寨、决战决胜全面建成小康社会的冲刺期。习近平总书记提出"精准扶贫"理念后，过去粗放式的"大水漫灌"扶贫模式转变为"精准滴灌"，极大提高了扶贫效率。赣州坚持以脱贫攻坚统揽经济社会发展全局，围绕贯彻落实《若干意见》，集中力量解决老区长期存在的突出民生问题，把上级的扶持资源用在刀刃上，将财政支出近七成、新增财力近八成用于保障和改善民生，加快实施农村土坯房改造、安全饮水、电网升级、道路修建等民生工程，坚决打赢脱贫攻坚战。2019 年 5 月 20 日，习近平总书记亲临赣州视察指导。赣州全市上下更加坚定了打赢打好脱贫攻坚战的信心和决心，一鼓作气、乘势而上，大力开展脱贫攻坚"清零"行动，对剩余贫困人口进行更具针对性的帮扶，确保实现高质量、可持续脱贫，彻底消除绝对贫困。2020 年 4 月 26 日，江西省政府宣布于都县、兴国县、宁都县、赣县区脱贫摘帽。至此，赣州历史性实现区域性整体脱贫。

第二节　赣州脱贫攻坚的现实意义和时代价值

打赢脱贫攻坚战是中国共产党对中国人民的庄严承诺。不让一个老区群众在全面小康路上掉队，是习近平总书记对老区人民的深情牵挂。赣南老区人民为中国革命付出了巨大牺牲，确保如期实现全面脱贫，不仅关乎老区群众的生活幸福，也是一项培根固本的政治工程，具有重大政治意义和深远历史意义。

一、赣州脱贫攻坚充分体现了中国共产党不忘初心、牢记使命的历史担当

小康不小康，关键看老乡。我们党来自人民，植根于人民，服务于人民。让贫困地区和贫困人民摆脱贫困、共享发展成果，是全面建成小康社会的底线任务，是中国共产党人初心和使命的直接体现，也是我们党义不容辞的责任。

赣南是我们党初心的重要起源地。在烽火连天的革命战争年代，

赣南人民矢志不渝跟党走,无数革命志士抛头颅、洒热血,用赤诚、鲜血和生命捍卫红色政权,为中国革命作出了重大贡献和巨大牺牲。没有老区人民的奉献,就不会有今天党的事业的成就和人民的幸福安康。

行程万里,不忘初心。2019年5月,习近平总书记在赣州视察时强调,我们要饮水思源,不要忘了革命先烈,不要忘了党的初心和使命,不要忘了革命理想、革命宗旨,不要忘了中央苏区、革命老区的父老乡亲们。赣州坚决贯彻习近平总书记的重要指示要求,扎实推进脱贫攻坚,推动全市百万贫困人口实现脱贫,完成了革命先辈的未尽夙愿。这其中讲的是政治,干的是民生,体现的是大局,反映的是党性,践行的是初心,生动诠释了我们党全心全意为人民服务的根本宗旨,进一步巩固了我们党的执政基础,对全国革命老区加快发展具有标志性和示范意义。

二、赣州脱贫攻坚充分折射了习近平总书记关于扶贫工作重要论述的实践伟力

脱贫攻坚,始终是习近平总书记牵挂的大事。党的十八大以来,习近平总书记风雨兼程,走遍了全国14个集中连片特困地区,并围绕为什么要脱贫、如何脱贫、如何保证脱贫效果等重大理论和实践问题,提出了"两个确保"的目标、"两不愁三保障"的标准、"六个精准"的扶贫方略、"五个一批"的实践路径等一系列新思想、新观点、新论断,明确了脱贫要从方法路径上重点解决"扶持谁""谁来扶""怎么扶""如何退"等重要问题,形成了习近平总书记关于扶贫工作重要论述,为全国打赢打好脱贫攻坚战提供了根本遵循、指明了前进方向。

赣南老区干部群众始终铭记习近平总书记的深情厚爱，饮水思源、人心向党，感恩奋进、担当实干，坚持以习近平总书记关于扶贫工作重要论述指导脱贫攻坚实践，深刻领会蕴含其中的思想内涵、精神实质、目标要求，准确把握脱贫攻坚正确方向，全面建立健全脱贫攻坚的责任体系、工作体系、政策体系、投入体系、帮扶体系、社会动员体系、全方位监督体系、考核评估体系等，全力抓好脱贫攻坚各项工作落实，全市脱贫攻坚取得决定性胜利，11个贫困县（市、区）全部脱贫摘帽，实现历史性整体脱贫。实践充分证明，赣南老区之所以能够与全国同步全面建成小康社会，完全得益于以习近平同志为核心的党中央的坚强领导和习近平总书记的亲切关怀。赣南老区的脱贫之路，就是习近平总书记关于扶贫工作重要论述在赣南大地的生动实践。

三、赣州脱贫攻坚充分彰显了社会主义集中力量办大事的制度优势

新中国成立以来，为改变旧中国一穷二白的面貌，我们党团结带领全国各族人民进行了不懈努力，在全国范围内实施了以解决贫困人口温饱问题为主要目标的，有计划、有组织的大规模扶贫开发行动，极大地缓解了贫困问题，创造了世界减贫史的奇迹。如此辉煌的减贫成绩，只有中国共产党才能做到，只有坚持走中国特色社会主义道路才能做到。

脱贫攻坚战打响以来，以习近平同志为核心的党中央高度重视老区扶贫开发工作，为赣南等原中央苏区量身定制《若干意见》及一系列配套政策文件，组织42个中央国家机关及有关单位对口支援赣南，架起了中央和老区的"连心桥"，开启了部委与赣南的"直通车"。

中央国家机关及有关单位怀着深厚的红色情怀，"翻箱倒柜、倾囊相助"，给予赣南特殊扶持，构筑起区域性"政策高地"，使赣州成为"中部的西部""老区中的特区"，群策群力促脱贫。正是我们党始终发挥总揽全局、协调各方的领导核心作用，建立中央和地方上下联动的高效推进机制，凝聚起强大的政策执行力和号召力，才促成赣南老区脱贫攻坚取得决定性胜利。这充分彰显了中国特色社会主义制度的无比优越性和强大生命力，也是中国特色社会主义道路自信、理论自信、制度自信、文化自信的生动写照。

四、赣州脱贫攻坚充分诠释了苏区精神的时代价值

中国共产党 90 多年的光辉历程中，矗立着一座座伟岸的精神丰碑。在 20 世纪二三十年代革命根据地的创建和发展中，在建立红色政权、探索革命道路的伟大斗争中，无数革命先辈用鲜血和生命，铸

2020 年 4 月 21 日，赣州市召开第三批中央国家机关及有关单位对口支援挂职干部座谈会

就了以坚定信念、求真务实、一心为民、清正廉洁、艰苦奋斗、争创一流、无私奉献为主要内涵的苏区精神[①]，成为党和红军留给我们的宝贵精神财富。

赣州坚持把跨越时空的苏区精神融入脱贫攻坚的各个方面，不断从中吸取精神养分和力量，助力打赢打好脱贫攻坚战。全市上下始终信念坚定，以昂扬的斗志、扎实的努力，坚决如期完成脱贫攻坚目标任务，兑现脱贫攻坚"一个都不能少，一户都不能落"的庄严承诺。把求真务实作为脱贫攻坚的一种态度、方略和能力，坚持精准扶贫、精准脱贫基本方略，找准治穷致富路径，真扶贫、扶真贫、真脱贫，让扶贫结果经得起历史检验。强化一心为民的宗旨意识，时刻叮念贫困群众，与贫困户同吃、同住、同劳动，把贫困户当朋友、当亲人，把群众的事当自己的事来办，把群众的困难当自己的困难来解决，真心实意为民服务解难题。永葆清正廉洁的政治本色，把全面从严治党要求贯穿脱贫攻坚工作全过程和各环节，强化扶贫资金项目监管，持续开展扶贫领域腐败和作风问题专项治理，全力为脱贫攻坚提供坚强作风保障。大兴艰苦奋斗之风，牢固树立过紧日子的思想，把有限的资金和资源用在最急需、最关键的地方。坚持以争创一流为目标追求，创造性抓好工作落实，大胆探索脱贫攻坚体制机制，创造了新时代的"第一等工作"，书写了革命老区脱贫攻坚的"赣州答卷"。高举无私奉献的旗帜，全市干部"5+2""白＋黑"，接续奋斗在脱贫攻坚一线，甚至有18名扶贫干部献出了宝贵的生命，用干部的"辛苦指数"换来了老百姓的"幸福指数"。以上种种，都是苏区精神在新时代的具体体现，传承了赣南老区独特的红色基因。

---

① 苏区精神，由时任中共中央政治局常委、中央书记处书记，国家副主席，中央军委副主席习近平，于2011年11月4日在纪念中央革命根据地创建暨中华苏维埃共和国成立80周年座谈会上提出。

五、赣州脱贫攻坚充分打牢了实施乡村振兴战略的基础

党的十九大报告从全局和战略高度，明确坚持农业农村优先发展，实施乡村振兴战略。这是党中央着眼于全面建成小康社会、全面建设社会主义现代化国家作出的重大战略决策。赣州注重抓好脱贫攻坚与乡村振兴有效衔接，坚持把习近平总书记强调的乡村"五个振兴"重要要求贯穿脱贫攻坚全过程、各方面。围绕产业振兴要求，以打好现代农业攻坚战为抓手，大力实施产业扶贫"五个一"机制①，坚定不移发展脐橙、蔬菜、油茶主导产业，因地制宜发展畜禽、茶叶、白莲等区域特色产业，加快农业一二三产融合，初步构建起具有赣南特色的现代农业产业体系。围绕人才振兴要求，一方面精准选派第一书记和驻村工作队，将优秀干部充实到"三农"战线和基层一线；另一方面，全面实行"红土地"人才集聚、见习村干部、选聘扶贫专干等制度，连续4年提高村（社区）干部报酬待遇，配齐"三个小组长"（党小组长、村民小组长、妇女小组长），定期从"三方面人员"（乡镇事业编制干部、优秀村干部、大学生村官）中竞争性选拔乡镇领导干部，建强村级后备干部队伍。围绕文化振兴要求，积极开展新时代文明实践中心建设试点工作，扎实推进乡风文明行动，专项整治婚丧礼俗、乱埋乱葬、不孝行为、农村赌博等陈规陋习，打造乡风文明的"赣州样板"，为赣南乡村振兴凝聚了精气神。围绕生态振兴要求，大力实施农村人居环境整治三年行动，统筹山水林田湖草系统治理，建立农村生活垃圾治理体系，"厕所革命"覆盖率达95.6%，基本完成"整洁美丽、

---

① 产业扶贫"五个一"机制，指选准一个产业、打造一个龙头、建立一套利益联结机制、扶持一笔资金、健全一套服务体系。

和谐宜居"新农村建设四年行动任务，打造了一批可持续发展的美丽宜居试点县、乡镇、村庄、庭院。围绕组织振兴要求，深入实施基层党建质量提升行动，集中整顿软弱涣散的基层党组织，选优配强村党组织带头人，大力发展村集体经济，全市 3468 个村集体的年经营性收入均达到 5 万元以上，基层党组织引领乡村振兴的整体功能不断增强。

总的来看，赣州抓住打赢脱贫攻坚战和实施乡村振兴战略的交汇期，既集中力量补短板、强弱项，又注重按照"产业兴旺、生态宜居、乡风文明、治理有效、生活富裕"的总要求和实现乡村"五个振兴"的目标，积极探索与乡村振兴相配套的政策措施，为稳步推进乡村全面振兴打下了扎实的基础。

六、赣州脱贫攻坚充分顺应了加强和创新基层社会治理的发展要求

"国家治理体系和治理能力建设"是当代中国的时代命题，也是长期的历史任务。赣州坚决按照党中央和江西省委关于脱贫攻坚的决策部署，在原有粗放扶贫的基础上，探索了全新的扶贫体制机制，并积极适应基层社会治理新形势、新任务、新要求，对做好新时代基层社会治理工作进行了有益尝试。

围绕构建层级式治理体系，推进脱贫攻坚与基层治理深度融合，选派驻村工作队和第一书记下沉开展驻村帮扶，协助加强村级党组织建设；探索实施市域社会治理创新，纵深开展扫黑除恶专项斗争，开展"街道吹哨、部门报到"等改革试点，打造"并组设区"等基层治理经验，加快形成法治、德治、自治相结合的基层综合治理机制，构建共建、共治、共享的治理格局，广大农村更加和谐、安定、有序。可以说，赣州打赢脱贫攻坚战的过程，也是加强基层社会治理的过程。通过在脱贫攻坚战中进行的一系列基层治理实践，赣州村级党组织的组

织力、群众的自治力均得到提升，有效弘扬了社会正气，密切了党群干群关系，构筑起新时代的"铜墙铁壁"，进一步巩固了中国共产党在农村的执政基础，对做好新时代基层社会治理工作具有重要启示意义。

第三节　学习贯彻习近平总书记关于扶贫工作重要论述的赣州实践

赣州深入学习贯彻习近平总书记关于扶贫工作重要论述，以及对江西和赣州工作的重要要求，特别是 2019 年 5 月 20—22 日视察江西和赣州时的重要讲话精神，全面落实党中央、国务院和江西省委、省政府脱贫攻坚决策部署，坚持把打好脱贫攻坚战作为头等大事和第一民生工程，尽锐出战，下足"绣花"功夫，一级带着一级干，打出一整套脱贫攻坚"组合拳"，推动各项工作向脱贫攻坚聚焦、各种资源向脱贫攻坚聚集、各方力量向脱贫攻坚聚合，创新推出产业扶贫"五个一"机制、健康扶贫"四道医疗保障线"、农村保障房、金融扶贫等做法，创造了一批脱贫攻坚"赣州经验"，全市脱贫攻坚取得决定性胜利，实现历史性整体脱贫。

一、强化党的领导，以脱贫攻坚统揽经济社会发展全局

习近平总书记指出："越是进行脱贫攻坚战，越是要加强和改善党的领导。"[①]赣州坚决贯彻落实习近平总书记重要指示要求，坚定信心、勇于担当，把脱贫职责扛在肩上，把脱贫任务抓在手上，始终保

---

① 《习近平谈治国理政》第二卷，外文出版社 2017 年版，第 85 页。

持顽强的工作作风和拼劲，满腔热情做好脱贫攻坚工作。

（一）坚持思想引领，始终沿着正确方向推进脱贫攻坚

政治上的坚定源自于理论上的清醒。赣州坚持把习近平总书记关于扶贫工作重要论述作为打赢脱贫攻坚战的根本遵循和行动指南，确保全市脱贫攻坚工作沿着正确的方向前进。赣州市委、市政府坚持在学思践悟上带好头、作表率、当标杆，第一时间召开市委常委会会议、市委理论学习中心组专题学习会、全市脱贫攻坚工作会议、市精准扶贫攻坚战领导小组会议等，对习近平总书记关于扶贫工作重要论述，以及党中央和江西省有关脱贫攻坚工作的部署要求，进行专题传达学习和部署落实。用好"3+X"学习模式①和"每月学习日"制度②，

2020 年 3 月 9 日，赣州市召开决战决胜脱贫攻坚工作部署会

---

① "3+X"学习模式，指按照领读解读或集体诵读一篇习近平总书记重要讲话（可节选相关内容）、集体诵读或领读解读一段党章党规、讲一个红色故事、若干名党员干部作中心发言的程序，开展集中学习。

② "每月学习日"制度，指将每月第一周的星期五确定为理论学习中心组和党支部的学习日，组织开展学习活动。

将习近平总书记关于扶贫工作重要论述作为各级党委（党组）中心组理论学习的重要内容和党员干部培训的必修课，组织学习《习近平扶贫论述摘编》等著作，持续通过网络、报纸、宣讲团等方式开展宣传宣讲，举办脱贫攻坚各类示范班、培训班、轮训班、专题讲座等，推动习近平总书记关于扶贫工作重要论述进机关、进党校、进村组，切实把思想和行动统一到习近平总书记和党中央关于脱贫攻坚的重大决策部署上来。坚持对标对表，加强顶层设计，及时制定出台《关于全面打赢脱贫攻坚战的实施意见》《赣州市"十三五"脱贫攻坚规划》《关于打赢脱贫攻坚战三年行动的实施意见》《关于深入贯彻习近平总书记扶贫开发战略思想以脱贫攻坚统揽经济社会发展全局的意见》等一揽子政策，以及精准识别、结对帮扶、产业扶贫、健康扶贫、贫困退出等配套文件，构建系统、完备的政策体系，确保习近平总书记关于扶贫工作重要论述在赣州落地、落细、落实。

（二）坚持以上率下，全面压实脱贫攻坚政治责任

脱贫攻坚是非常之事，必尽非常之责。江西省委、省政府高度重视赣南老区脱贫攻坚工作，加强工作领导，加大支持力度。省委书记刘奇经常深入赣州基层，走访慰问贫困群众、指导脱贫攻坚工作，强调要深入学习贯彻习近平总书记关于扶贫工作重要论述，以不获全胜决不收兵的定力和担当，尽锐出战、攻坚克难、真抓实干，坚决打赢脱贫攻坚战，不让一个老区群众在全面小康路上掉队。省委副书记、省长易炼红每年多次深入赣州指导工作，指出要纵深推进精准脱贫，用狠劲啃下深度贫困硬骨头，用韧劲确保脱贫人口遇困、遇病、遇灾不返贫，用巧劲激发贫困户脱贫致富内生动力，坚决打赢精准脱贫攻坚战。

赣州坚决扛起脱贫攻坚政治责任，全面加强脱贫攻坚工作的领导

谋划。市县党委常委会、政府常务会定期不定期专题研究脱贫攻坚工作，并把精准扶贫列为全市"六大攻坚战"①之一，大幅提高脱贫攻坚工作在经济社会发展考核指标体系的考核权重（贫困县占60%，非贫困县占30%），同时，作为各地各部门综合考评、干部选拔任用的重要依据，突出体现以"一边倒"态势抓脱贫的要求。坚持按照客观务实、稳妥有序、保证质量的原则，聚焦"2020年如期实现全面小康"的总目标，既不脱离实际、拔高标准，也不降低标准、影响成色，既不抢跑，也不消极拖延，分年度分批次科学安排全市11个贫困县（市、区）有序摘帽退出，确保"成熟一个摘一个"，同全国一道进入全面小康社会。严格执行党政一把手负责制，落实"市县抓落实、乡镇推进和实施"工作机制，制定10类脱贫攻坚责任主体职责清单，实行市县乡村四级书记抓扶贫和各级党政一把手任扶贫开发领导小组"双组长"责任制，构建横向到边、纵向到底的责任体系，形成四级书记直接抓、部门行业合力扶、扶贫单位倾心帮、驻村干部和基层党员干部结对包的攻坚格局。

市委书记李炳军认真履行脱贫攻坚第一责任人责任，担任市扶贫开发领导小组组长，带着感情和责任真扶贫、扶真贫，把脱贫攻坚作为头等大事抓紧抓实，始终坚持以脱贫攻坚统揽经济社会发展全局，保持工作定力，下足"绣花"功夫，确保目标不变、靶心不偏、力量不散；始终以问题为导向，聚焦"两不愁三保障"，一个阶段一个重点，一个难题一个难题攻坚，确保户户过筛、不落一人；始终坚持一线工作法，密集深入基层调研、明察暗访、参战督战，做到逢会必讲扶贫、调研必看扶贫，足迹遍布全市所有乡镇；始终以作风攻坚促脱

---

① "六大攻坚战"，指主攻工业、精准扶贫、新型城镇化、现代农业、现代服务业、基础设施建设，在2015年12月召开的赣州市委四届七次全会上提出。

贫攻坚，带头与贫困群众同吃、同住、同劳动，对官僚主义、形式主义零容忍，对表现优秀的扶贫干部进行褒奖和重用，树立了良好工作导向。

市委副书记、市长曾文明坚持把打赢脱贫攻坚战作为重大政治任务和第一民生工程，身体力行抓部署、抓调度、抓落实，深入一线摸实情、找症结、破难题，千方百计保障扶贫资金，聚焦"两不愁三保障"补短板、强弱项、提质效，用心用情用力推动脱贫攻坚各项工作落细落实。其他市领导定期分类分行业主持召开协调会、调度会，带头挂点联系贫困县、贫困乡、贫困村和结对帮扶贫困户，经常不打招呼深入贫困一线督导督战，发挥了表率示范作用。

（三）坚持问题导向，压茬推进脱贫攻坚各项工作

精准把握党中央和江西省脱贫攻坚决策部署与工作要求，立足赣州工作实际，科学研究制定年度脱贫工作计划，突出各个时期的不同工作重点，把重点工作梳理到位，把各项责任落实到位，把突出问题解决到位。2011—2014 年，围绕贯彻落实《若干意见》，实施农村土坯房改造、安全饮水、电网升级、道路修建等民生工程，加快补齐乡村基础设施短板，为脱贫攻坚打下坚实基础。2015 年，积极做好精准识别工作，整合资源重点帮扶、汇聚力量集中帮扶、落实责任精确帮扶，着力构建"上下联动、有机统一、多元支撑"的扶贫工作格局。2016 年，紧盯贫困户脱贫、贫困村退出、贫困县摘帽总目标，紧扣"精准"和"领跑"总要求，全面推进"重点工作项目化"，扎实推进精准扶贫、精准脱贫。2017 年，认真落实中央"六个精准""五个一批"要求，开展脱贫攻坚百日攻坚行动，集中力量打好瑞金市脱贫摘帽攻坚战，赣州全市的脱贫攻坚方向更加明确、氛围更加浓厚、效果更加明显。2018 年，以"脱贫攻坚作风建设年"为抓手，着力解决扶贫领域作风突出问题，对宁都县委、县政府等 18 个责任单位

和 50 名责任人进行严肃追责问责（其中，县处级干部 9 名、乡科级干部 25 名），形成强大震慑。2019 年，围绕落实江西省"脱贫攻坚巩固提升年"各项工作，持续实施"春季整改""夏季提升""秋冬巩固"和"三集中一边倒"等行动，聚焦薄弱环节全面过筛、补齐短板，"两不愁三保障"突出问题得到有效解决。2020 年，聚焦决战决胜目标，努力克服新冠肺炎疫情影响，出台《赣州市脱贫攻坚挂牌督战工作方案》《关于有效应对疫情影响稳定贫困户收入的若干措施》《关于统筹安排专项扶贫资金支持非贫困县非贫困村贫困人口脱贫的若干措施》《赣州市"农业产业振兴信贷通"工作方案》等配套文件，发起新一轮冲刺，全市 11 个贫困县（市、区）全部脱贫摘帽，历史性实现区域性整体脱贫。

（四）坚持党建带动，为脱贫攻坚提供坚强组织保证

农村要发展、农民要致富，关键靠支部。赣州坚持把脱贫攻坚与基层组织建设有机结合起来，抓好以村党组织为核心的村级组织配套建设，着力把基层党组织建设成为带领群众脱贫致富的坚强领导核心。坚持强化人、财、物等基础保障，切实把基层党组织聚焦到抓党建促脱贫攻坚上来。大力实施基层党建质量提升行动，扎实开展村（社区）"两委"换届，把能否适应脱贫攻坚工作需要作为村（社区）干部提名人选的重要资格条件，注重把优秀年轻党员纳入后备干部管理，集中整顿软弱涣散村的党组织，对不合格、不胜任的村（社区）干部及时予以调整，选优配强村（社区）"两委"班子，并在全国率先配备村妇女小组长，用好党小组长、村民小组长，筑牢村（社区）党组织战斗堡垒。实施村（社区）干部履职动力、能力、绩效"三提升"工程，健全完善村（社区）干部激励保障机制，连续 4 年提高村（社区）干部报酬待遇，激发村（社区）干部参与脱贫攻坚的积极性、主动性、创造性。坚持把发展壮大村集体经济作为抓党建促脱贫

的一项重大而紧迫的任务来抓，出台一系列政策措施，探索推行产业带动、资产经营、土地开发、异地置业等多种发展模式，全面消除无集体经济收入的"空壳村"，在江西省率先实现所有村集体的年经营性收入达 5 万元以上。瞄准致富能手、农村党员和在外务工人员等群体，在江西省率先开展创业致富带头人培育工程，助推实现贫困户和村集体经济"双脱贫"。培育创业致富带头人的经验做法，得到中共中央政治局常委、全国政协主席汪洋批示肯定，在全国性会议上作经验介绍，并在全国推广。

（五）坚持统筹兼顾，确保如期高质量完成脱贫攻坚任务

脱贫攻坚是一项系统工程，必须全盘谋划、协同推进。赣州始终聚焦均衡发展目标，统筹做好力量摆布，推动脱贫攻坚各项工作全面完成、全面过硬。统筹推进贫困县、贫困村和非贫困县、非贫困村脱贫攻坚。在集中攻坚贫困县、贫困村的同时，把非贫困县、非贫困村脱贫攻坚工作摆上重要议事日程，全面加大工作力度。压实非贫困县、非贫困村脱贫攻坚主体责任，强化挂点帮扶力量，注重加强指导和督查调度，高度关注解决"两不愁三保障"和贫困边缘人口问题，推动非贫困县完成贫困人口、贫困村脱贫退出任务。聚焦非贫困县的边远村组、薄弱村组，加大资金项目投入，因地制宜、量力而行，抓好群众急需的道路、水利、电力、网络等基础设施和基本公共服务建设，整体提升村容村貌。统筹抓好反馈问题整改和脱贫攻坚工作。坚决扛起反馈问题整改责任，把党中央和江西省巡视巡察、成效考核及"回头看"反馈问题整改作为一项重大政治任务，与脱贫攻坚工作一体谋划、一体推进，举一反三、以点促面，以整改补短板、以整改促提升，做到两手抓、两促进。市委、市政府主要领导以上率下，带头研究部署整改工作，全面压实各级党委（党组）主体责任、纪检监察机关监督责任、行业主管部门监管责任，专门成立整改工作领导小

组，切实抓好整改工作的组织领导和督促落实。坚持即知即改、立行立改，对照反馈的问题，市委常委会、市政府党组高质量召开专题民主生活会，研究制定详细整改方案，明确整改措施、整改责任和整改时限，以项目化、清单式抓实整改。统筹抓好农村脱贫攻坚与城镇贫困群众脱贫解困工作。在坚决打赢打好农村脱贫攻坚战的基础上，把加快城镇贫困群众脱贫解困作为一项重大民生工程，坚决扫除全面小康"盲区"。坚持高位推动，成立由市党政主要领导任"双组长"的工作领导小组，把城镇贫困群众脱贫解困工作纳入年度民生工程、高质量发展考评和"六大攻坚战"综合督查，形成整体工作合力。参照农村精准扶贫模式，建立精准帮扶机制，实现党员干部"一对一"结对帮扶城镇贫困群众全覆盖。围绕"两不愁三保障"脱贫解困目标，出台"1+8"政策①措施，综合实施基本生活、医疗、教育、住房、就业、物价补贴等帮扶举措，放宽支出型贫困低收入家庭的认定条件，尽可能将更多符合条件的城镇贫困对象纳入保障范围，让城乡贫困群众更好地共享改革发展成果、同步实现全面小康。统筹抓好脱贫攻坚与乡村振兴有效衔接。把打赢脱贫攻坚战与实施乡村振兴战略结合起来，研究出台脱贫攻坚与乡村振兴有效衔接的政策措施，围绕产业振兴、人才振兴、文化振兴、生态振兴和组织振兴，着力将产业发展从产业扶贫向产业兴旺、帮扶干部从扶贫尖兵向振兴先锋、乡村建设从村容整洁向生态宜居转变，推动脱贫攻坚与乡村振兴发展体制机制、政策保障、产业就业、资金项目等有效衔接。

（六）坚持从严要求，铁心硬手整治扶贫领域作风问题

脱贫攻坚，从严从实是要领。赣州坚持把全面从严治党要求贯穿

---

① "1+8"政策，"1"指《关于深入贯彻习近平总书记扶贫开发战略思想以脱贫攻坚统揽经济社会发展全局的意见》，"8"指教育、医疗、住房、安全饮水、产业、就业、农村基础设施、兜底保障等八大行业扶贫政策。

脱贫攻坚工作全过程和各环节，实施最严格的督查巡察和考核评估，以作风攻坚促进脱贫攻坚，着力为打赢脱贫攻坚战提供坚强的纪律作风保障。充分发挥巡察利剑作用，持续深化扶贫领域巡察监督，组织开展脱贫攻坚专项巡察，并对部分县（市、区）和乡镇开展提级巡察，常态化开展脱贫攻坚督查。坚持加强扶贫领域作风建设，认真落实党中央和江西省关于"脱贫攻坚作风建设年"的部署要求，持续深入开展扶贫领域腐败和作风问题专项治理，对违纪违法问题线索实行单独登记、专项受理、优先办理，对性质严重、群众反映强烈的问题严肃处理，对典型案例及时通报曝光。2017 年以来，累计查处扶贫领域腐败和作风问题 5495 起，处理 8772 人，给予党纪政务处分 2474 人，持续形成震慑。认真落实中央关于"基层减负年"的各项要求，出台为基层减负"20 条"①，大力整治扶贫领域频繁填表报数、多头重复考核、督促检查多、过度留痕、挂牌多等形式主义和官僚主义问题，坚决杜绝"虚假式""算账式""指标式""游走式"脱贫，让各级干部把更多时间和精力用在抓工作落实上。

二、突出精准方略，确保脱贫攻坚实效

习近平总书记指出，扶贫开发推进到今天这样的程度，贵在精准，重在精准，成败之举在于精准，要把精准扶贫、精准脱贫作为基本方略。赣州毫不动摇地坚持精准扶贫、精准脱贫基本方略，狠抓精

---

① 2019 年，为落实党中央、江西省委关于解决形式主义突出问题、为基层减负的要求，推进"基层减负年"取得实效，赣州市出台《关于解决形式主义突出问题切实为基层减负具体措施》，着重从精简文件、压减会议、统筹规范督查检查考核与调研活动、坚决整治挂牌多、挂牌热和过度留痕问题、完善问责制度和激励关怀机制、强化组织保障等 6 个方面，明确了 20 条具体措施。

准识别、精准帮扶、精准管理，全力确保扶贫工作务实、脱贫过程扎实、脱贫结果真实。

（一）围绕"扶持谁"，抓好精准识别这个关键环节

扶贫必先识贫。赣州坚持把识别贫困人口作为精准扶贫的关键基础和首要前提，始终聚焦精准要求，做实做细建档立卡，扣好脱贫攻坚"第一粒扣子"。坚持"把握标准、应进尽进、群众公认"和"七清四严"①等要求，按照农户申请、村小组评议、村小组公示、村民代表评议、村委会公示、乡镇人民政府审核、村委会公告的"七步法"，组织干部进村入户、逐村逐户进行精准识别，防止"错进"现象。注重加强动态监测，强化扶贫信息各部门间共享和互联互通，对贫困人口、脱贫人口、贫困边缘人口等进行定期核查、动态管理，高度关注低保户、残疾户、大病户、偏远户等"6+3"特殊困难群体②，对符合条件的，不设指标、不设限制，及时建档立卡帮扶，

---

① "七清"，指以下七种情形必须清除：（1）在集镇、县城或其他城区购（建）商品房、商铺、地皮等房地产（不包括搬迁移民扶贫户），或现有住房装修豪华的农户；（2）拥有家用小汽车、大型农用车、大型工程机械、船舶等之一的农户；（3）家庭成员有私营企业主，或长期从事各类工程承包、发包等营利性活动的，长期雇用他人从事生产经营活动的农户；（4）家中长期无人，无法提供其实际居住证明的，或长期在外打工、人户分离的农户；（5）家庭成员中有自费出国留学的农户；（6）因赌博、吸毒、打架斗殴、寻衅滋事、长期从事邪教活动等违法行为被公安机关处理且拒不改正的农户；（7）为了成为贫困户，把户口迁入农村，但实际上不在落户地生产生活的"空挂户"，或明显为争当贫困户而进行拆户、分户的农户。"四严"，指以下四种情形必须从严甄别：（1）家中有现任村委会成员的农户；（2）家庭成员中有在国家机关、事业单位、社会团体等由财政部门统发工资，或在国有企业和大中型民营企业工作、收入相对稳定的农户；（3）购买商业养老保险的农户；（4）对举报或质疑不能作出合理解释的农户。

② "6+3"特殊困难群体，指低保户、残疾户、大病户、无劳力户、住危房户、独居老人户，以及外来户、偏远户、散居户。

扫除"漏评盲区",确保"不漏一户、不落一人"。组织开展精准识别"回头看",采取大数据比对、公开公示等方式,对市域内贫困户和非贫困户开展精准识别拉网式大排查,并实行"谁主管、谁调查,谁登记、谁审核,谁录入、谁负责",确保贫困对象识别方向不偏、精准到位。

（二）围绕"怎么扶",持续在精准施策上发力

开对了"药方子",才能拔掉"穷根子"。赣州在全面建档立卡的基础上,始终瞄准贫困人口这个"靶心",按照"六个精准"要求,因人因户施策,做到对症下药、精准滴灌、靶向治疗,实现精准扶贫与贫困人口脱贫发展需求相衔接,确保扶到点上、扶到根上。针对有劳动能力、有耕地或其他资源,但缺资金、缺产业、缺技能的贫困人口,加强技能培训,支持转移就业,扶持贫困群众因地制宜发展特色产业、光伏扶贫、电商扶贫、乡村旅游扶贫等,努力做到户户有增收项目、人人有脱贫门路。针对生存条件恶劣、自然灾害频发等"一方水土养不活一方人"的地区,大力推进易地扶贫搬迁,完善基础设施和公共配套服务,加大产业就业扶持,着力改善生产生活条件,既让贫困群众住进好房子,又让他们过上好日子。针对生存条件差,但生态系统重要、需要保护修复的地区,加大生态保护修复力度,开发生态护林员等公益性岗位。针对因贫辍学失学问题,实施教育扶贫工程,建立健全从学前教育到高等教育的学生资助体系,保障贫困家庭子女都能上学。针对因病致贫、完全或部分丧失劳动能力的贫困家庭,创新加强健康扶贫,落实兜底性保障扶贫,开展社会救助,精准织密医疗卫生和社会保障防线。针对突如其来的新冠肺炎疫情给脱贫攻坚工作带来的风险挑战,出台产业发展、稳岗就业、兜底保障、消费扶贫等10个方面的硬措施,确保不因疫情影响脱贫成效、不因疫情延缓攻坚进程。

（三）围绕"如何退"，严把精准退出关口

精准扶贫是为了精准脱贫。赣州坚持把脱贫退出验收作为检验脱贫成效的重要手段、实现稳定脱贫的重要环节，实行严格评估，既看减贫数量，更看脱贫质量，确保脱真贫、真脱贫，让脱贫退出结果经得起实践、历史和人民检验。严格执行贫困县、贫困村及贫困人口退出标准和程序，出台脱贫退出评定的具体办法，实行预退出、精准扶持、摸底调查、民主评议、入户核实、退出公示、批准退出的贫困户退出"七步法"，做到脱贫退出程序规范透明、结果真实精准、成效群众认可，贫困人口退出准确率达到 100%。严格按照习近平总书记关于"贫困县摘帽后，也不能马上撤摊子、甩包袱、歇歇脚"的重要指示要求，坚持摘帽不摘责任、摘帽不摘政策、摘帽不摘帮扶、摘帽不摘监管，利用国家扶贫开发信息系统，在已脱贫户中找"错退"，在非贫困户中找"漏评"，动态监测已脱贫户和非贫困户的生产生活状况，防止非贫困户致贫和已脱贫户返贫。

三、坚持尽锐出战，构建超常规的支撑保障体系

习近平总书记指出，脱贫攻坚要尽锐出战、精准施策，要动员全党全国全社会力量，齐心协力打赢脱贫攻坚战。赣州坚持"非常之事，必用非常之力"的理念，调动一切积极因素，充分利用各方资源，集中人力、财力、物力，精准聚焦脱贫攻坚，构建多点发力的脱贫攻坚保障体系。

（一）选派最强力量推进脱贫攻坚

一分部署，九分落实。脱贫攻坚是干出来的。赣州坚决落实"尽锐出战"要求，把脱贫攻坚"主战场"作为培养锻炼、选拔使用干部的"赛马场"，着力把最熟悉业务、最会打硬仗、最能打硬仗的精锐

力量派到脱贫一线，打通精准扶贫"最后一公里"。实行市县乡三级领导干部带头挂村包户制度，安排 44 名市厅级及以上领导干部结对联系县（市、区）和深度贫困村，全市所有贫困村（含深度贫困村）分别明确 1 名县处级以上干部挂点帮扶，全市 3468 个行政村均选派了第一书记和驻村工作队，并对有建档立卡贫困户的 41 个社区选派了第一书记和驻村工作队，全市在岗驻村工作队队员（含第一书记）达 9809 名，实现每个行政村有单位驻村帮扶、每个贫困户有干部结对帮扶"两个全覆盖"。强化县乡村扶贫工作力量，原则上由党委副书记担任县乡脱贫攻坚分管领导，在全市各乡镇建立 294 个扶贫工作站，在行政村设立 3411 个扶贫工作室，每村配备 1 名扶贫信息员，并统筹做好经费保障工作。坚持严管与厚爱结合、约束与激励并重，严格落实党中央和江西省关于加强乡村党组织书记、第一书记、驻村工作队管理的相关规定，扎实开展脱贫攻坚先进典型推荐评选表彰，对实绩突出的予以"正向激励"，对符合条件的优先提拔重用或纳入重点培养范围，对履职不到位的坚决调整，激励广大党员干部在脱贫攻坚一线建功立业、担当作为。2016 年以来，全市共有 188 名在脱贫攻坚工作中表现优秀的干部被提拔重用到县处级岗位。

（二）全力保障脱贫攻坚投入

"兵马未动，粮草先行"，解决好资金、资源的问题，是打赢脱贫攻坚战的基础。赣州按照习近平总书记关于"扶贫开发投入力度，要同打赢脱贫攻坚战的要求相匹配"[①]的重要指示要求，全力加大资金投入，坚持把各类资金聚焦到脱贫攻坚上，坚持市、县财政新增财力向扶贫领域倾斜、向深度贫困倾斜，每年安排不低于一般公共预算收入 10% 的资金统筹用于脱贫攻坚，积极探索财政涉农扶贫资

---

① 《习近平谈治国理政》第二卷，外文出版社 2017 年版，第 86 页。

金整合模式，切实改变以往扶贫资金"碎片化"使用状况。2016—2020年，赣州累计投入各级脱贫攻坚资金880.89亿元，其中，市本级投入57.4亿元，累计整合财政涉农扶贫资金270.96亿元。"十三五"以来的几年，成为赣州有史以来对扶贫开发资金项目投入最多、覆盖面最大的时期。倡导在扶贫开发中推广政府与社会资本合作、政府购买服务等模式，鼓励和引导商业性、政策性、开发性、合作性等各类金融机构加大对扶贫开发的金融支持，创新开发"产业扶贫信贷通"扶贫信贷产品，发挥金融的杠杆作用，共撬动银行信贷资金187.25亿元，支持贫困户发展扶贫产业，惠及建档立卡贫困户32.9万户次。围绕扶贫资金使用全过程进行监管，加强县级脱贫攻坚项目库建设，保证资金精准投放、精准使用，让每一分钱都花在刀刃上、用到老百姓心坎里。加强土地政策支持，全市新增建设用地计划指标优先保障扶贫开发用地需要。2018—2019年，全市11个贫困县（市、区）实施城乡建设用地增减挂钩节余指标异地交易8669.96亩，交易金额17.88亿元；2016年以来，贫困县（市、区）的城乡建设用地增减挂钩节余指标完成省内交易，交易面积4673.071亩，交易金额9.36亿元，有效拓展了贫困地区脱贫攻坚资金来源，让更多贫困群众分享土地增值收益。强化科技人才支撑，开展科技下乡活动，动员全市科技人才力量投向脱贫攻坚，2015—2019年累计向贫困地区选派技术人员3217人，为扶贫产业快速发展注入了科技力量。

（三）广泛凝聚各方力量参与

上下同欲者胜，同舟共济者赢。脱贫致富不仅仅是贫困地区的事，也是全社会的共同责任。赣州始终坚持内外兼修，注重动员和凝聚各方力量，同心同向发力脱贫攻坚，着力构建全社会参与的大扶贫格局。充分发挥《若干意见》政策优势，积极争取42个中央国家机关及有关单位对口支援，争取援助资金140亿元、项目1145个，下派3批共121名挂职干部，开展人才交流培训9.8万余人次；争取79个省直（属）单位定点帮扶79个贫困村，投入引进各类资金5.49亿元、项目1144个，为赣州脱贫攻坚注入强大动力。扎实推进深圳市对口支援寻乌县，成功签订战略合作协议，顺利开展一系列脱贫攻坚巩固提升行动。积极加强社会扶贫，大力弘扬客家人扶贫济困的优良传统，深入实施"百企帮百村"行动，全市836家企业（商会）与932个贫困村结对帮扶，实施项目1792个，投入资金9.96亿元，帮扶贫困人口13.43万人；安排132个商会和225个企业对接167个深度贫困村。组织开展"脱贫攻坚，人大代表在行动"、"助力脱贫攻坚，政协委员在行动"、国家"扶贫日"等一系列活动，广泛动员人大和政协组织、民主党派、社会组织、群众团体、人民群众等更多的社会力量参与脱贫攻坚，凝聚脱贫攻坚强大合力。

四、聚焦核心指标，扎实推进高质量可持续脱贫

习近平总书记指出，到2020年稳定实现农村贫困人口不愁吃、不愁穿，义务教育、基本医疗、住房安全有保障，是贫困人口脱贫的基本要求和核心指标，直接关系攻坚战质量。赣州始终瞄准"两不愁三保障"目标标准不偏移、不放松，综合实施精准扶贫"五个一批"工程①和"十大工程"②，纵深推进脱贫攻坚各项工作，确保脱贫攻坚成色更足、质量更高、更可持续。

---

① "五个一批"工程，指发展生产脱贫一批、易地搬迁脱贫一批、生态补偿脱贫一批、发展教育脱贫一批、社会保障兜底一批。

② "十大工程"，指教育扶贫、健康扶贫、易地扶贫搬迁、产业发展、就业扶贫、生态扶贫、危旧房改造、村庄整治、基础设施建设、兜底保障等十大扶贫工程。

（一）聚焦深度贫困精准施策

深度贫困地区经济基础薄弱、自然条件恶劣、致贫原因复杂，是决定脱贫攻坚战能否打赢的关键。赣州坚决贯彻精准脱贫方略，聚焦重点地区和人群，拿出超常规的决心、超常规的思路、超常规的举措，集中优势兵力，坚决攻克脱贫攻坚的难中之难、坚中之坚。加强组织领导，统筹安排副厅级以上及县处级干部、市直部门（市属企业）和民营企业挂点深度贫困村，做到人员到位、责任到位、工作到位、效果到位。强化政策牵引，出台专项政策措施，将新增资金、新增项目、新增举措向深度贫困村倾斜，把深度贫困村资金分配权重提高到一般贫困村的 2 倍。2017—2019 年，累计投入 18.6 亿元支持深度贫困村脱贫攻坚，平均每个深度贫困村投入 1114 万元。突出工作重点，立足深度贫困村实际，着重完善提升水、电、路、网等基础设施和村卫生室、文化活动室等公共服务，大力发展村集体经济和扶贫产业，增强深度贫困村发展能力。更多的投入支持、政策支持、项目支持，加快了深度贫困村的脱贫步伐，政策含金量转化为实实在在的脱贫成效。

（二）扎实推进产业就业扶贫

产业是脱贫之基、致富之源，是实现脱贫的根本之策和根本出路。就业是摆脱贫困的重要途径，不仅能够巩固脱贫成果，也有利于激发贫困人口的脱贫内生动力。赣州坚持把产业就业扶贫作为脱贫攻坚的战略重点和主攻方向，引导和支持有劳动能力的贫困群众积极发展生产，不断提升"造血"能力。集中精力抓好产业扶贫，创新推广产业扶贫"五个一"机制，出台产业扶贫奖补政策，按照"种养结合、长短结合"原则，通过贫困户自主发展和新型农业经营主体联结，累计覆盖带动 25.75 万户贫困户发展产业增收，占建档立卡贫困户总数的 89.84%。在广大群众辛勤劳作下，全市现代农业蓬勃发展，建成标准化脐橙园 108.6 万亩。赣南脐橙累计带动 11.7 万户贫困户增收，入选全国首批三大产业扶贫典型范例之一，成为名副其实的农业"当家树"、农村"致富树"和农民"摇钱树"。建成规模蔬菜基地25.9万亩、油茶林288万亩，分别带动7.98万户、5.89万户贫困户增收。全市90%以上的规模蔬菜基地成为扶贫基地，实现群众脱贫致富与农业产业发展的双赢。把消费扶贫作为推动产业扶贫、增加贫困群众收入的重要举措，办好中国（赣州）家具产业博览会、中国赣州国际脐橙节（赣南脐橙网络博览会）等活动，组织贫困县与新华社开展消费扶贫战略合作，鼓励动员各级单位采购扶贫产品或服务，用市场化手段促进扶贫产业发展。多措并举促进就业扶贫，通过外出转移就业、建设扶贫车间、开发扶贫专岗等综合措施，帮扶15.53万贫困劳动力就业增收。共有扶贫车间946个，开发乡村公路养护、农村保洁、山林防护、农家书屋管理等扶贫专岗4万余个，让有劳动能力的贫困群众实现就业有门路。

（三）多措并举综合保障扶贫

社会的温度，取决于底线的刻度。赣州始终围绕贫困群众关切的住房、医疗、教育、社保等突出民生问题，补短板、强弱项，一步一个脚印把群众的期盼变为美好现实。安居扶贫"挪穷窝"。大力实施安居扶贫工程，探索形成危旧土坯房改造、易地扶贫搬迁、农村保障房建设"三位一体"安居扶贫政策体系。充分释放《若干意见》政策效应，实施赣州历史上最大规模的农房改造工程，近300万群众告别了透风漏雨的土坯房。严守易地扶贫搬迁"四线"要求①，并坚持搬迁与脱贫并重，强化产业就业等后续扶持，同步抓好配套设施建设、搬迁人口后续发展、资源整合等各方面工作，让73918名贫困人口

---

① "四线"要求，指搬迁对象精准到户的界线、住房面积的标线、搬迁户举债的底线、项目规范管理的红线。

"搬得出、稳得住、能致富"。创新采取政府兜底、"交钥匙"的办法建设农村保障房 17371 套，让自身无能力建房的特困户住上安居房。开展"子女住安全房、老人住危旧房"专项整治，通过引导与子女同住、农户自筹资金改造、政府扶持等办法，解决了 8111 名老人的住房安全问题。健康扶贫织就"安全网"。在全国率先构建基本医疗保险、大病保险、疾病医疗商业补充保险、医疗救助组成的健康扶贫"四道医疗保障线"，累计补偿住院医疗费用 68.9 亿元，惠及贫困人口 146.08 万人次。大力简化就医流程，全面实行市域内贫困人口住院"先诊疗、后付费"和"一卡通"即时结算，有效解决贫困群众报销多头跑和看病垫资问题。创新推动健康扶贫由重医疗保障向重疾病预防转变，在江西省率先开展"控油限盐，健康进万家"活动，引导全市群众逐步养成健康的饮食习惯和生活方式，提升贫困群众脱贫致富精气神。教育扶贫"斩穷根"。严格落实教育扶贫资助政策学校校长与乡镇属地"双负责制"，推行"双线排查法"①核查贫困学生，对市域内外就读的贫困家庭学生一视同仁，实现教育扶贫政策"应享尽享、应补尽补"，累计发放教育扶贫各类资助金 13.03 亿元，资助各级各类贫困家庭学生 151.78 万人次。全力做好控辍保学工作，组织开展"教师访万家""送教上门"等活动，确保贫困家庭的孩子都能上学受教育，坚决阻断贫困代际传递。兜底保障扶贫筑牢"最后一道防线"。开展农村低保制度与扶贫开发政策衔接和农村低保专项治理，及时将符合条件的农村困难群众纳入农村低保和特困人员救助供养，实现"应保尽保"。完善社会救助保障标准自然增长机制及与物价上涨联动机制，逐年提高保障标准和补差水平，让老年人、病人以及残

---

① "双线排查法"，指学校以班为单位，通过发动学生主动申报、问询、家访等方式排查；乡镇以村为单位，组织驻村干部、结对帮扶干部、村"两委"干部逐村逐户排查。

疾人等弱者的基本生活得到保障。

（四）加快补齐基础设施短板

脱贫攻坚，基础为先。赣州大多数贫困地区基础设施薄弱，成为制约群众脱贫致富的重要因素。为此，赣州坚持把基础设施建设作为提升脱贫攻坚支撑力的关键，用足用好《若干意见》政策，对照贫困村退出指标体系，按照"缺什么，补什么"原则，下大力气破解交通、水利、能源、通信、乡村环境等基础设施和公共服务瓶颈制约，不断改善贫困地区生产生活条件。坚持交通先行。农村公路通车总里程由 2015 年年底的 25710.61 公里增长至 2019 年年底的 38919.98 公里，增长 51.4%。农村公路硬化（水泥路、柏油路）比率由 76.7% 提高至 93.7%，四级及以上等级公路比例由 79.7% 提高至 94.4%，危桥发生率由 21% 降低至 6%。农村公路中，县道三级及以上公路占比由 18% 提高至 44.3%，乡道四级公路比例由 50.2% 提高至 88.4%。在江西率先实现 25 户以上人口自然村通水泥（柏油）路，符合通客车条

安远县孔田镇大围村村组路原貌

改建后的安远县孔田镇大围村路段

件行政村的客车通达率达99.68%,"四好农村路"建设走在全国前列,农村群众出行不再是"出门数步羊肠道,百里千斤靠肩挑"。完善水利基础设施。大力实施农村饮水安全巩固提升工程,解决546.76万农村人口安全饮水问题。完成加固病险水库787座,小型水库基本除险摘帽,小型农田水利重点县建设实现全覆盖,水利基础设施不断完善,农业发展支撑进一步夯实。加强能源保障。完成低电压治理58.5万户,赣南老区人民结束了点煤油灯照明、电饭煲煮不熟饭的历史。强化信息技术支撑。深入实施网络扶贫行动,统筹推进网络覆盖、农村电商、网络扶智、信息服务、网络公益五大工程,全市贫困村实现4G网络和宽带网络全覆盖,赣州成为全国首个电商进农村全覆盖的设区市。建设美丽宜居乡村。深入实施农村人居环境整治三年行动计划和百日攻坚行动，大力开展"赣南新妇女"运动①，持续推进农村生活垃圾专项治理，引导群众按照农村家庭"五净一规范"②的要求搞好家庭卫生。2012年以来，建设新农村建设点24879个，整治农村危旧"空心房"8795万平方米，完成改路2.6万公里、改水76万户、改厕65万户，建成农村污水处理设施658处，农村卫生厕所覆盖率达97.94%，农村人居环境整治成效显著，得到国务院检查组充分肯定。赣南乡村更加整洁美丽，面貌不断改善。

五、注重改革创新，破解脱贫攻坚难题

习近平总书记指出，完成脱贫攻坚工作任务，需要不断改革创新扶贫机制和扶贫方式。赣州坚持把改革创新融入常态化、制度化的扶贫工作中，以改革牵引攻坚、以攻坚深化改革，探索了一系列新机制、新举措、新路径，全力破解脱贫攻坚中的难题。

（一）创新扶贫资金来源路径，破解脱贫攻坚"钱从哪里来"的问题

全面开展统筹整合财政涉农扶贫资金试点，将中央、省、市、县涉农扶贫资金全部纳入整合范围，在"因需而整"的前提下实现"应整尽整"，统筹用于农村基础设施建设和农业产业发展，11个贫困县（市、区）的资金整合率达100%，形成"多个渠道引水、一个池子蓄

① "赣南新妇女"运动为期3年，旨在大力弘扬中华优秀传统文化和客家传统美德，以赣南妇女为主体，大力破除铺张浪费、炫富攀比、天价彩礼、不赡养老人、厚葬薄养、封建迷信、赌博败家、不讲卫生、不讲团结、大操大办等各种陈规陋习和不良风气，形成"清洁家园、夫妻和睦、孝敬老人、厚养薄葬、婚事俭办、科学教子、勤劳致富、勤俭持家、团结邻里、热心公益"的良好风尚。
② "五净一规范"，指院内净、卧室净、厨房净、厕所净、个人卫生净，物品摆放规范。

水、一个龙头放水"的扶贫资金投入格局。创新实施"产业扶贫信贷通"扶贫小额信贷贷款试点,2016—2018年连续3年,每年由市财政筹集10亿元风险缓释基金,贷款利息由县级财政全额负担,累计撬动银行187.25亿元资金,有效解决了贫困群众产业发展的资金问题。

(二)创新监督管理模式,破解扶贫项目资金"怎么管和用"的问题

创新实施脱贫攻坚工程项目"绿色通道",对单项工程200万元以下,单项设备、材料采购100万元以下,勘察、设计、监理等单项服务采购50万元以下的扶贫项目,由乡镇按"三重一大"事项集体决策方式选择施工单位和供应商,大大缩短了项目前期工作时间,做法在江西省推广。创新扶贫项目结算方式,鼓励县(市、区)通过政府购买服务,引入第三方机构对扶贫项目资金进行预算评审和决算审计,解决相关人员紧缺的问题。发挥第三方机构"独立性、专业性和公开公平公正"的优势,在江西省率先开展扶贫资金绩效评价工作,委托第三方对全市各县(市、区)开展统筹整合财政涉农扶贫资金绩效评价,有效避免了财政部门"既当裁判员,又当运动员"的局限性。

(三)创新精准扶贫举措,破解"两不愁三保障""如何实现"的问题

在全国率先提出并实施农村保障房建设,由政府统一出资代建、统一装饰装修、统一完善设施,就地就近建设一批产权公有、经济适用的农村保障房,贫困户直接拎包入住,通过"交钥匙"的办法解决农村特困群体住房安全问题。在城乡居民基本医疗保险、大病保险、民政医疗救助的基础上,由财政出资,为全市城乡贫困人口购买疾病医疗商业补充保险,在全国率先构建健康扶贫"四道医疗保障线",贫困群众自付医疗费用比例控制在10%左右,有效遏制了贫困群众因病致贫、因病返贫问题,做法得到《人民日报》、新华社、中央电

视台等主流媒体深度报道，并在全国推广。创新"选准一个产业、打造一个龙头、建立一套利益联结机制、扶持一笔资金、健全一套服务体系"的产业扶贫"五个一"机制，探索"企业＋合作社＋贫困户""公司＋基地＋中介＋贫困户""公司＋贫困户"等经营模式，以及资源资金入股、返租倒包、托管托养等利益联结模式，走出了一条适合赣州产业扶贫的新路子，做法在江西省推广。

（四）创新解决相对贫困的长效机制，破解脱贫成果"怎样稳"的问题

创新开发"精准防贫保险"，为处于贫困边缘的农村低收入户和人均收入不高不稳的脱贫户这两类人群，在因病、因学、因灾、因赔偿责任、因生产资料损失情况下而致贫返贫的，提供每人最高 20 万元的防贫保障金，巩固提升脱贫成效。探索建立防贫返贫预警监测机制，综合运用部门信息系统、个人申报、乡村预警等方式，重点监测因病、因学、因灾、意外事故等致贫返贫风险，点对点完善调整帮扶政策，谋划解决后扶贫时代扶贫政策的"悬崖效应"[1]等问题。积极探索贫困边缘户扶持发展工作，开展贫困边缘户标准界定和识别认定，综合运用就业、医疗、社保等帮扶政策，让贫困边缘户有门路、好发展、能致富。

六、发挥群众主体作用，激发脱贫内生动力

习近平总书记指出："幸福不会从天降。好日子是干出来的。"[2]脱

---

[1] "悬崖效应"，原指在电信领域中数字信号接收的突然损失现象，在此处指扶贫政策待遇前后差距太大。

[2] 《习近平关于社会主义经济建设论述摘编》，中央文献出版社 2017 年版，第 229 页。

贫致富终究要靠贫困群众用自己的辛勤劳动来实现。贫困群众是扶贫攻坚的对象，更是脱贫致富的主体。赣州坚持尊重贫困群众的主体地位和首创精神，扎实做好精神扶贫工作，强化宣传引导、生产奖补、劳务补助、以工代赈等机制，帮助脱贫群众提高思想认识、工作技能、就业能力，探索增收激励法、积分兑换爱心物品和村民"道德红黑榜"等做法，充分调动贫困群众的致富"原动力"，引导贫困群众自力更生、艰苦奋斗，依靠自己的辛勤劳动改变贫困落后的面貌。

（一）以正面宣传引导人

大力传承弘扬苏区精神和客家精神①，开展"机关干部下基层，连心连情促脱贫"活动，由市领导带头驻村蹲点调研，全市干部与贫困群众同吃、同住、同劳动2天以上，示范带动贫困群众树立勤劳致富意识，帮助贫困群众克服"等靠要"思想，消除对"脱贫脱政策"的担心。大力发掘和宣传脱贫先进典型，开展"文明家庭""身边好人"等评选活动，讲好群众身边的脱贫故事，以身边事教育激励身边人，让群众学有榜样、行有示范、赶有标杆。

（二）以智力扶贫带动人

坚持志智双扶，组织开展电子商务、家政服务、厨师面点等技能培训，累计培训贫困人口7.62万人次，让群众掌握一技之长，变"要我发展"为"我要发展"，避免包办代替和简单发钱发物、送钱送物。组织开展"雨露计划"培训，引导农村贫困家庭新成长劳动力接受职业教育。在江西省首创实施"农家书屋＋电商"新模式，让农民群众既富"脑袋"又富"口袋"。

（三）以乡风文明教化人

持续抓好移风易俗，发挥村民议事会、红白理事会、道德评议

---

① 客家精神，以吃苦耐劳、勇于开拓、溯本思源、克勤克俭等为主要内涵。

会、屋场议事会等群众组织的作用，制定村规民约，推进移风易俗，开展道德评议，发布"道德红黑榜"，建立贫困户不良思想惩戒"黑名单"，加强对高额彩礼、厚葬薄养、赌博致贫、子女不赡养老人等问题的专项整治，引导贫困群众摆脱思想贫困，树立"以贫为耻""脱贫光荣"的观念。

📋 案 例

黄庆春的"逆袭之路"

赣州市全南县探索建立正向激励和反向约束机制，在全县95个行政村（居）成立"道德红黑榜"评议会，制定评选标准，借助社会舆论鞭策陈规陋习、弘扬社会正能量。该县金龙镇东风村水圳头组的贫困户黄庆春，从前总想着靠政府救济过日子，家里环境又脏又乱。被列为"道德黑榜"人物后，他羞愧难当，经道德劝导组成员劝导教育，下决心搞好自家卫生。原本爱偷懒的他变得勤快起来，每天早起割草喂鱼，把家里收拾得井井有条。村里的道德评议会决定将他列入"道德进步榜"通报表扬。

现在的黄庆春走起路来劲头十足。有人打趣说："从后进到先进，老黄头这嘴巴都咧到了耳后根。"

（四）以精神文化感召人

建好用好新时代文明实践中心（站），组织开展"扶德扶志、感恩奋进"主题教育实践活动、"话脱贫·颂党恩"新时代文明实践巡回宣讲报告会等活动，教育引导群众感恩习近平总书记、感恩共产党。脱贫群众激动地说，"最好的亲戚是共产党，最大的恩人是习主席"，"吃水不忘挖井人，当年毛主席让我们翻身做了主人，今天习总书记让我们过上了好日子"，纷纷自发筹资修建铭恩亭、感恩楼、报恩桥，并自发地在厅堂中央张贴悬挂毛泽东主席和习近平总书记的画像，以朴素的方式表达对领袖的深情敬仰爱戴，衷心拥戴习近平总书记的核心地位。

贫困群众自发地在厅堂中央悬挂习近平总书记画像

第四节　赣州脱贫攻坚取得决定性胜利和历史性成就

数载风雨路，今朝展风姿。8年来，得益于以习近平同志为核心的党中央的亲切关怀，得益于国家部委的对口支援，得益于江西省委、省政府的正确领导，得益于全市广大干部群众的努力拼搏，赣州脱贫攻坚取得了决定性胜利，11 个贫困县（市、区）全部实现脱贫摘帽，实现历史性整体脱贫，赣南老区进入了经济社会发展最快、城乡面貌变化最大、群众得实惠最多的时期。

一、直接减贫效果

（一）贫困人口与贫困发生率双降低

按照 2010 年调整以后的农村贫困标准，2013—2019 年，全国贫困人口从 2012 年年底的 9899 万人减到 2019 年年底的 551 万人，累计减贫 9348 万人，年均减贫 1335 万人，7 年累计减贫幅度达到 94.4%，农村贫困发生率也从 2012 年年末的 10.2% 下降到 2019 年年末的 0.6%，贫困人口与贫困发生率一直保持着双降低的良好趋势。

与全国一样，赣州也交出了一份人民满意的答卷。2018 年 7 月 29 日，经过国务院扶贫开发领导小组组织的第三方严格评估，瑞金市率先在赣州脱贫摘帽，退出贫困县序列，翻开了赣州脱贫攻坚新的历史篇章。2019 年 4 月 28 日，江西省批复同意赣州市会昌县、寻乌县、安远县、上犹县、石城县、南康区脱贫摘帽。2020 年 4 月 26 日，江西省批复同意赣州市于都县、兴国县、宁都县、赣县区脱贫摘帽。至此，赣州 11 个贫困县（市、区）全部脱贫摘帽。从 2010 年到 2019 年，赣州累计减贫 212.64 万人，贫困人口由 215.46 万人减少到 2.82 万人，贫困发生率由 29.95% 下降至 0.37%。

表 1-3　赣州市 2010—2019 年减贫情况

年份	贫困人口（万人）	贫困发生率（%）
2010	215.46	29.95
2011	194.88	26.71

续表

年份	贫困人口（万人）	贫困发生率（%）
2012	172.60	23.45
2013	139.50	18.75
2014	114.33	14.28
2015	65.19	9.40
2016	51.18	6.60
2017	34.99	4.31
2018	18.86	2.45
2019	2.82	0.37

数据来源：赣州市精准扶贫攻坚战领导小组办公室。

（二）经济社会得到长足发展

打赢脱贫攻坚战，不仅是实现共同富裕的重大举措，也是促进经济增长的重要途径。这几年，国家加大了对贫困地区基本公共服务设施的投入力度，有力拉动了内需，培育形成了新的经济增长点。随着基础设施的改善，贫困地区的资源优势、发展潜力逐步得到彰显，成为推动经济发展的重要力量。

在扶贫开发工作中，贫困地区的"双增"达到"双高"，即贫困地区农村居民人均可支配收入增长幅度和人均地区生产总值增长幅度，都高于全国平均增长水平。从赣州来看，2011—2019 年，赣州农村居民年人均可支配收入由 4684 元增加到 11941 元，增长 1.5 倍，年均增长 18.75%。与此同时，赣州连续 3 年获评江西省高质量发展考评第一名，主要经济指标增幅稳居江西省"第一方阵"，均高于全国同期年均水平。2019 年，赣州的生产总值、财政总收入、一般公共预算收入、规模以上工业增加值、固定资产投资等指标均较 2011 年实现翻番，年均增速分别为 9.8%、13.2%、12.4%、10.7%、19.1%。

表1-4　全国、江西省、赣州市 2019 年主要经济指标增幅对比表

指标名称	赣州市	江西省	全国
	同比 ±%	同比 ±%	同比 ±%
生产总值	8.5	8.0	6.1
财政总收入	5.7	5.4	—
一般公共预算收入	5.7	4.8	—
规模以上工业增加值	8.7	8.5	5.7
固定资产投资	10.5	9.2	5.4
社会消费品零售总额	11.6	11.3	8.0
限额以上消费品零售额	11.0	10.8	3.9
实际利用外资	9.1	8.0	5.8
进出口总额	14.0	11.1	3.4
出口总额	18.6	12.3	5.0
城镇居民人均可支配收入	8.3	8.1	7.9
农村居民人均可支配收入	10.8	9.2	9.6

数据来源：赣州市统计局。

（三）群众生产生活条件得到明显改善

住房、医疗、教育等民生保障更加有力，产业支撑得到强化，基本公共服务与江西省、全国的差距逐渐缩小，内生发展活力和动力加速迸发。

解决居住安全隐患——住房。

赣州用足用好《若干意见》政策，集中力量改造农村土坯房，让几百万老区群众告别了透风漏雨的危旧土坯房；严守"四线"要求，扎实推进易地扶贫搬迁；采取政府兜底、"交钥匙"的办法，统建一批农村保障房，解决农村最困难群众的基本住房问题；重点整治"子女住安全房、老人住危旧房"现象，解决老人住房安全问题，让各类群体都住上了安居房。

表 1-5　赣州市易地扶贫搬迁人数一览表

(单位:人)

县(市、区)	2016 年	2017 年	2018 年	2019 年
瑞金市	2500	2500	0	0
兴国县	1475	5047	0	0
宁都县	3600	3265	486	0
石城县	1100	1558	231	0
于都县	2822	2750	936	0
会昌县	1099	2528	200	0
南康区	1508	3769	0	0
上犹县	1621	979	0	0
崇义县	270	516	1316	0
信丰县	335	2657	669	0
龙南县	2026	2026	500	0
安远县	2000	2539	0	0
大余县	860	1110	0	0
全南县	380	1229	0	0
定南县	400	978	1546	0
寻乌县	562	2724	0	0
赣县区	1200	5071	3030	0
合计	23758	41246	8914	

数据来源:赣州市精准扶贫攻坚战领导小组办公室。

解决看病难、看病贵——医疗。

脱贫攻坚战打响以来,赣州大力实施提升卫生服务能力三年行动计划,创新构建健康扶贫"四道医疗保障线",全面实行市域内贫困人口住院"先诊疗、后付费"和"一卡通"即时结算,打消了农户有病不敢看、医疗费用高、看病不方便的顾虑,有效减少了因病致贫返贫现象。截至 2019 年年底,赣州因病致贫返贫家庭总户数由 2014 年的 8.76 万户减少到 0.4 万户,累计减少 8.36 万户。

表 1-6   赣州市 2017—2019 年医疗扶贫资金投入使用情况

年份	医疗扶贫资金投入（万元）	救助人次（人次）
2017	39638	506355
2018	35758	468869
2019	32895	475975

数据来源：赣州市医疗保障局。

阻断贫困代际传递——教育。

赣州全面落实教育扶贫各项资助政策，安排专人对厌学学生进行劝学，对因病因残无法上学的学生开展"送教上门"，确保贫困家庭的孩子都能接受教育，不因贫辍学失学，坚决阻断贫困代际传递。据统计，全市学前教育毛入园率从 2010 年的 61.3% 提升到 2019 年的 85%，九年义务教育巩固率从 2010 年的 93.26% 提升至 2019 年的 99.28%。

补齐民生最短板——兜底保障。

赣州深入推进农村低保制度与扶贫开发政策有效衔接，逐年提高农村低保和农村特困人员救助供养标准，贫困人口的"社会救助安全网"越织越牢。截至 2019 年年底，赣州农村低保对象共计 32.95 万人，2016 年以来累计支出农村低保金 45.66 亿元。

表 1-7   赣州市农村低保与分散供养特困人员供养保障标准一览表

年份	农村低保		农村分散供养特困人员	
	标准（元／月）	增长率（%）	标准（元／月）	增长率（%）
2015	240	41.67	260	34.62
2019	340		350	

数据来源：根据赣州市相关资料整理。

打牢可持续脱贫基础——产业。

赣州始终把产业扶贫作为打赢脱贫攻坚战的重中之重，大力推行产业扶贫"五个一"机制，扎实推进产业扶贫全覆盖，引导和支持具有劳动能力的农户依靠自己的双手勤劳致富。截至 2019 年年底，赣州通过直接发展农业产业和新型农业经营主体利益联结等方式，累计覆盖带动 89.84% 的建档立卡贫困人口增收，发展产业成为贫困群众根治贫困、实现可持续脱贫的重要途径。

二、间接减贫效果

（一）乡村治理力量得到加强

赣州大力推进村级组织活动场所标准化建设，改善农村办公场所，彻底解决村级组织无活动场所问题，建好管好打赢脱贫攻坚战的前沿阵地。大幅度提高村干部收入，注重吸引农村致富能人、大中专毕业生、外出务工经商人员、退转军人中的党员到村里任职，在江西省率先配齐党小组长、村民小组长、妇女小组长"三个小组长"，选优配强基层党组织干部，培养村级后备干部队伍，打造一支堪当重任的扶贫干部队伍。随着各级干部深入基层，村一级力量不断强化，基层党组织的组织力得到提升，基层社会治理更加有力有效。近年来，赣州社会大局保持和谐稳定，公众安全感和公众满意度居江西省第一，赣南老区群众的获得感、幸福感、安全感显著增强。

（二）锤炼了一支能征善战的干部队伍

习近平总书记指出："脱贫攻坚任务能否高质量完成，关键在人，关键在干部队伍作风。"[①]赣州坚持把脱贫攻坚作为培养锻炼干部的主战场，把信念过硬、政治过硬、责任过硬、能力过硬、作风过硬的干部选派到脱贫攻坚第一线，分年度有计划地对全市各级领导干部、行

---

① 习近平：《在决战决胜脱贫攻坚座谈会上的讲话》，人民出版社 2020 年版，第 13 页。

业系统干部、扶贫系统干部、第一书记、帮扶干部、村干部进行全覆盖培训，有效解决市、县机关干部农村工作经验不足、方式方法教条简单等问题。在脱贫攻坚战中，广大扶贫干部通过实践历练，深入了解群众疾苦，真切体会群众生活的艰辛，开阔了眼界，拓宽了思路，锤炼了作风，增强了为人民服务的宗旨意识和造福人民的责任意识，思想灵魂深受洗礼，求真务实作风得到弘扬，在全市培养造就了一支懂农业、爱农村、爱农民的"三农"工作队伍。不少第一书记都发自内心地说，投身这场大战役，是人生中的一大幸事，更是一笔宝贵的精神财富。

（三）党群干群关系更加密切

打赢脱贫攻坚战的过程，也是夯实党的执政基础的过程。在脱贫攻坚这场硬仗中，赣州广大党员干部与贫困群众同呼吸、心连心，深入基层、深入群众，多层次、多方位、多渠道调查了解实际情况，帮助贫困群众发掘致富门路，实实在在地为群众办实事、解难题，真正把扶贫"扶"到群众心坎上，密切了党同人民群众的血肉联系。老百姓赞许地说："苏区干部好作风又回来了！"现在到农村调研，群众说起收入、教育、医疗、住房、养老等变化，如数家珍。正因为我们党的路线方针政策给群众带来了幸福，群众才发自内心地信任党、依赖党，厚筑了新时代红色江山的"铜墙铁壁"。

（四）乡村面貌发生巨大变化

赣州坚持把农村人居环境整治作为脱贫攻坚的重要内容、实施乡村振兴战略的第一场硬仗，在以"一边倒"态势狠抓脱贫攻坚的同时，同步抓实农村人居环境整治工作，深入实施农村人居环境整治三年行动计划和百日攻坚行动，扎实推进农村土坯房改造、新农村建设、"空心房"整治、"厕所革命"等，加快完善农村的交通、电力、水利、通信等基础设施，不断提升教育、医疗、养老等公共服务水平，全力以干干净净、清清爽爽的面貌步入全面小康，昔日赣南苏区农村旧貌换新颜。外出的赣州老乡纷纷感叹："家乡面貌年年变，都认不出回家的路了！"2019年5月20日，习近平总书记视察赣州时，高度评价赣南老区城乡面貌大变样，农村气象新、面貌美、活力足、前景好。

与此同时，赣州坚持以社会主义核心价值观为引领，积极弘扬中华优秀传统文化和客家精神，大力破除陈规陋习和不良风气，修订完善村规民约，有效遏制大操大办、炫富攀比等不良风气，营造见贤思齐、向善向美的氛围。越来越多的赣南老区贫困群众"弱鸟先飞"，摆脱精神贫困，依靠勤劳双手和顽强意志拔掉"穷根"。

三、溢出效应

脱贫攻坚工作涉及经济社会发展的方方面面。在打赢脱贫攻坚战的过程中，赣州集中所能调动的所有资源和力量，圆满实现了全市所有贫困县（市、区）脱贫摘帽这一底线目标，这个过程中也产生了一些溢出效应。

（一）乡村产业振兴框架体系初步构建

赣州在引导产业发展过程中，在实践中总结和完善了行之有效的产业扶贫"五个一"机制，按照长短结合、种养互补、三产融合的思路，重点发展脐橙、蔬菜、油茶三大主导产业，以及畜禽、白莲、刺葡萄等区域特色产业，并引导有条件的贫困户发展农家乐、农村电商等新业态，形成"乡乡有特色、村村有项目、户户有收入渠道"的赣南特色产业扶贫格局。将产业扶贫和农业供给侧结构性改革紧密结合起来，通过企业（合作社、基地）与贫困户建立起紧密的利益联结机制，将生产者与销售者密切结合，建立"风险共担、利益共享"的经营模式，有效破解小农户与现代农业发展的衔接难题，打破了农户家庭经营"小而散"的格局，保障了小农户的利益，促进了农业适度规模化经营，提升了农业发展质量，为全面实施乡村振兴战略、推进农业农村现代化打牢了基础。

（二）城乡二元结构加快向城乡融合发展转变

赣州是农业大市，统筹城乡发展的任务异常艰巨。脱贫攻坚战打响以来，赣州不断深化农村改革，注重与脱贫攻坚、改善乡村风貌等相结合，大力推进新型城镇化建设，按照"精心规划、精致建设、精细管理、精美呈现"的理念，建设美丽宜居乡村，打造了一批美丽宜居特色小镇、示范乡镇、村庄、庭院，促进各类要素有序朝乡村流动，逐步建立起以城带乡、整体推进、城乡一体、均衡发展的基本公共服务发展机制，加快破解城乡二元结构，逐步缩小城乡差距，城乡融合步伐不断加快，赣南农村加速成为安居乐业的美丽家园。

（三）社会凝聚力得到加强

贫困之冰，非一日之寒；破冰之功，非一春之暖。打赢脱贫攻坚这场硬仗，尤其需要社会各界凝聚共识、精诚合作，弘扬中华民族乐善好施的传统美德和扶贫济困、助人为乐的博爱情怀，齐心协力打赢脱贫攻坚战。赣州在打赢脱贫攻坚战过程中，广泛动员和凝聚全社会力量广泛参与扶贫开发，"互联网+"社会扶贫吸引大批爱心人士、社会资本聚力赣南扶贫，"百企帮百村"精准扶贫行动发动全市企业（商会）对接贫困村，全社会参与扶贫的"交响乐"越奏越嘹亮，一笔笔"真金白银"的投入落地生根，一项项真心实意的扶贫行动开花结果，赢得了群众普遍认同和广泛赞誉，为新时代赣州振兴发展凝聚起广泛的社会力量。如今的赣南老区，到处是一派欣欣向荣、生机勃发的景象！

第 二 章

激发脱贫攻坚动力，
扎实推进抓党建促脱贫

习近平总书记指出："抓好党建促脱贫攻坚，是贫困地区脱贫致富的重要经验"。[①] 赣州积极发挥党建在脱贫攻坚中的引擎作用，秉持"围绕扶贫抓党建，抓好党建促扶贫，检验党建看脱贫"的理念，大力传承红色基因，扎实推进基层党建质量提升行动，整合组织资源、发挥组织优势、凝聚组织力量，为打赢脱贫攻坚战提供坚强有力的思想、组织、干部、作风保证，以高质量基层党建引领高质量脱贫。

第一节　压实党建责任，汇聚脱贫攻坚力量

习近平总书记强调："脱贫攻坚越往后，难度越大，越要压实责任"。[②] 如期打赢脱贫攻坚战，必须坚决压实党建责任，汇聚各方力量，确保脱贫攻坚设计好的路线图、任务表有条不紊向前推进。

---

① 《习近平关于社会主义经济建设论述摘编》，中央文献出版社 2017 年版，第 227 页。
② 《习近平关于社会主义经济建设论述摘编》，中央文献出版社 2017 年版，第 240 页。

一、以上率下传导压力

赣州市委主要领导经常性谋划部署抓党建促脱贫工作，并在农村基层党建工作会议上，专门对抓党建促脱贫攻坚工作进行调度和部署，示范带动其他市厅级领导和各级领导干部经常性调度、常态化推动脱贫攻坚。建立市领导"六个一"帮扶工作机制，即每位市厅级领导带领一个市直（驻市）部门、一个市属企业，市财政安排100万元专项资金，重点帮扶一个县（市、区），抓一个示范乡（镇）和一个示范村，全市44名市厅级及以上领导干部分别结对联系一个县（市、区）和深度贫困村。全面推行市厅级领导包县、县级领导包乡、乡镇领导包村、党员干部包户的"四包责任制"，全市所有贫困村（含深度贫困村）分别安排1名县处级以上干部挂点帮扶，将责任"一竿子插到底"。制定县（市、区）委书记、县（市、区）长、分管领导、行业扶贫领导，以及乡镇党委书记（乡镇长）、分管领导等脱贫攻坚责任主体的主要职责清单，细化相关责任主体的主要职责，更好推动脱贫攻坚责任落实、政策落实、工作落实。

二、严格日常管理考核

赣州市级层面出台《关于加强基层党建为脱贫攻坚提供组织保障的意见》，明确在脱贫攻坚期内，贫困县县乡党政正职、分管领导原则上不调整岗位，不脱贫、不换人。每年将抓党建促脱贫攻坚工作列为县乡村党组织书记基层党建述职评议重要内容，推动县乡村三级党组织书记坚守党建"主阵地"、种好扶贫"责任田"。市县两级专门组建组织工作调研巡察队伍，深入基层一线，面对面开展督导。

　　制定出台第一书记选派管理办法，严格驻村第一书记和驻村工作队员管理考核。明确市及以下选派的驻村干部每月驻村时间不少于20天（含因公出差、开会和培训），因工作需要要求在村的，按相关通知要求做到在岗在位。派出单位主要领导每季度到村调研不少于1次，驻村工作队分管领导每两个月到村指导不少于1次；结对帮扶干部每两个月到村帮扶不少于1次。对发现不在岗且未履行请假手续的驻村干部，年度考核不得评为"优秀"等次，3年内不得提拔重用；对两次以上违反驻村工作纪律的，责成派出单位及时"召回"。

　　实行"召回"干部和派出单位"双问责"制度。对"召回"干部本人和派出单位主要领导及分管领导进行诫勉谈话，并取消派出单位及其主要领导年度评先评优资格，派出单位年内不得推荐和提拔干部。不按规定实行工作与派出单位脱钩、落实跟踪管理责任不到位的，对派出单位主要领导和分管领导进行诫勉谈话；造成重大不良影响的，对派出单位主要领导及相关责任人视情作出组织调整，并将相关问题线索移交同级纪委（监委）查处，派出单位3年内不得推荐和提拔干部。2016年以来，全市调整工作不胜任、履职不到位的驻村第一书记和驻村工作队队员88人，对54名第一书记进行了"召回"并及时补齐，推动人员管理抓在经常、严在日常。

第二节　夯实基层基础，建强脱贫攻坚堡垒

　　习近平总书记强调，打赢脱贫攻坚战，特别要建强基层党支部。党的基层组织处于脱贫攻坚的第一线，既是党在贫困地区领导脱贫攻坚的旗帜和堡垒，也是党与贫困地区人民群众联系沟通的桥梁和纽带，更是确保党的路线方针政策得到贯彻落实的基础。发挥农村基层

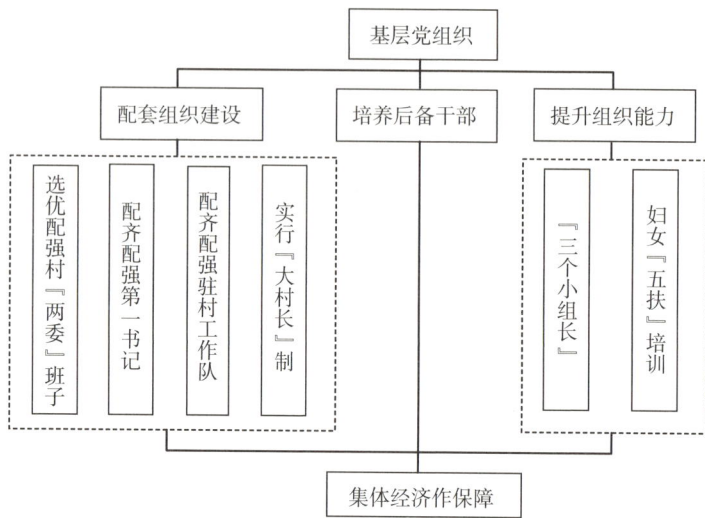

赣州市基层党建组织构架图

党组织在脱贫攻坚中的战斗堡垒作用，关键是要选优配强村"两委"班子、发展壮大村集体经济，不断提升党组织的组织力。

一、选优配强村"两委"班子，特别是村党组织书记

严把候选人资格条件关。将能否适应脱贫攻坚工作需要，作为组织提名人选的重要资格条件。创新"六个一批"①"五条途径"②，着力

---

① "六个一批"，指从现任村干部中择优留任一批，从村后备干部中充实一批，从致富能手、产业大户、专业合作社组织负责人、与单位解除劳动合同人员、"一村一名大学生"、乡村医生和教师等人员中选拔一批，从退转军人、大中专毕业生、外出务工经商人员中回引一批，从大学生村官、"三支一扶"人员等各类服务基层项目人员中选用一批，从机关企事业单位干部职工、"退居二线"和退休干部职工中选派一批。

② "五条途径"，指对本村暂时没有党组织书记合适人选的，可通过邻近强村优秀党组织书记兼任、邻近强村干部跨村任职、从机关党员干部中选派、动员机关企事业单位"退居二线"和退休干部职工回村任职、第一书记兼任等五条途径，配齐配强村党组织书记。

培养选拔谋划脱贫有思路、发展产业有措施、带领群众致富有办法的村党组织书记。2018 年换届后，新一届村"两委"班子成员中，高中以上学历占比 62.3%；村书记、主任中，致富能手占比 50.04%。推行村党组织书记分类管理，常态化举办基层党组织书记示范培训班，不断提升村党组织书记履职能力。

健全完善村干部激励保障机制。连续 4 年提高村干部报酬待遇，全市村书记、主任每月基本报酬均达到 3000 元以上，平均达到 3100 元/月，为 2018 年农民人均可支配收入（899 元/月）的 3.45 倍，基本达到新任职公务员的工资水平。一般村干部达到 2500 元/月。"离任两老"补助提高至老支书 200 元/月、老村主任 180 元/月。这样，极大增强了村干部岗位的吸引力，有利于留住并吸引更多农村优秀人才充实到村"两委"班子。

📋 案　例

牢记使命，发挥党员先锋模范作用

——江西省脱贫攻坚奋进奖获得者王建华典型事迹

王建华，男，44 岁，汉族，中共党员，赣州市南康区龙回镇九江村党支部书记。村里人称他为"三不怕"书记——不怕事多、不怕挨骂、不怕疲劳。

2014 年年底，在他刚当选村党支部书记的时候，九江村的村容村貌"老旧破小"，产业发展"一穷二白"。为了打破这一局面，他带头引进种植效益高、周期短的葛根，以实际收益带动全村发展刺葡萄、白莲、葛根、水果种植等高效农业产业规模近千亩，吸纳就业和带动致富 200 多户，其中 20 户贫困户依靠产业发展年均增收 1 万元。

为了改变村容村貌，他在全市首创"义务投劳保障基金"，通过乡村自筹和社会募捐筹集资金30多万元，以党员干部、村民小组长等为班底组建"义务投劳"工作队，带动和引导全员参与村庄环境整治。在他的不懈努力下，全村178户贫困户全部脱贫致富，偏僻落后的"坑村"变成了生机勃勃的魅力乡村，树立了村党支部书记推进脱贫攻坚的典型。

二、着力提升村级党组织战斗力

赣州市委出台《关于开展基层党建质量提升行动的实施意见》，明确了提升党员队伍建设水平、提升抓党建促脱贫攻坚和乡村振兴水平等16个提升项目、80条具体措施，其中涉及抓党建促脱贫项目的就提出了22条措施，占比近1/3。明确党委组织部长带头抓，建立健全跟踪督办机制，定期调度推进。

坚持以党建带群建。加强村民理事会、共青团、妇联、民兵营（连）等其他配套组织建设，发挥村民小组长、妇女小组长、党小组长"三个小组长"的作用，落实村民小组长200元/月、妇女小组长100元/月的报酬待遇，调动参与脱贫攻坚的积极性。

常态化开展软弱涣散村党组织排查整顿。按照"不设比例、给足时间，逐个整顿、应整尽整"的要求，排查软弱涣散村党组织，逐村制定整顿方案，落实县乡领导和帮扶单位包干帮扶，深入开展软弱涣散村党组织整顿，提高软弱涣散村党组织的战斗力、凝聚力。

三、发挥党员先锋模范作用

为更好发挥广大党员致富带富的示范引领作用，赣州坚持把党员发展计划名额向贫困村倾斜，着力打造一支脱贫攻坚的生力军。2018年以来，全市932个贫困村每村至少发展了1名青年农民党员。

实施党员创业致富带头人培养工程，加大党员创业金融扶持力度，每个县（市、区）每年提供不少于100万元的贷款贴息资金，每年扶持200名以上党员贷款创业，着力提升党员带头创业、带领致富和带动村集体经济发展的能力。大力引导党员根据个人特点、特长，围绕宣传党的政策、引领发展产业、推进乡风文明等，立足岗位服务贫困群众。比如，瑞金市黄柏乡龙湖村党员、贫困户邓大庆自强不息，牵头组建脐橙专业合作社，带领群众发展脐橙产业，帮助54户贫困户实现脱贫。再如，石城县大力实施"千人铸造计划"，培育了一支不走的扶贫工作队。

📋 案 例

致富路上的领头雁

——石城县培育创业致富带头人经验做法获全国推介

在脱贫攻坚、圆梦小康的致富路上，石城县全面铺开"千人铸造计划"，积极培育创业致富带头人，带动贫困户脱贫致富。

条件与程序并重，精选带头对象。李晓华是石城县小松镇丹溪村的一名普通农村党员，长年在外经商，头脑活络、能吃苦、讲信用，生意做得有声有色。"我们就需要这样的带头人。"在村委会换届选举大会上，李晓华当选为村干部。群众的信任、组织的期望，成了李晓华甩开膀子干的动力。2016年，他毅然放弃自己的生意，回到村里创办了富鑫百香果农场，推行立体种养，以"党建＋电商＋基地"的模式带领当地困难群众脱贫致富。

贫困户通过土地流转,不仅每亩可获得300元的年租金,而且劳动力入股参与经营管理,人均增收2500元以上。"一花独放不是春,百花齐放春满园。"在创业致富带头人甄选上,石城县突出政治思想、创业意愿、创业基础和带领能力"四强",按照个人报名、村级推荐、乡镇初审、县级确定的程序,注重三级联审,并优先从基层优秀党员中挑选培育对象。

培育与带学并进,提升帮带能力。授人以鱼,不如授人以渔。针对不少贫困户因缺技术致贫的现状,石城县把培育创业致富带头人作为破解这一问题的"金钥匙",坚持培育与带学双管齐下,着力提升帮带能力。手握"金钥匙",开启致富门。石城县在实行科技扶贫、着力推进创业致富带头人培育过程中,一直坚持本土培训与外出取经"两条腿"走路。全县组织160名培育对象分3批,前往国务院扶贫办贫困村创业致富带头人福建蓉中培训基地,接受为期1个月的集中培训,并实行"1+1"模式,由培训基地安排创业导师继续对学员进行11个月的指导帮扶、跟踪服务。同时,由县涉农部门的技术专家传授"点金术",对创业致富带头人现场指导,每年集中培训创业致富带头人300人次以上。

奖励与扶持并举,燃起帮带热情。为了让每位创业致富带头人都有社会责任感,石城县签订了致富带头人帮带目标责任书,并建立创业致富带头人帮带贫困户台账,要求以就地就业、带动产业、引领创业等形式,通过不少于1年的帮扶时间,帮带5户以上贫困户脱贫增收。为了让每位创业致富带头人充满帮扶自豪感,该县根据考核评估结果,对创业致富带头人进行评定。对评为A级的,每帮带1户贫困户务工就业、发展产业新增年收入1万元以上,分别给予不同的奖励;对帮带100户以上的,以"一事一议"方式兑现奖励；对被评为初级、中级、高级的创业导师，也分别给予不同的奖励。

四、大力发展村集体经济

赣州把发展壮大村集体经济作为提升村级党组织战斗力、凝聚力的重要抓手，市、县两级出台一系列扶持村集体经济发展的政策措施，坚持因村施策，打好政策"组合拳"，积极拓宽发展路子。

（一）政策牵动：强化政策保障

1.强化财政扶持。鼓励各县（市、区）采取财政补助一点、帮扶单位扶持一点、银行信贷一点的"三个一点"模式，财政安排500万—800万元村级集体经济发展专项资金，对村级组织发展集体经济进行奖补以及贷款贴息。比如，于都县整合涉农及扶贫资金1.8亿元，为全县357个行政村安装村级和联村联建光伏发电站，每村每年至少获得5万元村集体经济收入。对发展农业龙头企业吸纳贫困户入股并帮助其脱贫的，财政按照3000—5000元的标准给予村级组织奖补。

2.提供金融支持。市财政每年安排10亿元风险缓释金，撬动银行信贷资金80亿元，投向贫困村和贫困户发展产业。明确每个贫困村最高可申请贷款100万元，由财政贴息3—5年。比如，兴国县鼓励村"两委"领办创办50万元以上的产业扶贫基地，最高可办理100万元的产业贷款用于产业发展、项目投资。

3.实行税费优惠。对村集体领办创办实体销售自产农产品，免征增值税；从事农、林、牧、渔业项目的所得，减征或免征企业所得税；村集体兴办的各类物业设施、经营性项目，依法依规减征或免征相关行政事业性收费和服务费。

4.落实土地奖补。农村集体经济组织的土地被征收后，给予预留用地指标，或者采取等价置换货币或工商业用房的方式进行补偿。在实施土地增减挂钩项目过程中，按照一定标准奖励给村一级，解决部分村发展村级集体经济"第一桶金"的问题。比如，瑞金市明确按照2万元/亩的标准，作为土地增减挂钩项目验收后新增耕地面积的村级工作经费。

（二）路径牵导：因村施策，拓宽发展路子

赣州根据地理区位、农村经济发展情况以及村级资产资源情况，在全市探索推行资源利用、资产经营、产业带动、服务创收、土地开发、政策利用、异地置业、抱团发展8种模式，从挖掘资产资源潜力，培育新的经济增长点，加大财政、项目、税费、土地、金融、人才扶持力度等方面，制定出台15条政策措施，推动村集体经济全面发展。

1.资源利用模式。引导村级组织盘活闲置的村集体土地、山林、水面等自然资源和办公用房、学校、仓库、礼堂等集体资产，采取公开租赁、承包经营、自主开发等方式获取集体收入，让沉睡的资产资源活起来。比如，宁都县小布镇陂下村将已闲置的小布中学校舍、老村部以及120亩村集体茶园，入股镇旅游公司。2019年，村集体实现分红12.5万元。安远县三百山镇咀下村充分利用紧邻国家4A级景区三百山的生态旅游资源优势，从2019年起投资发展房车营地、巨人谷等项目，预计从2020年起，村集体每年可增收15万元以上。

2.资产经营模式。引导村级组织特别是城中村、城郊村、园中村，利用好村集体预留地以及现有经营资产，通过独立、联合或股份合作等形式，建设标准厂房、专业市场、仓储设施、商业店面等经营形式，发展集体产权物业经济，让资产效益最大化。比如，章贡区沙河镇五龙村利用临近火车站、赣州东高速公路出口的优势，筹资建设了五龙花鸟大市场，并招商建设了赣南妇婴医院以及酒店、5 栋标准厂房，通过出租经营，在 2019 年实现村集体经营性收入 628 万元。信丰县嘉定镇游州村利用征地拆迁和土地增减挂钩富余资金，以市场化手段，新建了一栋占地 7600 平方米、建筑面积 1.2 万平方米的商住楼，通过市场招标经营，年租金达 100 多万元，村集体资产向"亿元村"迈进。

3. 产业带动模式。围绕脐橙、蔬菜、油茶等全市农业主导产业，由村党组织领办创办产业合作社、产业示范基地、龙头加工企业等，通过入股分红或土地流转实现村集体经济收入。比如，信丰县西牛镇曾屋村采取"村党组织＋合作社＋农户"的模式，村集体以建成的基础设施入股合作社，建设万亩露天蔬菜产业基地，带动农民种植特色蔬菜、瓜果，在 2019 年获得收入 16.7 万元。

4. 服务创收模式。鼓励村集体结合精准扶贫、乡村振兴等，创办村级服务组织，在为群众提供农业生产、建筑施工、仓储物流、农产品加工销售等服务过程中，增加村集体经济收入。比如，南康区东山街道坨圳村成立社会事务服务中心，下设环卫服务、用工服务、消防服务 3 个工作站，为辖区内 230 多家家具生产企业提供环卫、用工、消防服务，每年村集体收入 20 余万元。

5. 土地开发模式。借助"空心房"整治、"两违"拆除等契机，用好土地增减挂钩政策获取收入；借力高标准农田建设，通过土地整理改造、盘活土地存量、提升土地租金，来获取村集体经济收入；在征收村组集体土地过程中提取村提留及征收工作经费，获取村集体经济收入；通过土地集中流转，获取土地流转服务费或上级产业奖补资金。比如，大余县新城镇王屋岭村引进农业产业化龙头企业，建成 1200 亩中草药基地，每年通过土地流转管理服务，增加村集体经济收入 7.2 万元。

大余县新城镇水西村的百亩韭菜基地

6.政策利用模式。充分利用光伏发电、产业扶贫等政策,置办村集体资产获取收入;充分利用上级定点帮扶单位优势,争取帮扶单位资金支持,通过发展相关产业获取收入;充分利用上级项目资金建设形成的资产,以资产入股项目开发的形式获取收入。比如,上犹县营前镇珠岭村借助挂点单位——中国社会科学院的帮扶资金,并整合产

上犹县营前镇珠岭村光伏扶贫电站一角

业扶贫资金，建设光伏扶贫电站700千瓦，年收入达80万元。

7.异地置业模式。对一些资源和区位条件差、在本村难以发展的边远山区村，鼓励其"走出去"，争取县乡财政和结对单位的帮扶资金，在集镇或城区建设商业门面、标准厂房或购置其他经营性资产，通过租赁、合股、经营获取稳定收入。比如，龙南市采取村级组织出资一点、县级财政配套一点、县城投公司承建和保本出售等方式，为全县91个村分别提供平均面积150平方米的店面。仅此一项，每村每年可实现经营性收入5万元以上。

8.抱团发展模式。针对一些确属无资产资源的边远山村，鼓励各县（市、区）通过异地置业、打包入股新经济组织等方式，为村级组织"创收"。比如，安远县欣山镇整合21个村的资金，每村按资入股组建镇建筑工程公司，以强带弱，实现每村年经营性收入7万元以上。会昌县西江镇在不改变资金用途的情况下，整合各村扶贫资金建设扶贫车间，引入12家企业进驻，实现每村每年13万元的经营性收入。

2017年，赣州1675个无集体经济收入的"空壳村"全部消除。2018年，3468个村的集体经济收入均达到5万元以上（不含财政转移支付资金），平均每村达16.43万元，走在江西省各设区市前列。2019年，全市村集体经济总收入7.17亿元，比2018年增长25.87%，所有村都实现超过5万元的目标。

表2-1　赣州市2017—2019年村级集体经济收入变化情况统计表

年份	村集体经济"空壳村"（个）	村集体经济收入5万元以上的村（个）	占总数的百分比
2017	1675	—	—
2018	0	3468	100%
2019	0	3468	100%

案 例

赣县区江口镇河埠村"三驾马车" 拉动村集体经济发展

赣县区江口镇河埠村通过创办产业合作社、参股乡村旅游项目、开办实体店"三驾马车"拉动村集体经济发展,推动贫困群众和村集体经济"双脱贫"。

一、以资金、管理入股产业合作社,农民变股东,资金变股金

河埠村的耕地大部分为沙坝土,且集中连片面积大,适宜种植甜叶菊,自 2006 年开始发展甜叶菊生产,2009 年开始发展甜叶菊育苗。为实现在 2018 年前整村脱贫目标,村党支部充分把握这一产业优势,把甜叶菊作为主导产业来培植,着力推动甜叶菊生产规模化、专业化发展,通过召开户主会、党员会等迅速统一全村思想,创办产业合作社,在带动群众致富的同时,增加村集体经济收入。

产业合作社实行股份制,村集体以资金和前期管理入股,流转土地 600 亩,并积极向上级争资争项,投入 90 万元进行水、电、路等基础设施和育苗大棚建设;贫困户以资金入股,用活精准扶贫贷款政策向银行贷款,每户贫困户入股资金 3 万—5 万元,5000 元为 1 股;村民以流转土地入股,每亩为 1 股。

合作社产生的利润,按 4:2:2:2 的比例分配,即:40% 作为合作社发展基金,用于下一年生产投资;20% 作为河埠村集体经济收益;20% 用于贫困户、村民分红;20% 作为合作社绩效管理基金。

二、以基础设施建设参股乡村旅游项目，资源变资产

河埠村地处江边，古树成群、生态优美，且具有一定的区位优势，离赣州中心城区仅 50 分钟车程。江口镇党委、政府把该村纳入"都是客"旅游规划，积极开展乡村旅游招商引资。2016年，该村党支部成功引进赣州客商，投入 600 万元，合作打造150 亩小麻洲拓展训练基地；2017 年，基地又投入 200 万元，与镇、村两级合作打造 200 亩四季花海、农业体验项目。

河埠村充分用好精准扶贫各项优惠政策和项目、资金扶持，创新理念，用活政策，将项目区内配套基础设施建设项目的投入资金作为股份，以村集体名义参股乡村旅游项目获取收益，改变了以往基础设施项目建设无收益的状况，实现了农村生产生活环境改善和村集体增收的"双促进"。

乡村旅游项目由业主自主经营，但村集体每年按镇、村用于该旅游区内项目资金 1% 的比例提取收益。

三、以开办实体店获取店面收益

江口镇在实施易地扶贫搬迁项目、建设贫困户集中住宅区时，以"零地价"为承建商代建，并且协议确定一楼店面归镇政府所有。为增加村集体经济收入，江口镇党委按照贫困村 2间、非贫困村 1 间的原则，把店面分配给村级组织无偿使用，店面收益归各村村集体所有。河埠村分配到 2 间共 140 平方米的店面，村党支部把店面交由该村的产业合作社创办实体店，专门经营无公害蔬菜，并与"邮乐购"、土购网等合作建立电商平台，实行农产品网上销售。仅此一项，村集体经济年收入就达 4.8 万元。

第三节　聚焦一线攻坚，选优派强扶贫干部

习近平总书记强调："打好脱贫攻坚战，关键在人"。①脱贫攻坚千头万绪、任务繁重，干部是中坚力量、决定因素，各项政策、资金、任务都需要干部去落实、推动。选精、派优、配强扶贫干部，让精兵强将下到脱贫攻坚第一线，才能更好发挥脱贫攻坚前沿生力军的作用。

一、科学选派，做到尽锐出战

赣州因村精准派人，将最熟悉基层工作、最能吃苦耐劳、最能打硬仗的干部派下去，精准选派驻村工作队、第一书记，确保把得力的干部用在抓脱贫攻坚上。

（一）驻村工作队

实行单位结对帮扶贫困村全覆盖。市本级每个单位至少帮扶 1 个贫困村，其余贫困村由所在县（市、区）包干托底。单位人员编制在 21 人及以上的，原则上须选派 3 人单独组队；11—20 人的，至少选派 2 人；10 人及以下的，不少于 1 人，不足部分报经市委组织部和市精准扶贫攻坚战领导小组办公室同意后，由县乡选派补齐。还特别明确，选派到贫困村、软弱涣散村和集体经济薄弱村的驻村工作队，一般不少于 3 人；其他村的驻村工作队人数由各县（市、区）自定，但

---

① 习近平：《在打好精准脱贫攻坚战座谈会上的讲话》，人民出版社 2020 年版，第 23 页。

不得少于 2 人。

（二）驻村工作队队长及队员

明确由单位领导带队，选派思想政治素质高、工作能力强、熟悉农村工作的中层干部担任队长，1—3 名精干力量为工作队队员。工作队队长是党员的，同时担任贫困村党组织第一书记；驻村工作队队员是党员的可担任村党组织副书记，是非党员的可担任村主任助理。

（三）实行干部结对帮扶贫困户全覆盖

市直（驻市）单位干部采取"532"的方式结对帮扶贫困户，按照单位在编在岗干部情况安排结对帮扶干部，市厅级领导干部结对帮扶 5 户，县处级领导干部结对帮扶 3 户，科级及以下干部结对帮扶 2 户；单位定点帮扶村贫困户户数不够的，可以帮扶附近贫困村的贫困户，其余贫困户由所在县（市、区）干部包干托底。帮扶干部变动后，新进干部自然接替。对新纳入扶贫范围的贫困户，及时安排干部结对帮扶。全市 3468 个行政村均选派了第一书记和驻村工作队，安排 2776 个市、县机关和企事业单位的，3468 个工作队挂点帮扶，安排 66651 名干部结对帮扶贫困户，实现 932 个贫困村、167 个深度贫困村均有单位驻村帮扶，28.74 万户贫困户均有干部结对帮扶"两个全覆盖"。

（四）全面实行"大村长"制

由领导干部担任"大村长"，负责统筹协调驻村领导、第一书记、驻村工作队、帮扶干部和村"两委"干部等工作力量，深入一线做好帮扶工作，以"嵌入"方式融入贫困村的发展，做到群众不脱贫、结对不脱钩。

📋 **案　例**

兴国县"大村长"制推进脱贫攻坚

　　兴国县大胆探索，创新实践，统筹实施"大村长"制，依据"三条原则"，坚持"四个不变"，选派县级配套班子领导及法院、检察院"两长"，乡镇党委书记、乡镇长、经济开发区管委会主任，县直单位正科级领导干部（含部分非领导职务正科级干部），驻县单位主要领导，乡镇党委副书记、人大主席五类人员担任"大村长"，凝聚各级力量推进脱贫攻坚，确保脱贫攻坚工作务实、过程扎实、结果真实。

　　依据"三条原则"。县级领导层面："一乡（镇、区）一村"一名县级干部。县直、驻县单位层面：县直单位正科级领导干部（含部分非领导职务正科级干部），优先安排在本单位帮扶的乡镇区选择一个担任"大村长"；如果在帮扶的乡镇区安排不下，则安排在其他乡镇区担任"大村长"。乡镇层面：按照乡镇党委书记、乡镇长（经济开发区管委会主任）、乡镇党委副书记、乡镇人大主席的顺序，安排"大村长"。根据以上三个原则，统筹选派"大村长"。

　　坚持"四个不变"。坚持各乡镇挂点县级领导保持不变，深度贫困村挂点县级领导保持不变，乡镇党委、政府和村"两委"脱贫攻坚主体责任保持不变，驻村第一书记、驻村工作队和帮扶干部等帮扶力量保持不变等"四个不变"。

二、及时褒奖，树立鲜明导向

赣州把脱贫攻坚一线作为锻炼识别干部的"赛马场"，注重政治待遇激励，有力传导了聚焦脱贫攻坚、鼓励干事创业的鲜明导向。

明确驻村干部的年度考核工作，以县为单位，优秀等次比例不高于当地驻村工作队及队员总数的30%，优秀等次不占派出单位指标，考核结果等同于在派出单位的年度考核等次，并记入个人档案。驻村干部任期考核情况，作为培养和使用干部的重要依据之一。对驻村期间工作特别优秀、帮扶成效特别明显的驻村干部，机关干部优先提拔使用，事业单位工作人员优先评聘职称，企业人员保证全额工资、奖金并优先晋级涨薪。

2016年以来，赣州共有188名在脱贫攻坚工作中表现优秀的干部，被提拔重用到县处级岗位；11个贫困县（市、区）提拔重用优秀驻村第一书记128名、驻村工作队队员99名，有45名市派驻村第一书记和驻村工作队队员，被提拔重用为科级干部；从优秀乡镇（场、街道）事业编制人员、优秀村（社区）干部、大学生村官中，选拔了262名乡镇领导干部，其中贫困县选拔了204名。

三、加强培训，提升履职能力

赣州将扶贫干部培训单列，作为近5年干部教育培训的重点任务。按照"分级负责、整体联动、全面覆盖"原则，每年对乡镇（街道）党政领导班子成员、扶贫专干、村党组织书记和村委会主任、驻村帮扶干部（含第一书记）实行脱贫攻坚全员培训。

常态化开展"送教下基层"，组建全市脱贫攻坚干部培训师资库，

定南县组织开展扶贫干部脱贫攻坚业务培训

以"送教下基层"形式组织到贫困县（市、区）授课，帮助扶贫干部提高脱贫攻坚业务水平。市县两级共举办各类脱贫攻坚培训班1100余期，培训20万余人次，其中，市级举办乡镇（街道）党政正职、扶贫专干、驻村第一书记、村委会主任等参加的脱贫攻坚示范培训班26期，培训4400余人次，实现贫困县乡镇党政正职培训全覆盖。

组织对驻村第一书记（工作队队长）、村党组织书记、村委会主任进行脱贫攻坚基础业务知识测试，成绩不合格的，回炉再"充电"，倒逼其熟练掌握脱贫攻坚政策。

第四节　强化队伍建设，提供有力人才支撑

习近平总书记指出："要吸引各类人才参与脱贫攻坚和农村发展……要关心爱护基层一线扶贫干部……激励他们为打好脱贫攻坚战

努力工作。"① 赣州坚持让人才向脱贫一线集结，创新关爱激励措施，切实加强县乡领导班子和干部人才队伍建设，充分发挥各类人才的示范引领作用，为脱贫攻坚提供人才和智力支持。

一、保持贫困县县乡党政正职稳定

赣州严把调整报备关，无特殊情况的原则上暂不调整，以保持贫困县县乡党政正职相对稳定。对因脱贫攻坚等工作不力确需调整的乡镇党政正职，原则上不安排到县直单位重要岗位任职。2016 年以来，除个别县党政正职因违纪违法被免职补充外，其余贫困县党政正职均未作调整。全市 11 个贫困县（市、区） 201 个乡镇中，仅有 40 名党政正职因提拔使用、履职不力、违纪处理等原因产生空缺进行了调整。明确贫困县乡镇领导班子成员出现空缺，必须在 3 个月内配齐。组织开展乡镇领导班子建设情况分析研判，对 16 名不适宜做脱贫攻坚工作的乡镇领导班子成员及时进行了撤换并选优配强。

二、加大干部人才支持力度

赣州突出用好"人才新政 30 条"②和 18 条补充措施③，在贫困县建立院士工作站 9 个；先后选派两批次 16 名卫生人才到基层医疗一线挂职服务，推动医疗行业扶贫工作。

---

① 习近平：《在打好精准脱贫攻坚战座谈会上的讲话》，人民出版社 2020 年版，第 24 页。
② 赣州出台《关于创新人才政策、推动人才发展体制机制改革的若干意见》，简称"人才新政 30 条"，积极推进人才强市战略，加快培养集聚各类人才。
③ 赣州出台《关于进一步推动人才集聚的若干措施》，为"人才新政 30 条"补充完善了 18 条更加细化的政策举措，打通人才项目落地服务"最后一百米"。

用好对口帮扶人才支持。按照《若干意见》精神，中共中央组织部、中共中央宣传部、科学技术部、民政部等中央和国家有关部委，以及江西省直（属）单位，先后派出多批次优秀机关干部到赣南等原中央苏区定点帮扶，成为脱贫攻坚战中的一支重要力量。

实施"红土地"人才集聚工程，全市招录"一村一名大学生工程"3107人，结对帮扶932个贫困村和167个深度贫困村。加大对贫困地区的公务员招录力度，并将招录计划向贫困县乡镇倾斜，允许贫困县乡镇按乡镇总体空编70%以内申报招录计划。科学调配了一批规划类、农林类等贫困县乡镇紧缺专业干部到乡镇任职，助力脱贫攻坚。

确保机构、人员、场所和经费保障"四个到位"。全市共建立乡镇扶贫工作站294个（每个扶贫工作站的人员不少于3名，人口规模大的乡镇不少于4名）、乡村扶贫工作室3411个，共有乡镇扶贫专干978名，县乡普遍由党委副书记分管扶贫工作，有力组织调度脱贫攻坚战。

三、激励干部安心基层工作

赣州出台《关于进一步激励广大干部新时代新担当新作为的实施意见》和《推进干事创业实行容错减责免责的办法》，明确22条激励关爱措施，从约束和激励两端发力，建立健全督促各级干部改进工作作风、提高工作效率新机制。明确规定，对属于党内法规和国家法律法规没有明令禁止，符合中央大政方针和上级、本级党委、政府决策部署，有利于改革创新和发展大局，经过民主决策程序、阳光运行，没有为自己、他人或单位谋取私利，积极采取措施，最大限度地主动挽回损失、消除不良影响或者有效阻止危害结果发生，以及根据有关要求可以免予追究责任等 7 种情形，可以免予追责。同时，对于主动做好制度设计创建、严格按制度办事，大胆探索、先行先试，主动抓规划引领、抓政策落实、抓招商引资、抓项目落地，能够积极主动采取措施有效避免损失、挽回影响，有效阻止危害结果发生等情形，可以给予从轻或者减轻处理。为鼓励各级干部勇于创新、先行先试，赣州明确对免予责任追究的单位和个人，一律不作负面评价，一律不影响实绩考核、评先评优和选拔任用。

注重典型示范引领，选树并表彰了 654 个扶贫工作先进单位和个人；其中，优秀乡镇党委书记 39 名，优秀村党组织书记、优秀驻村第一书记、优秀驻村工作队队员各 100 名。积极开展"新时代赣鄱先锋"选树学活动，从脱贫攻坚一线选树 102 名先进典型，组织党员干部开展形式多样的学习先进活动，激励党员干部在脱贫攻坚中发挥作用、担当作为。

探索乡镇干部跨县分居"团圆机制"建设。根据乡镇干部德才表现和乡镇工作年限等进行积分，分期分批解决 52 对夫妻跨县分居问题。对 18 名在脱贫攻坚中因公牺牲干部的家属及时进行走访慰问，指派专人对接，并建立长期帮扶慰问机制，极大地调动了脱贫攻坚一线干部的积极性。

🔍 深度链接

探索乡镇干部"团圆机制"，切实关心关爱基层干部

赣州深入贯彻落实习近平总书记关于关心关爱基层干部的指示要求，从深化干部人事制度改革发力，探索建立乡镇干部夫妻跨县分居"团圆机制"，进一步增强乡镇干部的获得感、幸福感，

激励广大干部心无旁骛投入脱贫攻坚战。

一、直面基层干部烦心问题，有的放矢推进

深入开展专题调研。市县联动，对乡镇年轻干部队伍建设蹲点调研，深入23个样本乡镇，对261名乡镇党政班子成员、426名乡镇年轻干部，以及1800名年轻干部开展抽样调查，了解基层干部期盼。

全面摸清现有底数。对全市20个县（市、区）285个乡镇开展统计汇总，共摸排发现604对乡镇干部夫妻存在跨县分居问题，并组织开展专题研判。

精准聚焦重点群体。突出夫妻双方至少一方为赣州在编在岗的乡镇公务员或事业编干部，跨县分居时间在两年以上，并将未满最低服务年限、近3年年度考核结果中有确定为基本称职（基本合格）及以下等次的等11种情形排除在外。

二、明确异地调动基本原则，确保有序推进

打破制度壁垒。积极回应基层干部期盼，大胆推行干部交流制度革新，开放异地调动"闸门"，在赣州全市范围内推行乡镇干部夫妻跨县分居"团圆机制"，不经考试，由组织出面，帮助跨县分居的乡镇干部或其配偶异地调动工作。

全盘统筹考虑。注重县区平衡，牢牢把住乡镇干部队伍整体稳定关，推动乡镇干部在县（市、区）乡镇之间均衡、有序地对口对等流动，特别是鼓励夫妻一方在机关单位工作的向乡镇基层一线流动，避免形成偏远落后地区"干部失血"问题。

注重政策结合。将"团圆机制"与人才引进政策相结合，鼓励高学历人才、专业技术人才到基层建功立业，对乡镇干部或其配偶具有全日制研究生及以上学历、属于乡镇紧缺专业技术人才的予以加分，充分激发人才活力。

三、建立异地调动积分机制，树立正确导向

创新实行积分制。采取积分排位，分高者先安排。出台积分办法，明确基本积分、现实表现积分、加分、扣分四大类17个积分小项，除工作年限、分居时间、职务职级等要素构成基本积分外，明确年度考核结果、荣获各级表彰等五种情形列入计分范围，充分体现长期在乡镇工作优先、表现优秀优先等导向。

强化反向约束。列出负面清单，明确对工作中不担当、不作为或工作表现一贯较差的，进行反向扣分；近3年年度考核被确定为基本称职（基本合格）及以下等次、涉嫌违纪违法正在接受调查或受党纪政纪处分尚在处分影响期内、被依法列为失信联合惩戒对象的，不得享受"团圆机制"政策。

鼓励顺向流动。按照不同类别分别给予加分，例如，从中心城区调入其他县（市、区）的加10分，由县直以上单位调入乡镇工作的加5分，调入乡镇干部所在地的加25分。

四、市县联动科学统筹，推动落地见效

实行三级联审。经个人到县级组织部门自愿申报后，由所在乡镇党委及县、市组织部门实行分级审核，逐级呈报，层层把关，确保公平公正。符合调动条件的，明确一个月内全部办理完手续调动到位，并上岗工作。

实行对等安排。由各县（市、区）根据当地申请数量及空编情况，提出当地接收计划，报市委组织部同意后，确定调入、调出名额，并明确调动人员的身份保持不变，对口对等安排；属于领导职务干部的，由调入地根据工作需要统筹安排。

做好政策衔接。对享受"团圆机制"的乡镇干部，明确3年内不得调离乡镇；对因"团圆机制"出现净流出情况的县（市、区），明确在次年公务员招录或事业单位招聘计划中予以倾斜。

第五节　传承红色基因，感恩奋进脱贫攻坚

习近平总书记在视察赣州时强调，我们要饮水思源，不要忘了党的初心和使命，不要忘了我们的革命宗旨、革命理想，不要忘了我们的革命前辈、革命先烈，不要忘了我们的父老乡亲们。习近平总书记对赣南革命老区的深情牵挂、亲切关怀，鼓舞和激励着赣南红土地上的广大干部群众，不断从苏区历史、革命先烈那里汲取丰富的精神养分，从红色基因中迸发攻坚克难、接续奋斗的力量。

一、弘扬苏区干部好作风

赣州建好用好新时代文明实践中心，实现县乡村三级全覆盖，打通基层理论宣讲"最后一公里"，用好"学习强国"学习平台，坚持"每月学习日"制度，创新"3+X"学习模式，推进学习习近平新时代中国特色社会主义思想常态化，推动习近平新时代中国特色社会主义思想在基层深入人心、落地生根，确保脱贫攻坚等各项工作始终保持正确方向。

充分挖掘和用好用活红色资源，推动各地编排党员干部群众喜闻乐见的舞台剧、情景剧、采茶剧、山歌并摄制电影、视频等，采取培训班、学习班、主题党日活动等多种形式，经常性开展"五红"（读红色家书、讲红色故事、唱红色歌曲、观红色影视、看红色展馆）活动，不断汲取红色营养、锤炼党性修为、坚定必胜信念。高质量高标准开展"不忘初心、牢记使命"主题教育，推动广大党员干部进一步弘扬苏区干部好作风，在脱贫攻坚一线守初心、担使命，切实把习近平总

书记对赣南老区的关心关怀转化为投身脱贫攻坚的巨大动力。

赣州扶贫系统广大干部牢记职责使命，弘扬苏区精神和长征精神，以过硬的作风、扎实的举措，切实当好脱贫攻坚"参谋员""协调员""指导员"和"战斗员"，在脱贫攻坚战中当表率、做标兵。针对脱贫攻坚推进中带有普遍性、倾向性的节点难题和瓶颈问题，敢于担当，主动作为，坚持"一线工作法"，深入基层调研，及时形成有针对性的指导意见，帮助基层释疑解惑，指导各地开展攻坚，在扶贫系统树立了特别能战斗、特别敢担当、特别能吃苦的赣南老区干部队伍良好形象。2016 年 10 月、2019 年 6 月，赣州市扶贫办先后被人力资源和社会保障部、国务院扶贫办评为全国扶贫系统先进集体，被中共中央组织部、中共中央宣传部授予第九届全国"人民满意的公务员集体"称号。

2019 年 6 月，赣州市扶贫办公室被中共中央组织部、中共中央宣传部授予全国"人民满意的公务员集体"称号

二、激发群众内生动力

习近平总书记指出:"摆脱贫困首要并不是摆脱物质的贫困,而是摆脱意识和思路的贫困。"①赣州深入贯彻落实习近平总书记关于精神扶贫的重要指示要求,既抓住政策帮扶和物质帮扶这个外因,又扣紧内生动力这个内因,实行志、智、德、勤全面扶持,正向激励和反向约束并重,不断激发贫困群众脱贫致富的内生动力,实现由内向外"扶"、从内往外"富"的根本转变。

充分激活贫困群体向上向强的内心世界。赣州在全市广泛开展"扶德扶志、感恩奋进"主题教育,组织"话脱贫·颂党恩"基层群众宣讲活动,从红军后代、脱贫致富典型、帮扶干部(村干部)、创业致富带头人、爱心企业家中遴选宣讲员,宣传身边的致富典型。开展"机关干部下基层,连心连情促脱贫"活动,市领导带头,全市4.7万名帮扶干部到贫困户家里同吃、同住、同劳动,宣讲党的各类惠民政策,指导生产发展,解决实际问题,引导群众算好帮扶账、收入账,让群众更加切身体会到脱贫攻坚给自己带来的深刻变化,在潜移默化中引导贫困户自力更生、自强不息。

注重营造自我脱贫的强大动能。通过网络、微信、微博、手机APP等新媒体手段,创新"乡村夜话""屋场会""流动党校"等形式,在田间地头、圩场祠堂、车间工厂开展宣讲。结合国家"扶贫日",组织党员干部深入定点帮扶村联系群众,把党的惠民政策向群众讲清楚,把国家投入说明白,教育引导群众感恩习近平总书记、感恩中国共产党。举办全市征文比赛,开展"脱贫攻坚精彩瞬间"摄影(微视

---

① 《习近平关于社会主义经济建设论述摘编》,中央文献出版社 2017 年版,第 232 页。

频）作品征集展示活动，进行网络精准扶贫公益项目免费示范培训，组织脱贫攻坚先进典型评选表彰等一系列活动。通过挖掘典型、示范带动，形成扶贫济困、脱贫思进的浓厚氛围，增强贫困群众的脱贫信心。比如，兴国县秀水村定期举办"秀美秀水我最秀"舞台秀，让全村的脱贫户、文明户、五好家庭户"秀"出自信，全村脱贫思进蔚然成风；寻乌县用好新时代文明实践中心（所、站）平台，乡村祠堂变讲堂，通过"传习菜单"向贫困户传递政策方针、客家文化、文明新风和致富本领，从教育引导入手，强化勤俭节约、发家致富等优秀传统文化熏陶，引发贫困户感性共鸣、理性思考、自觉接受，引导贫困农户想方设法脱贫、千方百计致富。

案　例

昔日贫困户，今日党员种粮大户

——信丰县铁石口镇高桥村贫困户刘明全脱贫纪实

幸福是奋斗出来的

"刘书记，听了粮食生产奖补政策，我有意向种植40亩早稻……"贫困户刘明全的话音刚落，全场60余名贫困户目光齐聚，无不对他竖起大拇指。这一幕发生在信丰县铁石口镇高桥村贫困户感恩教育暨政策宣讲会上，村党支部和驻村工作队正在向贫困户宣讲早稻生产奖补政策。

说干就干，在村里和驻村工作队的帮助下，刘明全先从所在小组其他村民手中流转了40余亩闲置土地，随即跑到邻村买了一台二手"铁牛"旋耕机。"铁牛"在组里的撂荒田耕作，几天下来，荒田就变成了良田。在撂荒田的一旁，是村里15亩集中育秧的田地。这时,秧苗正在茁壮成长,形成一簇簇漂亮的绿色植物。

谈起下一步大田移栽,刘明全望着秧苗和刚耕作好的良田说:幸福是奋斗出来的。有政策扶持,我一定加油干。有村里和驻村工作队支持,我相信一定行。

生活越来越有盼头了

"现在住的是新房子,女儿大专毕业后有稳定的工作了,妻子住院看病一直有报销……多亏了党的好政策,政府给我提供了这么多帮助,我家才能走出贫困。现在,生活越来越有盼头了……"刘明全信心满满地说。

今年46岁的刘明全,本着"知识改变命运"的朴素愿望,一直咬紧牙关供3个孩子读书,因学致贫,自己又缺门技术,妻子的病也让这本不富裕的家庭更添辛苦,一家人的日子过得非常拮据。

刘明全在2014年被识别为建档立卡贫困户。多年的贫困让刘明全更努力思考脱贫致富之路,自己发展起产业来。2016年,他种植了15亩水稻,2017年,又养了20余亩鱼,加上驻村工作队及帮扶干部积极帮助落实党和政府的产业扶贫、教育扶贫、健康扶贫等政策,随着2018年年底他的大女儿大专毕业进入信丰县人民医院工作,现在的刘明全脱贫了,再也不是那个愁容满面、为贫穷所迫的村民了,成功完成了从贫困户到种粮大户的完美蜕变。

入党让刘明全干劲更足

刘明全的勤劳,不仅让他成功脱贫,还助他收获了村里党员的认可。经过严格的入党考察程序,他成为一名正式党员。通过他的带头,广大贫困户知道脱贫是光荣的,靠自己的双手致富才是幸福的。"脱贫又入党，让我干劲更足"，这是刘明全时常挂在嘴边的一句话。他是这样说的，也是这样做的。

在脱贫致富的路上，刘明全积极转变思想观念，坚定脱贫致富信心，摒弃"等靠要"思想，不断激发自身脱贫内生动力，增强带头脱贫意识，把党员的先锋模范作用体现在实际行动上，向周围的贫困群众展示了一个用勤劳双手改变生活的新时代农民形象，真正实现了从"要我脱贫"到"我要脱贫"再到"带头脱贫"的转变，成为村里的脱贫典型。

三、大力培育文明乡风

文明的乡风，是推动经济社会发展的持久动力，也是能致富、不返贫的基础所在。赣州坚持扶德并重，扬正气、塑新风，注重培育良好生活习惯和文明乡风，勇于向陋习开刀，做到既"富口袋"，又"富脑袋"，同时还要"健精神"，推动形成文明乡风，激励贫困群体向善、向真、向美。

（一）强化政策设计

赣州出台《乡风文明行动常态化工作方案》，通过整合"文明之家""文明理事堂""村史馆"三大工作平台，固化农村精神文明建设宣传栏、移风易俗重大事务公示栏、移风易俗文化墙等宣传阵地，推进"党建＋乡风文明""美丽乡村＋乡风文明""文明单位＋乡风文明""道德典型＋乡风文明""志愿服务＋乡风文明"等文明创建活动，实现乡风文明行动制度化、规范化、常态化。各县（市、区）结合各自实际，出台专门措施，针对大操大办、厚葬薄养、天价彩礼、赌博败家、封建迷信、炫富攀比等陋习进行集中整治，狠刹不良社会风气。市级财政每年预算乡风文明经费100万元，各地财政也将移风易俗经费纳入年度预算，建立全面、重点和日常督查相结合的督导机制。

（二）注重发挥群众组织的作用

由村"两委"组织，驻村工作队协助，组建乡贤理事会、红白理事会、道德评议会及法治推进会、教育基金会、宗亲理事会等群众组织，制定村规民约移风易俗，加强对高额彩礼、厚葬薄养、赌博致贫等问题的专项整治，通过"道德红黑榜""曝光台"等公布，施加舆论谴责压力，让不文明行为人脸上无光，在舆论压力下痛改前非。比如，宁都县璜村、山梓等村，把唐朝杰出将领郭子仪"忠孝节悌义"的家训融入村规，并列入每年举行一次的郭氏宗族大会的章程，激励大批企业人士回乡捐助捐赠，"脱贫思进、致富思源"成为当地社会新风尚。瑞金、赣县等地还参照对"老赖"的惩戒办法，将隐瞒收入、骗取政策补助的人列入黑名单，曝光其出入高档消费场所记录，公布其实际收入，通报谴责其不良行为。同时，对缠访闹访、不赡养老人等行为，经耐心教育无效后，依法依规采取措施，坚决依法予以处理。例如，兴国县、石城县等地，依照老年人权益保障法、刑法等法理基础，公布举报电话，提供司法援助救助，敦促被告人切实履行应尽义务。

（三）突出典型示范引领

深入开展文明村组、文明家庭、星级文明信用户等创建活动，通过示范引领，使讲文明、树新风成为自觉行动。指导各村修改完善村规民约、祖训家训，凸显中华优秀传统伦理道德、乡风文明准则和社会主义核心价值，经村民大会表决通过后成为行为准则、道德标杆和激励导向。比如，于都县朱坑村乡贤理事会，每月开展一次以"释孝义、明孝德、践孝行"为主题的孝德讲堂活动，弘扬尊老敬老优秀传统美德，成为远近闻名的孝德文明村。

（四）发挥妇女在塑造文明新风中的作用

村村选出妇女小组长，带头弘扬客家妇女勤俭持家、贤惠持家好传统。创新开展"赣南新妇女"运动，组织妇女接受扶贫、扶志、扶德、扶智、扶勤等"五扶"培训，号召乡村家庭"脱贫先脱脏"，组织妇女积极参与环境整治，搞好"五净一规范"，既培养了妇女干部，充分发挥"半边天"作用，又丰富了乡风文明建设载体，打造了美丽乡村风貌，助推脱贫攻坚。

🔍 深度链接

"赣南新妇女"运动助力脱贫攻坚

习近平总书记指出："妇女是物质文明和精神文明的创造者，是推动社会发展和进步的重要力量。"[①]为充分发挥"半边天"作用，展现新时代妇女新作为，2018年5月，赣州启动开展"赣南新妇女"运动，紧紧围绕培育"文明乡风、良好家风、淳朴民风"整体目标，深入开展清洁家园、夫妻和睦、孝敬老人、厚养薄葬等10个方面的活动，有力助推脱贫攻坚。

一、夯实基层妇联组织，激发妇女干部干事热情

坚持以改革为手段，建立健全体制机制，为"赣南新妇女"运动提供保障。

全面配强基层力量，确保"做事有人"。大力夯实基层妇联组织基础，全力推进第十届村"两委"换届选举，全市3665名

---

① 习近平：《在联合国成立70周年系列峰会上的讲话》，人民出版社2015年版，第7—8页。

村妇联主席当选村委会委员。下发《关于配齐村妇女小组长进一步夯实最基层妇联组织的通知》，全市近5万个村小组完成配备村妇女小组长工作，并推动落实了妇女小组长1200元/年的工资待遇，有效补齐了短板。

建立组织激励机制，确保"干事有劲"。对积极努力、成效显著的县妇联主席，向组织部门重点推荐提拔重用；对工作敷衍了事、消极对待、不作为的县妇联干部，实施问责并调整。同时，对表现突出、符合条件的乡镇妇联主席，经由县（市、区）妇联推荐予以提拔重用；对优秀村妇联主席、村妇女小组长，乡镇可优先作为村"两委"后备干部、各级人民代表大会代表推荐人选，对工作消极、长期落后的妇联干部、村妇女小组长及时撤换。

建立经济激励机制，确保"办事有钱"。赣州市妇联将2018年460万民生项目资金，全部用于支持市级和各县（市、区）开展"赣南新妇女"运动。特别是从其他项目中安排100万元，用于"赣南新妇女"运动工作奖励。县、乡妇联参照市妇联的做法，分别对下一级妇联进行工作奖励，并将下一年度经费根据"赣南新妇女"运动开展情况视情下达。

二、创新工作方式方法，发动妇女群众广泛参与

始终坚持"以妇女群众为主体"的工作理念，创新工作方式方法，有效提升广大妇女群众对"赣南新妇女"运动的知晓度和参与度。

宣传发动。通过召开"赣南新妇女"运动动员大会，举行媒体记者宣传联络会、新闻发布会，组建各级妇联微信群等途径，广泛宣传"赣南新妇女"运动。同时，发放一份"赣南新妇女"运动倡议书，一本图文并茂、通俗易懂的"赣南新妇女"运动漫画宣传手册以及一幅年画，进行广泛宣传。充分发挥全市1230

支巾帼文艺宣传队的作用，采取"三句半"、小品、歌舞等群众喜闻乐见的形式，号召全市广大农村妇女积极行动起来。

奖励促动。各县（市、区）、各乡镇妇联，通过与超市合作或自建方式，设立"奖励超市"、文明"家"银行，建立积分制，奖励在"赣南新妇女"运动10个方面涌现出来的先进典型。积分可以用于在超市领取洗洁精、脸盆、毛巾等生活用品，不仅有效积攒了人气，而且有效调动了妇女群众的积极性。

示范带动。"赣南新妇女"运动在全市开展后，各地先后启动了清洁家园活动和孝敬老人活动。各地选出基础较好的乡镇、村（社区）、组进行试点，并在试点村（社区）召开现场推进会，集中学习好经验、好做法。2018年5月29日，赣州市妇联在崇义县召开"赣南新妇女"运动清洁家园现场推进会，推动清洁家园工作以点带面、全面铺开。

三、创新活动形式内容，推动运动持续深入开展

为了确保"赣南新妇女"运动接地气、见实效，赣州市妇联坚持调研先行、争取支持、高位推进，从而保证了这一活动落地生根、开花结果。

有的放矢制定具体方案。在全市范围内开展专题调研，有针对性地提出清洁家园、夫妻和睦、孝敬老人、厚养薄葬、婚事俭办、科学教子、勤劳致富、勤俭持家、团结邻里、热心公益等10个方面的内容，活动时间为3年，并分别出台总的实施方案和具体的子方案，确保"赣南新妇女"运动深入持久开展。

有条不紊高位统筹推进。赣州市委主要领导高度重视"赣南新妇女"运动，专门作出批示。各县、乡妇联也参照市妇联的具体做法，定期梳理工作动态及成效，争取党委、政府的大力支持。同时，把"赣南新妇女"运动融入脱贫攻坚、乡村振

兴等中心工作，充分整合各方面的有利资源及力量，特别是将乡镇干部、精准扶贫挂点单位、村干部、第一书记、各村民自治组织的力量调动起来，形成强大合力，共同推进"赣南新妇女"运动开展。

有声有色开展各项活动。"赣南新妇女"运动把发挥广大妇女和家庭主体作用摆在首要位置，广泛深入开展了"清洁家园"随手拍评比活动、"传承孝道好家风"活动、"拒绝彩礼·幸福赣州"集体婚礼活动、新时代"邻里一家亲"文体活动等，争取群众支持，吸引群众参与，通过各种手段将"赣南新妇女"运动推向高潮。广大妇女同志从半信半疑到主动参与，带动家风、乡风、民风逐渐转变，成为新时代赣南大地的靓丽风景线。

第六节　启示与思考

抓党建促脱贫攻坚，是组织路线服务政治路线、党建工作服务中心任务的具体体现，是必须完成的政治任务。赣州围绕"扶贫抓党建，抓好党建促脱贫"，充分发挥党员干部的先锋模范作用和基层党组织的战斗堡垒作用，有力地促进了脱贫攻坚与基层党建的良性互动。

一、传承红色基因是打赢脱贫攻坚战的重要法宝

习近平总书记强调，要把红色资源利用好，把红色传统发扬好，把红色基因传承好。新中国成立以来波澜壮阔的实践表明，红色基因

永远是激励党员干部群众砥砺前行的强大正能量。赣州坚持将传承红色基因与脱贫攻坚结合起来，通过发挥红色资源优势、常态化开展"五红"活动、扎实开展感恩教育等一系列举措，以发扬革命传统、传承优良作风为引导，大力弘扬苏区精神、长征精神，有力推进红色基因传承，汇聚起感恩奋进、合力攻坚的强大动能。

二、筑牢战斗堡垒是打赢脱贫攻坚战的根本保证

习近平总书记指出："农村基层党组织是党在农村全部工作和战斗力的基础，是贯彻落实党的扶贫开发工作部署的战斗堡垒。"[①]赣州以基层党建质量提升行动为抓手，将其细化为一条条的具体措施，采取常态化调度推进等举措，建强基层党组织，夯实基层基础，增强基层党组织的组织力，不断把党的组织优势转化为脱贫攻坚优势，使党中央的决策部署转化为各级领导班子、各级党组织、广大党员干部奋发有为的具体行动，战斗堡垒作用持续彰显，为脱贫攻坚提供了坚强有力的组织保障。

三、选优配强干部人才是打赢脱贫攻坚战的关键之举

习近平总书记指出，打赢脱贫攻坚战，各级干部特别是基层一线干部十分重要。脱贫攻坚战场上，基层干部在宣讲扶贫政策、整合资源、分配扶贫资金、推动扶贫项目落实等方面具有关键作用。赣州坚持尽锐出战，将最熟悉业务、最会打硬仗、最能打硬仗的精锐力量派下去，选优配强驻村第一书记和驻村工作队队员，集中火力攻坚。同

---

① 习近平：《做焦裕禄式的县委书记》，中央文献出版社 2015 年版，第 21 页。

时，通过加大干部人才支持力度、强化攻坚能力培训、坚持正面激励和反向问责"双管齐下"、健全扶贫干部管理机制等一系列举措，不断激发扶贫干部的工作积极性、主动性，打造一支特别能吃苦、特别能攻坚的干部队伍，为如期打赢脱贫攻坚战提供了坚强的干部人才保障。

第 三 章

夯实稳定脱贫基础，扎实推进产业扶贫

习近平总书记指出，发展产业是实现脱贫的根本之策。要因地制宜，把培育产业作为推动脱贫攻坚的根本出路。赣州始终坚持把产业扶贫作为脱贫攻坚的治本之策，按照主导与特色相结合、长效与短期相结合、种养与经销相结合的原则，重点发展脐橙、蔬菜、油茶三大主导产业，大力发展特色水果、茶叶、白莲、中药材、特色水产、禽蛋等特色农业产业，引导发展农副产品加工、农业社会化服务、休闲农业等。持续落实扶贫产业规划，逐村逐户定制模式，确保有劳动能力和意愿的贫困户参与1—2项持续增收的产业项目。特别是在实践中率先创造了产业扶贫"五个一"机制，各县（市、区）灵活运用，探索创新"五统一分""七统一分"等产业扶贫发展路径，形成了"数村一品，多乡一业"的赣州产业扶贫体系，对脱贫攻坚、乡村振兴和产业发展进行了有益探索。

第一节　建立"五个一"机制，扭住产业扶贫总抓手

赣州按照"选准一个产业、打造一个龙头、创新一套利益联结

机制、扶持一笔资金、培育一套服务体系"的"五个一"机制，通过整合资源，出台一系列政策措施，探索了一条适合赣南老区产业扶贫的新路子。全市通过贫困户直接发展产业和新型农业经营主体联结方式，累计覆盖带动 25.75 万户贫困户增收，占全市贫困人口的 89.84%。赣州产业扶贫"五个一"机制经验做法在江西全省推广。

一、选准一个产业

编制贫困村、贫困户扶贫产业规划，明确具体产业布局、规模、重点项目、扶贫措施等，因村因户制宜发展赣南脐橙、商品蔬菜、油茶白莲、畜禽水产、乡村旅游、休闲农业、光伏发电、农村电商等产业。

二、打造一个龙头

围绕贫困村、贫困户特色产业发展，引进和培育一批关联度高、带动力强的农业产业化龙头企业、农村电商龙头企业、休闲农业示范企业和乡村旅游龙头企业，鼓励能人带动、联户发展，加快培育农民合作社、家庭农场、种养大户等经营主体，引导各类经营主体带动贫困户发展扶贫产业。近 3 年来，分别新增合作社 6389 家、家庭农场 5660 家、农业产业化国家重点龙头企业 2 家，全市累计培育新型农业主体 4.03 万家，其中实现联结带贫的主体 1.09 万家。围绕建设国家旅游扶贫试验区，着力打造十大旅游龙头企业、百个旅游扶贫重点镇、千个旅游扶贫示范点，引导贫困户参与旅游开发。全市创建省级乡村旅游示范点 25 个，带动发展休闲农业企业 2502 家，受益贫困人口近 30 万人。

三、创新一套利益联结机制

坚持把贫困户嵌入到产业链上，推广"企业＋合作社＋贫困户""公司＋基地＋中介＋贫困户""公司＋贫困户""互联网＋特色农产品"等经营模式，通过有效的利益联结，引导和扶持贫困户发展特色种养产业。积极推进贫困户的土地和林地直接流转、入社托管、作价入股、资金入股，参与产业发展，从中获得收益。通过经营性收益联结、工资性收益联结、生产性收益联结、政策性收益联结、资产性收益联结等途径，把有产业发展意愿的贫困户联结进去、带动起来。比如，兴国县结合实施学生营养餐计划，推进配餐企业与农民专业合作社、家庭农场等进行合作，建立营养餐食材专供基地，采取合同制订单收购模式，推动贫困户参与订单生产，带动脱贫3200人，每户年均增收2万多元，辐射贫困人口约8.5万人，开辟了一条"绿色"精准扶贫的新路径。

📋 案 例

廖奶奶咸鸭蛋变脱贫"金蛋"

瑞金市壬田镇廖奶奶咸鸭蛋专业合作社成立于2015年12月，采取"电商＋合作社＋贫困户"的产业发展模式，在合作社与贫困户之间建立了紧密的利益联结机制，按照"统一品牌、统一品种、统一方法、统一技术、统一收购、统一销售"的"六统一"原则，形成了咸鸭蛋村镇化产业。该合作社吸收社员32户，其中贫困户28户，直接吸收农村剩余劳动力30余人，间接带动百余人走上发家致富的道路。合作社创始人——89岁的廖秀英奶奶，先后于2016年10月荣获首届全国脱贫攻坚奖奋进奖、2017年3月获得全国三八红旗手、2017年江西省十大新闻人物、2017年赣州农村电商脱贫十佳先进个人、2017年3月阿里巴巴公益评选的首届"逆境阳光MODEL妈妈"等荣誉称号。2018年3月，以廖奶奶咸鸭蛋为代表的瑞金咸鸭蛋，被正式批准为国家地理标志保护产品。2019年10月16日，廖奶奶咸鸭蛋脱贫案例入选全球减贫案例征集活动110个最佳案例。

四、扶持一笔资金

围绕破解产业扶贫资金需求大、融资难问题，在整合财政涉农资金的基础上，注重发挥财政资金的撬动作用，以扶贫资金提供担保的形式，撬动信贷资源向贫困户倾斜，破除贫困户无抵押、无担保的瓶颈，采取贷款风险补偿、贷款贴息、现金直补、产业保险等多种方式，创新"产业扶贫信贷通"、"油茶贷"、农房抵押贷款等金融产品，确保各类有信贷需求的贫困户和带动贫困户发展产业的新型农业经营主体都能贷到款。全市每年筹资10亿元财政资金作为风险缓释基金，撬动80亿元"产业扶贫信贷通"贷款帮助贫困群众发展产业，贫困户信用贷款每户最高额度8万元，享受政府3年全额贴息。大力支持村集体经济组织发展，采取"村集体+公司""村集体+合作社"等模式发展村集体经济的，每个"十三五"省级贫困村最高可申请贷款100万元用于产业发展、项目投资，收益由贫困户共享，相关资产归属村集体。2016—2019年，赣州全市累计发放扶贫贷款867.97亿元，其中"产业扶贫信贷通"发放资金187.25亿元，惠及贫困户32.9万户次、市场经营主体4746家。

```
┌────────────────────────────────────┐
│  建档立卡贫困户、贫困边缘农户、市场经营主体  │
└────────────────────────────────────┘
                │
          贷款申请 │            ╱县级扶贫部门牵头╲
                │            ╲完成贷款对象资格╱
                ▼             ╲审查和公示╱
┌────────────────────────────────────┐
│ 农业银行、邮储银行、赣州银行等合作银行机构受理  │
└────────────────────────────────────┘
                │
  实地调查贷款用途， │
    确定授信额度    │
                ▼
          ┌──────────┐
          │  发放贷款  │
          └──────────┘
          ↗          │
┌──────────────────┐  │   ┌──────────────────┐
│ 按月付息、财政按季贴息 │◀─│─  │ 合作银行共同开展   │
└──────────────────┘  │   │ 贷后资金用途监管   │
          ↖          ▼   └──────────────────┘
          ┌──────────┐
          │  到期还款  │
          └──────────┘
```

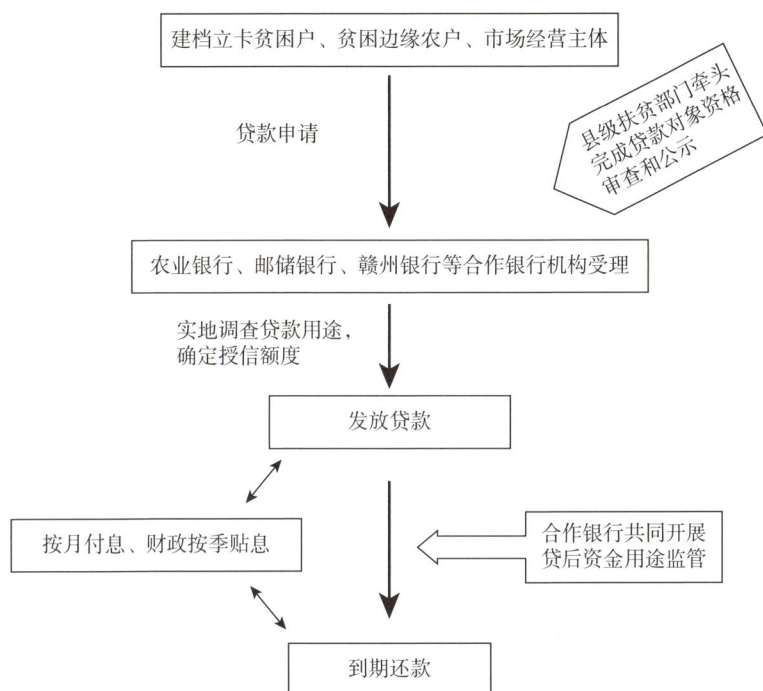

赣州市"产业扶贫信贷通"运作模式流程图

🔍 **深 度 链 接**

撬动金融杠杆，注入强劲动力

——赣州"产业扶贫信贷通"经验做法

赣州充分发挥金融扶贫的杠杆撬动作用，推出"产业扶贫信贷通"，为全市建档立卡贫困户和带动贫困户的新型农业经营主体发展产业提供了强有力的资金支撑，有效推动了贫困户脱贫增收。

政银企多方联动，探索金融扶贫新路径。作为金融扶贫的重要手段之一，"产业扶贫信贷通"试点工作自启动以来，市县两级高度重视，成立组织领导和协调机构，制定工作方案和制度办法，加强政策宣传和工作落实，在探索中不断完善政策措施和工作机制，全市上下形成了党政领导高位推动、金融财政扶贫部门加强协调、县乡村具体负责、银行保险业金融机构深入落实、新型农业经营主体参与支持的良好氛围，实现政府、银行、保险、企业多方联动，形成了工作合力。

突出精准帮扶，提升贫困户"造血"能力。突出以建档立卡贫困户为重点支持对象，鼓励和支持有产业发展意愿的贫困户通过贷款，发展脐橙、蔬菜、油茶、白莲、百香果、鸡鸭、生猪、肉牛、水产等种养殖产业或光伏发电、农家乐等，有效提升了贫困户自身的"造血"能力。

强化利益联结，创建带贫益贫新模式。紧密结合当地产业发展和贫困户实际，因地制宜鼓励和引导农业龙头企业、农村种养合作社等市场经营主体，利用自身先进技术、规范管理、规模生产、购销渠道等优势，综合运用贷款入股分红、务工就业、培训购销等模式，不断优化"产业扶贫信贷通"利益联结模式，在解决新型农业经营主体贷款难、贷款贵问题的同时，联结带动贫困户增收脱贫。

五、培育一套服务体系

大力培育各类服务组织，完善社会化服务体系。抓产业规划编制，指导每个村选择2—3项能够带动覆盖多数贫困户的主导产业，编实做细县、乡、村三级产业扶贫规划，通过规划引领发展方向、资源整合与实施过程，确保产业扶贫落实到村组、基地、农户。抓技术指导培训，由县（市、区）选派农技人员，"一对一"结对贫困村；推广"农业技术员＋科技示范户＋贫困户"服务模式，"点对点"解决农业生产技术难题。积极开展送科技下乡活动，把培训农民作为"造血"脱贫的有效途径，全市每年培训贫困人口达5万人次以上。抓信息引导服务，充分用好"12316"惠农短信平台和QQ群服务系统等方式，及时精准推送农时农事、生产技术和农产品市场价格行情，引导贫困户发展适销对路、优质高效的农业产业。启动建设益农信息社2222家，引导贫困村、贫困户运用新的销售理念和模式，解决农副产品销售难题。

案　例

兴国县兴江乡探索"产业经纪人＋
一键扫码"发展扶贫产业

　　兴国县兴江乡位于兴国东北部山区，距县城62公里，是典型的偏远山区贫困乡。该乡结合实际探索了"产业经纪人＋一键扫码"智慧扶贫模式，通过选准培育一批创业致富带头人，激发产业发展活力，取得了良好成效。

　　"一人领办"精准对接。兴江乡遴选45名机关干部、第一书记为精准扶贫产业经纪人，向社会公示列出精准扶贫产业发展帮扶清单目录，每人领办一项脱贫攻坚特色产业，试行"一键扫码"推介便捷服务，全面推行每名产业经纪人对接一项精准扶贫产业管到底、帮到底的发展模式，达到产业发展"保姆式"产供销一条龙帮扶的效果。凡该乡境内的贫困户，想发展清单内产业的，就直接联系该产业经纪人，即可解决全程产前政策咨询服务、产中技术指导、产后销售等问题。

"一键扫码"精准服务。为切实解决精准扶贫产业的产中服务"挂空挡"、产后销售"急刹车"问题，兴江乡在做好产业数据统计的基础上，开发"党建＋精准扶贫"智慧应用海绵信息系统服务平台，贫困户可通过扫码获得产业发展帮扶，消费者也可通过扫码联系产业经纪人购买产品，一键解决贫困户产业发展选择困难和消费者购买渠道单一这两个信息不对称问题。兴江乡农家土法谷烧米酒是当地知名的土特产，家家户户都有酿酒的传统，但长期"养在深闺人未识"。开展"一键扫码"精准服务以来，带动12户贫困户销售自家酿造的土法谷烧米酒，户均增收6000元。

"一指点击"精准帮扶。培育一套现代服务体系，是推动精准扶贫产业发展壮大的关键环节。兴江乡一方面做好产业发展"全要素"帮扶工作，以水稻制种产业为例，全乡3500亩水稻制种从土地流转、技术指导入手，900余户农户直接参与水稻制种，近300户贫困户受益，是赣州最大的水稻制种专业乡。另一方面，以建立销售体系为重点，帮助贫困户做实销售平台、做实电商服务平台，实现"一指点击"、线上销售。野生粽叶是兴江乡山区常见的植物。野生粽叶经纪人瞄准互联网上的粽叶市场，发动贫困户上山采摘粽叶，并帮助他们寻找销路，实现年产值40余万元。曾经漫山遍野、无人问津的小粽叶，成为带动贫困户致富的"小金叶"。

"产业经纪人＋一键扫码"智慧扶贫模式实施以来，兴江乡因地制宜，规划脱贫攻坚产业发展项目，已建成7个杂交水稻制种专业村，是江西省规模最大的水稻制种专业乡镇；建成1个万只肉羊养殖基地专业村、1个千亩银杏种植专业村、1个5000亩丑柑种植专业村、1个千亩油茶种植专业村、1个千亩红心蜜柚种植专业村，整合资源，帮扶建成 26 个"五个一"产业扶贫基地，实现精准扶贫产业基地村村全覆盖，为促进山区贫困村产业发展、助推脱贫攻坚作出了有益探索和实践。

第二节　壮大主导产业，拓宽脱贫致富主渠道

赣州是农业大市，贫困村大多地处丘陵山区，发展农业产业是推进精准扶贫的重要途径。为此，赣州立足当地资源禀赋，发挥气候条件好、市场空间大等优势，大力发展脐橙、蔬菜、油茶等农业主导产业，使之成为带动脱贫的主要产业。

一、赣南脐橙——贫困户的"脱贫致富果"

赣州从 20 世纪 70 年代开始试种脐橙，40 多年来，先后实施了"兴果富民""建设世界著名脐橙主产区""培植超百亿元产业集群""打造世界最大、具有国际影响力和市场话语权的脐橙产业基地"等战略，形成了以脐橙为主导的柑橘产业大发展的果业产业格局。近年来，赣州大力实施《赣南脐橙产业发展升级行动计划》，市级财政每年预算 1000 万元、各县（市、区）财政每年预算 100 万—200 万元果业发展资金，扶持脐橙产业做大做强。截至 2019 年，全市脐橙种植面积 163 万亩，产量 125 万吨，"赣南脐橙"的品牌价值达 675.41 亿元，居全国地理标志产品区域品牌第六、水果类第一，获"影响力农产品区域公用品牌"。赣南脐橙产业从一个单纯的种植业，发展成为集生产、仓储、保鲜、加工于一体的产业集群，成为赣州最有特

安远县万亩脐橙园生产示范基地

色、最有优势、最具潜力、最具竞争力的农业主导产业和最重要的扶贫产业，累计带动 100 多万人脱贫增收，成为名副其实的农业"当家树"、农村"致富树"和农民"摇钱树"。2016 年 8 月，李克强总理在赣州视察期间，对赣南发展脐橙产业助推脱贫给予充分肯定。赣南脐橙助力脱贫攻坚成为全国三大产业扶贫典范之一，农业农村部、国务院扶贫办在江西瑞金、陕西延安、广西百色等地连续举办多场全国产业扶贫现场观摩会，赣州代表均作典型发言。

（一）强化政策扶持力度

出台完善的果业扶贫政策，拿出真金白银对贫困村、贫困户实行奖补倾斜。每年从果业产业发展专项资金中预算安排不少于 200 万元，用于脐橙产业扶贫示范基地建设。先后制定了《赣州市脐橙产业精准扶贫实施方案》《赣州市"产业扶贫信贷通"工作方案》《赣南脐橙产业扶贫三年行动实施方案》等一系列产业扶持政策和配套措施，支持贫困户按每户 5 万元的标准贴息贷款用于发展脐橙产业，免费供应柑橘容器苗木，免费给予假植网棚建设补助政策支持（贫困户给予 20 元 / 平方米补助，非贫困户给予 10 元 / 平方米补助），免费培训种植技术等。各县（市、区）深化和细化具体的帮扶措施与扶持政策，最大限度地发挥脐橙产业扶贫政策的红利。比如，安远县对贫困户复产脐橙免费供应假植大苗，仅此一项，2018 年，县财政预算安排就达 2000 万元。寻乌县对贫困户主动清除黄龙病树，一次性给予 100 元 / 亩的补助；对新开发建园实行生态隔离的贫困户，验收合格的，一次性给予 600 元 / 亩的补助。兴国县对新开发 5 亩脐橙的贫困户，验收合格后，一次性给予 2 万元 / 户的帮扶资金补助。同时，积极创新金融产品、筹措财政资金，撬动"产业扶贫信贷通"贷款，以免抵押、免担保、贴利息方式贷给贫困户，帮助解决资金难题。

（二）完善利益联结机制

精准引导贫困户进入产业链条，实现增收脱贫。鼓励和扶持有劳动能力和发展意愿的贫困户自主种植脐橙，培育壮大脐橙产业龙头企业、农民专业合作社、家庭农场、能人大户等新型经营主体，支持发展产供直销，鼓励采取订单帮扶模式对贫困户开展定向帮扶，提供全产业链服务。支持各类新型经营主体通过土地流转、订单生产、要素入股、就业务工等方式，与贫困村和贫困户建立长效、稳定的利益联结机制，使贫困户精准受益。同时，探索利益联结新机制，鼓励、支持采用"村集体 + 贫困户 + 能人领办""企业 + 基地 + 贫困户""合作社 + 贫困户"等方式，最大限度地带动贫困户参与到脐橙产业发展中来。全市加工企业及合作社、种果大户、定点苗圃，吸纳贫困户就业 11662 户、25166 人。例如，南康区凯丰生态农林有限公司采用

"龙头企业＋合作社＋农户"模式，稳定吸纳13户贫困户就业脱贫，并辐射带动226户贫困户种植甜柚，面积突破1000亩，对联结贫困户实行统一供应生产资料、统一生产标准、统一技术培训和指导、统一收购，贫困户从农业产业化经营中户均年收入5200多元。兴国县通过"村集体＋贫困户＋能人领办""基地＋贫困户""种果能人＋农户"等形式，推动种果大户及村"两委"创办扶贫示范基地42个，联结带动贫困户436户，实现人均增收3000元以上。

（三）提供产业技术指导

加强与中国农科院柑橘研究所、华中农业大学等重点科研院所的技术合作和协同创新，并不定期聘请国内权威专家到赣州开展技术培训和指导，提升贫困户从事脐橙产业的技能水平。依托市、县、乡、村（基地）四级技术服务体系，举办多层次、多渠道、多形式的产业技术培训班和现场观摩会，让有种植意愿的贫困户尽快掌握脐橙种植生产技术。同时，针对从事脐橙产业发展的贫困户实行技术包干指导制度，派出骨干专业技术人员，定时定人对贫困户进行现场指导，努力做到"科技人员直接到户，良种良法直接到园，技术要领直接到人"，及时解决脐橙产业发展过程中的技术问题。2016—2019年，市、县、乡、村（基地）举办贫困户的技术培训班1861期，培训贫困群众93220人次。同时，果业部门主动发挥优势，重点帮助贫困户解决生产技术难题，并帮助贫困户流转山地、申请补助、开拓市场，介绍有劳动能力的贫困户到果业企业务工等，坚定贫困户脱贫致富的信心。

（四）开展脐橙品牌营销

率先在农产品销售领域实施区域公用品牌战略，申报原产地域产品保护，申请地理标志证明商标注册，通过脐橙节、网络博览会、展示展销、广告等形式宣传推介，做响、做强赣南脐橙品牌。在全国农产品销售中，率先实践并坚持以一个县（市、区）对接一个区域的

"主销城市"战略，积极发展"农超对接""社区直销""代理配送""互联网+"等新型交易方式，建立覆盖全国各省、市、县三级城市的市场营销网络。赣南脐橙占领了国内大、中城市市场，还远销30多个国家和地区。

大力发展"互联网+"，连续多年举办赣南脐橙网络博览会，通过"电商+服务站+贫困户"等模式，让贫困户分享线上销售红利。据不完全统计，赣南脐橙网络销售店铺达1.3万多家。2019年，脐橙网络销售价格稳定在6—7元/斤，比产地果园交易价格每斤2.8元高3.5元左右，比销地批发市场交易价格每斤4.5元高2元左右。

赣南脐橙直发北京

二、赣南蔬菜——赣南脐橙之后的又一富民产业

赣州立足自然资源禀赋条件好、毗邻粤港澳大湾区市场等基础优势，在专家论证、示范推进的基础上，提出中国中部地区蔬菜产

于都县梓山万亩富硒蔬菜产业园

业发展中心、南方重要蔬菜集散地、江西省蔬菜产业化发展样板区的发展定位,把赣南蔬菜作为继赣南脐橙之后又一支柱性富民产业来打造。工作中,坚持高位推动,强化规划引领,注重政策引导,蔬菜产业实现了规模上从小到大、方式上从传统到现代的跨越,构建了"山上栽脐橙、田里种蔬菜"的产业富民格局。截至 2019 年年底,全市累计建成规模蔬菜基地 25.9 万亩,其中设施大棚面积 20.95 万亩,累计带动 7.98 万户贫困户增收,全市 90% 以上的规模蔬菜基地成为扶贫基地。2019 年 5 月 20 日,习近平总书记实地考察于都县梓山富硒蔬菜产业园时,对赣州发展蔬菜产业给予充分肯定,称赞"赣南的现代农业蓬勃发展",要求"一定要把富硒这个品牌打好"。

(一)产业发展助推多元增收

通过把蔬菜作为产业兴旺的主抓产业,列为现代农业产业体系的重要组成部分,列入产业精准扶贫的重要内容,强化政策引导,补好发展短板，实现了蔬菜产业发展和精准扶贫"双促进"。蔬菜基地通过土地流转、扶贫资金入股、吸收贫困劳动力务工、贫困户直接参与种植等多途径、多方式，真正将贫困户联结进产业发展全过程。比如，兴国县在 2019 年引导 2265 户贫困户利用冬闲田和门前屋后发展蔬菜种植 4717 亩，户均增收 5000 元。宁都县通过"七统一分"模式，培育 159 户贫困户成为基本菜农，人均承包 7 亩钢架大棚发展茄果类高品质蔬菜，户均增收 5.6 万元，稳定实现脱贫目标。于都县梓山镇的 600 户贫困户通过"产业扶贫信贷通"贷款 3000 万元，入股山东苏成公司蔬菜产业，该公司每年按照 9%保底分红，每户贫困户每年可享受 4500 元分红。崇义县龙勾达翔蔬菜基地总面积 1200 亩，其中流转了 77 户贫困户的 68.7 亩土地，户均年增收 446 元；吸纳贫困劳动力 37 人，人均年增收 1.6 万元。石城县新富千亩蔬菜基地，共有贫困劳动力 50 人在基地长期务工，月平均工资达 3000 元左右，通过在蔬菜基地就业实现稳定增收。

宁都县田头镇田塅大棚蔬菜种植基地

（二）示范基地引领致富门路

赣州各地积极"走出去、请进来"，北上南下开展一系列招商活动。多次派出人员学习先进地区的发展经验，开拓视野、革新观念，引进瑞克斯旺、于都怀德、宁都硕铭等一批龙头企业，服务产前产后的种苗、农资、技术、销售等，每个县（市、区）建成1—2个高起点、高标准设施蔬菜示范基地，推广大棚栽培、吊蔓种植、水肥一体、智能化等前沿技术，革新了传统种植模式，引领了现代发展方向。于都县通过怀德公司成功示范白玉丝瓜吊蔓种植后，引导全县80户贫困户承包大棚种植，单茬产量达1万斤/亩，价格为2.2元/斤。信丰县通过瑞克斯旺种子公司引进"37—94"螺丝椒品种，引导30户贫困户户均大棚种植5亩，实现高产高效，亩均产量达1万斤，平均价格达2.5元/斤，户均实现增收5万元。瑞金市、大余县签约山东寿光的蔬菜企业，按照"新建大棚30%无偿提供给贫困户种植、30%返租给当地种植能手，企业科学规划种植、统一质量标准、保价订单收购"模式，引领创新蔬菜产业扶贫。全南县依托高山蔬菜科技产业园的技术、管理、销售优势，建立扶贫示范基地，推行联产联销、订单生产，采取统一种苗、技术、管理、销售的发展模式，发展蔬菜种植10万亩，年产值3亿元，带动653户贫困户发展蔬菜生产。

案 例

赣南蔬菜疫情一线保"菜篮子"

"面对新冠肺炎疫情，冲锋在一线的医护人员辛苦了。我们协会前几天特地采摘了3000公斤新鲜蔬菜送到赣县区人民医院。"2020年2月13日，正在蔬菜基地忙活的赣县区五云镇蔬菜协会负责人曾纪泉表示。2020 年春节以后，五云镇已配送 200 余吨新鲜蔬菜至赣州中心城区及周边区域，蔬菜日均产量达 7.4 吨。

新冠肺炎疫情发生以来，赣州快速反应，积极部署"菜篮子"产品的生产保供工作，及时掌握蔬菜市场供求变化，全力保障市民的需求。

得益于近年来赣州蔬菜产业从无到有、从传统到现代的跨越发展，全市应季蔬菜的城镇供应自给率由 50% 左右提升至 75%，春淡、秋淡自给率由过去的不足 30% 提升至 60%。

此外，赣州还组织开展"爱心蔬菜致敬抗疫一线"系列行动，先后调运 4 批次蔬菜送给南昌市部分医院、新闻单位、赣州市定点医院，以及支援湖北医务人员家属、敬老院、福利院等，送去富硒绿色蔬菜 3 万余公斤，并支援湖北蔬菜 808.75 吨。例如，宁都县东韶乡党员、群众自发捐款 13.14 万元，从产业扶贫基地采购 35.2 吨辣椒等蔬菜支援湖北。

（三）长效机制确保扶贫成果

市级层面专门制定《赣州市农业产业扶贫专项方案》，提出项目倾斜、产业奖补等 5 条具体的扶持政策。市级财政专门设立蔬菜产业发展资金，对大棚设施按 5000—7000 元／亩进行奖补，同时，加大对高效示范基地、经营模式创新、专业技术支撑、人才队伍培育等方面的奖补力度，加快构建完善的生产经营与技术服务体系。赣州各地也相应设立蔬菜产业发展资金，对钢架大棚、技术培训、带动务工、培育菜农等进行补贴；设立产业直补资金，对贫困户种植蔬菜进行奖补鼓励。比如，兴国县对贫困户发展竹木大棚、钢架大棚种植的蔬菜分别给予 6000 元／亩、1.1 万元／亩补助，并对租赁钢架大棚种植蔬菜给予 4000 元／亩补助。宁都县政府贴息 3 年，给予贫困户搭建钢架大棚每亩 2.5 万元的贴息贷款。不断推动蔬菜产业科研成果转化，在南康区、于都县、宁都县分别落地一个蔬菜院士工作站，建设市蔬菜产业"两中心、一基地"，在大棚棚型、茬口安排、技术集成等方面取得有效突破，采取办培训班、"以师带徒"、"田间课堂"等方式，每年培训贫困户 2000 人次以上。建立预警信息技术服务平台，定时通过"赣农之星"微信公众号发布预警信息和栽培技术。开发"赣农之家"微信小程序，邀请专家实时在线问诊，解答蔬菜生产技术难题。开通设施蔬菜栽培线上直播培训，组织贫困户足不出户学习高效、实用蔬菜生产技术。宁都县每月安排蔬菜生产技术培训 2 期，信丰县每年邀请技术专家前往各乡镇巡回培训 32 期；均通过政府购买服务方式给每个蔬菜合作社聘请技术员定点指导，对贫困户"一对一"跟踪服务。从"提篮小卖"到进入全国大市场流通，在大力引导发展蔬菜生产的同时，同步考虑蔬菜市场体系建设。抢抓东南沿海和江西省内目标市场，建成中农批、华东城等蔬菜批发市场，日均交易量达 2120 吨。搭建"供港供深"平台，推动品质蔬菜进入粤港澳大湾区，广州市授权在信丰县建立粤港澳大湾区"菜篮子"产品配送分中心。会昌县与赣州市铭宸农业发展有限公司签订会昌县贝贝小南瓜购销合同，对贫困户订单式发展贝贝小南瓜。信丰县引入太平洋保险设立蔬菜价格和产量保险，解决贫困户发展蔬菜生产的后顾之忧。

案 例

宁都县创新"七统一分"模式，推进蔬菜产业蓬勃发展

宁都县解放思想、立足实际，探索出发展蔬菜产业的"七统

一分"模式，做大做强蔬菜产业。

一、在实施理念上，坚持贴近地方实际

贯彻"政府为主导、农民为主体""产业富民、效益优先"的原则发展蔬菜产业。目标定位方面，依托宁都县资源优势和产业发展基础，确立将蔬菜打造成农业支柱性富民产业，将宁都打造成赣东南蔬菜集散地和赣南蔬菜产业发展主产区、样板区、重点县、核心县，努力打造"中国南方的寿光"。发展规模方面，充分尊重产业发展规律，立足培育当地基本菜农，坚持适度规模原则，不片面追求设施"高大上"和规模效应，每个基地规划300亩左右，鼓励经营主体因地制宜、有计划地逐步扩大规模。主体培育方面，按照每户10亩、贫困户每户5亩左右的标准，重点选择基地周边村庄或本乡镇有一定经济实力、市场经营能力和文化素质的种养大户、返乡创业人员、贫困户、党员为经营主体，鼓励村干部带头参与，发动千家万户发展蔬菜产业。实施步骤方面，选取7个基础较好的乡镇打造第一批示范基地，通过先行先试，摸索总结经验。在第一批取得成效的基础上，再推进第二批12个乡镇的高标准示范基地建设，为其他乡镇提供示范引领。

二、在实践路径上，采取"七统一分"模式

即"统一规划设计、统一搭建大棚、统一设施配套、统一扶持政策、统一种植品种、统一技术指导、统一产品销售，实行分户经营"，以全新的发展模式和超常规的推进力度，推动蔬菜产业发展。统一规划设计，坚持基地选址和规划由政府组织专业技术人员统一把关，确保用最好的地种出最好的菜。统一搭建大棚，借鉴山东寿光经验，结合宁都气候特点，量身定制、统一搭建高标准三膜越冬式连栋大棚，使用年限可达10—15年，做到简单实用、不铺张浪费。统一设施配套，基地水、电、路、土地平整等

基础设施，由政府整合项目统一实施和配套，解决一家一户办不了、办不好的问题。统一扶持政策，精准测算基地建设成本，科学制定奖补、信贷、技术等扶持政策，降低农户前期投入，消除群众思想顾虑。统一种植品种，全县主打1—3个蔬菜品种，首批示范基地全部种植"瑞秀37—100"精品线椒。统一技术指导，依托引进山东技术服务团队，按每300亩配1名技术员的标准，统一选派技术水平高、责任心强的技术员，蹲点常驻各基地，统一指导田间管理、病虫害防治，组织菜农现场培训等。统一产品销售，引进"全国民营企业500强"的深圳大生农业在宁都注册成立销售公司，在当地和赣州、南昌、武汉、长沙、广州、深圳、寿光等地建立长期合作的经销商队伍；通过政府牵线搭桥、合作社组织实施的方式，实现统一标准、统一品牌、统一包装、统一价格、统一对外销售。分户经营，依据种植户自身管理能力和劳动能力，合理确定大棚分户经营面积，既避免了面积太大、种植户难以做到精细化管理，面积过小、效益不明显等弊端；又有效破解了蔬菜产业发展过程中，经营主体落实难，以及一般种植大户普遍招工难、管理粗放等问题，有利于保持基地的稳定性和辐射带动更多的农民增收。

表3-1　宁都县"七统一分"模式具体内容

"七统一分"	具体内容
统一规划设计	坚持基地选址和规划由政府组织专业技术人员统一把关，提升蔬菜种植质量
统一搭建大棚	统一搭建高标准三膜越冬式连栋大棚，使用年限为10—15年
统一设施配套	政府出面解决基地水、电、路、土地平整等基础设施问题

续表

"七统一分"	具体内容
统一扶持政策	精准测算基地投入成本，科学制定奖补、信贷、技术等扶持措施
统一种植品种	全县主打1—3个蔬菜品种
统一技术指导	引进山东技术服务团队，按每300亩配1名技术员的标准，为基地提供专业技术指导
统一产品销售	引进深圳大生农业在当地成立销售公司，并在当地和赣州等地建立长期合作的经销商队伍；政府指导、合作社组织，实现统一标准、统一品牌、统一包装、统一价格、统一对外销售
分户经营	根据种植户实际劳动能力和管理能力，确定农户种植经营面积

三、在保障措施上，实行"保姆式"服务

坚持问题导向，根据具体情况，有针对性地破解制约蔬菜产业发展的各类瓶颈问题。围绕"钱从哪里来"的问题，市、县财政对示范基地高标准大棚给予2万元/亩补贴；对接银行为种植户提供低息贷款2万元/亩，政府贴息3年；水、电、路等基础设施，由政府统一投资规划建设；县财政每年补贴技术人员工资5万元，并补贴6万元为每个基地配套建设一个50平方米的冷库。经补贴后，以每亩蔬菜基地的大棚投入4.5万元、基础设施投入1.5万元、生产投入0.7万元计算，种植户只需拿出1.2万元/亩的前期投入，极大地减轻了农户负担。围绕"日常怎么管"的问题，建立"龙头企业＋合作社＋农户"的运作模式，引进山东寿光龙头企业负责技术指导、新品种和新技术示范推广等。每个示范基地统一成立合作社，负责组织生产管理和产品销售，为种植户提供产前、产中、产后服务。通过把分散的种植户组织起来，提高农户的组织化程度，增强抵御市场风险能力。围绕"蔬菜怎

么种"的问题，根据市场需求预测，统一安排各基地的种植批次计划，按计划进行错期播种、定植，实现蔬菜产品适度批量、均衡产出、周年不间断供应。

四、在工作机制上，树立"一盘棋"意识

动员全县力量，投入蔬菜产业发展，营造浓厚氛围。细化责任抓推进。组建全县蔬菜产业发展领导小组办公室，抽调的人员与原单位工作脱钩，实行集中办公，专职协调、调度、督促、推进蔬菜产业发展。各乡镇和相关部门、单位成立相应工作机构，抽调得力班子成员和干部专职抓蔬菜基地建设，确保有人管事、有人干事。优化服务抓协调。从土地流转、合作社组建、大棚规划设计、造价确定、基础设施建设，到蔬菜品种选择、种苗订购、技术人员聘用、产品销售等各个环节，县、乡、村三级组织主动介入、统筹谋划、提供服务，为蔬菜产业发展提供坚强保障。强化督促抓落实。将蔬菜产业发展列入乡镇现代农业攻坚目标考评，按月明确蔬菜基地建设进度，每月对进展情况进行调度，分阶段对各乡镇完成情况进行督查和排名，对未按进度完成任务的乡镇启动问责程序。

宁都县通过新理念、新模式、新技术发展蔬菜产业，极大地调动了农民积极性，推动当地蔬菜产业取得较好成效，也为赣州全市蔬菜产业发展积累了经验。各蔬菜基地通过土地流转、吸收贫困劳动力务工、贫困户直接参与种植等多途径、多方式，真正将贫困户联结进产业发展全过程，为蔬菜产业扶贫提供了借鉴和参考。

三、赣南油茶——老区百姓脱贫致富的"幸福树"

作为全国油茶主产区，赣州的油茶栽植历史已有 2000 多年。赣

州牢固树立"绿水青山就是金山银山"的绿色发展理念，充分挖掘赣南油茶的传统产业优势，把油茶作为兴林富民的主导产业、作为革命老区脱贫攻坚的民生产业。特别是把发展油茶产业与精准扶贫结合起来，以油茶产业的发展促进油茶产业扶贫。截至 2019 年年底，全市有油茶林总面积 288 万亩，其中新造高产油茶林面积 123 万亩；并有高产稳产油茶林示范基地 250 余个、茶油精深加工龙头企业 13 家、茶油精深加工系列产品 20 多个，油茶产业综合产值达 84 亿元。油茶树已成为赣南人民的"绿色银行"和"致富树"，累计辐射带动 5.89 万户贫困户脱贫增收，19.5 万贫困人口年人均增收 800 元。

赣县区南塘镇金溪油茶产业扶贫示范基地

（一）抓规划

紧扣建设全国油茶发展示范市和建成全国优质木本食用油安全保障基地的目标，科学编制并实施《赣州油茶产业发展规划（2015—

2020年)》，先后出台《关于进一步加快油茶产业发展的实施意见》《赣州市油茶生态产业精准扶贫实施方案》等一系列文件，大力推进油茶产业发展。

（二）强扶持

每年安排2000万元用于支持油茶产业发展，市、县两级财政对新造、低改油茶的农户，分别给予每亩200至1000元不等的补助，对建档立卡贫困户的补助标准再提高30%。2012年以来，积极争取国家、江西省油茶产业发展专项资金8亿元，筹措市、县两级财政补助资金3亿元，并争取金融机构支持，通过"金穗油茶贷"等贷款26亿元，带动社会资金投入约50亿元，总共投入资金87亿元。

（三）用科技

持续研攻育良种，选育出23个优良无性系油茶品种，获得油茶发明专利30多个，全市有11个油茶品种被认定为国家级良种，年产茶油量均超过50公斤/亩。对老油茶林采用截枝复壮技术，有效提高了鲜果产量与质量，呈现"3年追平、4年翻番、5年稳产"的喜人成效。加强企业、高校和科研机构的产学研合作，进行茶籽压榨制油、茶油精炼、茶皂素深加工，采用乙醇辅助水酶法提取油茶籽油及茶皂素技术，使茶油提油率达到92%，并获国家发明专利。

（四）重品牌

驰而不息实施品牌发展战略，推动"赣南茶油"从普通商标，到国家地理标志保护产品，再到国家地理标志证明商标，促进油茶产业提质增效。2019年，"赣南茶油"再登"中国地理标志产品区域品牌百强榜"，位列第46名，比2018年前进了9名。出台《赣南茶油地理标志产品保护管理办法》和《赣南茶油地理标志证明商标使用管理办法》，采用母子品牌方式，统一使用"赣南茶油"品牌。

（五）深联结

抓住引导贫困户进入油茶产业化流程这个"牛鼻子"，最大限度地将他们纳入产业化帮扶链条，积极探索建立油茶产业发展与农户（贫困户）的利益联结模式，为油茶产业发展注入强大活力。油茶专业合作社把分到户的林地集中起来，实施统一规划、统一整地、统一购苗、统一栽植、统一抚育以及分户管理和收益的"五统一分"模式，不仅实现资源整合，提高了产业效益，更提高了农户特别是贫困户的积极性。农户与油茶企业合作造林、林农以林地入股、公司负责投资和经营管理、林农理事会监督公司经营管理和收入分配的"公司＋基地＋农户（贫困户）"模式，让油茶产业发展呈公司化趋势。政府投入扶贫资金、乡村负责流转林地、国有林场负责建设油茶种植基地的"国营林场＋贫困户"模式，实现了林场与林农、贫困户共建共享。

📋 **案　例**

定南县实施油茶林经营权证制度改革，激活"沉睡资产"

为破解油茶林地承包权和经营权关系不明晰，油茶种植户融资难、融资渠道单一等难题，定南县实施油茶林经营权证制度改革，走出了一条油茶产业发展、精准扶贫与金融服务创新"三头并进"的发展新路。

一、主要做法

（一）打好基础，创新开展确权登记颁证

出台《定南县办理油茶林经营权证实施办法》，开展油茶林经营权确权登记颁证试点。明确条件：从规模、经营状况、管理三方面明确提出申请条件，即集中连片5亩（含5亩）以上，经营主体明确、林地流转合同完善、无权属纠纷，常年抚育管理且树体长势良好。这3项条件同时符合，才予以办证。严格审核：规范工作流程，严格按照申请、勘查、复核、办证、归档的程序办证，重点抓好现场勘查、材料审核、公示3个环节。对符合发证条件、没有异议的，发放定南县油茶林经营权证（以下简称"油茶证"）。确定权属：油茶证登记了油茶林的相关信息，主要包括油茶林地使用权人、油茶林木所有权人、油茶林木使用人和权源依据，以及油茶林的经营面积、种植时间、林地位置，并附图明确界址。

（二）抓好配套，实施油茶证抵押贷款

围绕国家开发银行油茶产业发展基金落地，做实系列配套工作，重点抓好"三个一"，即推出一个金融产品、发挥一个中心作用、强化一个职能。推出"油茶贷"金融产品。创新金融产品"油茶贷"，油茶种植户以油茶证为抵押，按5000元/亩的标准申请贷款资金，一般种植户100亩起贷，建档立卡贫困户5亩起贷。发挥金融服务中心作用。充分发挥县金融服务中心作用，具体承接"油茶贷"工作，集中处理符合条件的种植户的贷款申请，提供"一站式"金融服务，实现7个工作日内完成办结。强化服务监管职能。整合各相关部门力量，搞好贷前调查、贷中跟踪、贷后监管，既做好服务工作，又努力防范放贷风险。贷前调查，组织金融、林业、银行等部门（机构）的工作人员到油茶林实地调查，召开评审会，确定放贷名单和放款金额；放款跟踪，按程序上报国家开发银行江西省分行审批，督促种植户与银行签订借款协议，确保资金及时发放；贷后监管，安排专人定期上户，督促专款专用，使资金全部用在发展油茶产业上。

二、主要成效

定南县油茶林经营权证制度的建立，有效破解了油茶产业发展要素掣肘，为畅通油茶林地流转、解决种植户贷款担保难题，探索了有效路径。

（一）明晰了产权关系

通过发放油茶证，对流转的油茶林地经营权进行确权，实现林地承包权与经营权分离，既保护了油茶林经营者合法利益不受损害，又打消了林地承包户担心流转期限长导致林权丢失的顾虑，为林地顺利流转提供了政策保障。

（二）拓宽了融资渠道

按规定，获得"油茶贷"资金的种植户必须持有油茶证。国家开发银行的资金支持解决了"钱从哪里来"的问题，而油茶证抵押贷款则解决了"钱用到哪里去"的问题。油茶证搭建了国家开发银行金融支持与种植户特别是贫困户资金需求的对接桥梁，让种植户获得更多的资金支持。

（三）带动了贫困户脱贫

推行油茶证抵押贷款后，在种植户的油茶种植积极性进一步高涨、油茶种植面积进一步扩大的同时，也加快了农民增收、贫困户脱贫致富的步伐。全县油茶产业累计带动农民就业3356人，其中贫困人口477人，每年人均增收9000元。

（四）保护了生态环境

油茶产业是环保产业，被称为"绿色银行"。油茶树的大面积种植，使部分荒山荒地、疏林地成为油茶林，既起到绿化环境、保持水土、恢复植被的作用，又能显著改善农村生态面貌和人居环境。同时，油茶树还是观赏树木，在深秋季节，洁白灿烂的油茶花漫山遍野盛开，吸引众多游客前来观赏，为促进乡村旅游发展提供了丰富的资源。

第三节　发展特色产业，强化脱贫增收助推器

习近平总书记指出，用好革命老区自身资源优势，大力发展特色产业，是实现脱贫致富的重要途径。赣州各县（市、区）在产业扶贫"五个一"机制框架内，坚持因地制宜，发挥农民主体作用，不断探索实践，培植壮大农业优势特色产业，涌现出一批典型经验和有效做法，持续鼓起贫困群众的腰包。

一、明确发展重点

（一）高效经作产业

按照适销对路、品种优良的原则，引导贫困村合理确定主栽品种，大力发展刺葡萄、茶叶、白莲、烟叶等特色经济作物种植，培植壮大一批产业专业村。支持种植大户、家庭农场发展适度连片规模种植，推进农业产业标准化基地建设。鼓励通过大户带动、加入专业合作社等途径，扶持贫困户直接发展高效经作产业。

（二）优势畜禽产业

按照可养区、限养区、禁养区"三区"规划，确定产业发展布局，重点发展肉鸡、牛羊、家禽、生猪等优势畜禽产业。发挥各类农业企业的引领带动作用，采用"公司＋农户"、封闭式委托养殖等模

式，扶持贫困户从事一定规模的生猪养殖。引导有条件的贫困村、贫困户发展肉牛、山羊产业，注重扶持一些贫困户适度扩大母黄牛养殖。通过大户或专业合作社，带动贫困户发展家禽养殖。

（三）特色水产产业

大力发展青鱼、草鱼、鲢鱼、鳙鱼等常规水产养殖，积极发展鲟鱼、生态甲鱼、刺鲃、斑点叉尾鲴、泥鳅等特色水产养殖。对水资源丰富、生态环境好的贫困村，积极推进水产生态健康养殖，发展家庭渔场。充分发挥赣南的气候、生态、水质等优势，培育种苗繁育大户，吸纳带动贫困户参与水产苗种养殖。

（四）休闲观光农业

引导有条件的贫困村、贫困户挖掘民俗风情和自然风光，积极创办农家乐、QQ农场、美丽田园等休闲农业业态。鼓励城区附近、郊区、景区周边的贫困村、贫困户建设优质蔬菜等配套农产品生产供应基地，发展农事体验园、采摘垂钓园。引导贫困户开发地方特色旅游商品生产，实现游、购、娱、吃、住、行多环节获利增收。

（五）农产品流通业

引导有能力的贫困户直接从事农产品经销、电子商务和种养相关配套产业。支持农业生产和流通企业发展订单农业，通过农超对接、农校对接、农批对接等产销衔接模式，推动与种养基地、贫困户形成稳固的购销关系。

（六）农业品产地加工业

引导贫困户发展分级分类等农产品产地初加工，实现优质优价。鼓励农民合作社、种养大户、农业企业发展规模农产品的烘干、储藏、包装，引导发展精深加工，实现多层次转化增值。

二、帮助选准产业

所在乡镇党委和政府、结对帮扶单位及驻村工作队深入调查研究，根据贫困家庭的人口、资源、技能、意愿，帮助选择好能够带动覆盖多数贫困户的主导产业，制定出农业产业发展方案，明确具体产业以及产业布局、规模、重点项目、年度计划措施等。

结对帮扶单位、驻村工作队和结对干部，帮助有劳动能力、有发展产业意愿的贫困户选准产业项目；引导没有劳动能力、没有产业发展意愿的贫困户，在自愿的基础上，将土地承包经营权直接流转、入社托管、作价入股，参与产业发展，从中获得收益。

三、出台扶持政策

（一）扶持贫困村、贫困户发展特色农业产业

对于开发扩大农业产业基地、具有一定种养规模、辐射带动贫困户较多的贫困村，倾斜安排项目资金，用于改善水、电、路等基础设施条件。根据贫困户发展产业的类型、规模等，在贷款、贴息、种苗补助、综合奖补等方面给予一定的资金扶助。

（二）鼓励贫困农户依法采取转包、出租、互换、转让及入股等方式流转承包地

支持贫困农户以土地承包经营权入股形式与其他农户组建合作社，按规定分红。在贫困农户自愿的基础上，鼓励流入方优先流转贫困农户的土地。对流转其他农户土地的贫困户和流转贫困农户土地的农民合作社、家庭农场、种养大户等，符合补助标准的，在享受流转一般农户土地补助的同时，增加 50 元 / 亩的补助。

（三）鼓励农民合作社、家庭农场、种养大户、龙头企业带动贫困户发展产业，帮助实现就业

带动贫困户发展产业的农民合作社、家庭农场、种养大户，可优先享受"财政惠农信贷通"政策。对带动贫困户50户以上的市级以上龙头企业，在符合项目申报条件的前提下优先安排，并且按贷款金额3%的标准给予贴息，贴息额最高不超过50万元，并对省级龙头企业优先推荐申报江西省农业产业化项目；对新获得中国驰名商标、江西省著名商标（江西名牌产品）的，一次性分别给予10万元和5万元的奖励；市级龙头企业，可在同等条件下优先申报省级龙头企业。对带动辐射贫困户发展产业的农民合作社、家庭农场、种养大户、龙头企业，在用地、用电、用水、税收等方面给予相关优惠政策；获得"三品一标"①农产品认证的，享受相关补助政策。

四、完善配套服务

（一）加强农业技术培训

以生产型、经营型、技能服务型人才和农村实用人才带头人为重点，分类别开展联合、订单、定向培训。加强扶贫技术服务队伍建设，建立畜禽、渔业、水稻、经济作物、观光农业等市、县级产业专家库。创新技术服务方式，采取科技特派团、结队帮扶等形式，推广农业新技术、新品种、新机具。

（二）做好市场信息服务

分层次建立贫困村农民专业合作社和种养殖大户手机信息或微信、QQ群服务平台，及时、精准推送农时农事、价格行情、农产品

---

① "三品一标"，指无公害农产品、绿色食品、有机农产品和农产品地理标志。

市场信息等，优先为贫困户在赣州三农网发布农产品供求信息。积极牵线搭桥，引导推动贫困村参与农展会、网上销售、农超对接等各类平台，以多种形式促进产销对接。

（三）构建利益联结机制

扶持农民合作社、家庭农场、种养专业户，提高农民组织化程度，通过适合的经营主体使特色产业最大限度地覆盖贫困村和贫困户，鼓励工商资本进入产前、产后环节，把农村生产领域更多地留给贫困户。让农户通过加入专业合作社或依托产业化龙头企业，分享产业发展红利，形成购销关系稳固、利益联结紧密的联结机制。

（四）完善社会化服务体系

大力推进基层农业技术推广体系建设，培育农技推广社会化服务组织，提高农业科技服务水平。探索对贫困村、贫困户技术帮扶的新模式，依托传统的公益性农技推广机构，借助社会性技术服务组织，开展产前、产中、产后"全产业链"技术帮扶。

案 例

于都县岭背镇探索"公司+合作社（村集体经济）+农户"肉鸡养殖模式

于都县岭背镇探索出"公司+合作社（村集体经济）+农户"养殖模式，即以公司为龙头把农户组织起来，为农户提供产前、产中、产后一条龙服务，合作社或村集体经济协调，农户在自有鸡棚专职饲养的一种合作生产方式。岭背镇的肉鸡规模养殖产业实现了从无到有、由小到大，并逐步在全县试点推广。

一、引进一家龙头企业牵头运作

引进和盛食品集团有限公司在岭背镇注册成立江西栖岭农牧公司发展肉鸡产业，为农户提供从鸡棚建设到养殖、防疫、销售等一条龙服务。养殖方面，每3万—6万平方米鸡舍安排一名专职技术人员，专门负责技术指导、防疫等；公司与养殖户签订养殖协议，统一提供鸡苗、饲料，肉鸡成熟后按签订的协议定价（不受市场波动影响）回购销售，解决了农户的养殖技术、市场销售难题。从实际运行情况看，农户只需要按公司的技术标准负责日常饲养，基本没有后顾之忧，利润较稳定。

二、推行两种利益联结模式

第一种是"公司+'一村一品'合作社（由致富能人组成）+贫困户"模式：由村里部分致富能人组成合作社统一养殖，吸纳贫困户入股（每股1000元，每户不超过3股），贫困户每年按照入股金额的10%参与分红。第二种是"公司+村集体经济+贫困户"模式：成立村级股份经济合作社，由村集体筹资建设鸡棚，养殖利润按照4∶4∶2的比例分配，即村集体占40%，贫困户占40%，再拿出20%重点给失能、弱能的贫困户。通过以上两种模式，可实现贫困户联结全覆盖。

三、实现三大收益效果

首先是贫困户的务工效益收入。每个产业基地用工优先选择贫困户。每个基地的长期务工人数为5—8人，每人每月收入2500元以上；短期务工人数为15—20人，每人每天收入80—100元。其次是贫困户的"一村一品"入股效益收入。每户贫困户以现金入股3000元，按年分红10%，即可得300元/年（本金在第二年以政府产业扶持资金置换形式返还贫困户，分红保持3年）。最后是村集体的效益收入。正常情况下，一个鸡棚的使用周期是 10 年左右，每棚每年出笼 3 批半肉鸡，纯利润为 4.5 万元至 6 万元。每个村按 4000 平方米鸡棚、年出笼肉鸡 14 万羽、每羽收入 1.3 元计算，村集体的年收入可达 18.2 万元。

四、落实四类保障措施

组织方面，岭背镇组织党员干部深入村组向贫困户进行宣传动员，讲清肉鸡养殖运作模式，算好入社入股经济收益账，打消贫困户顾虑，把贫困户与致富能人有效发动和捆绑起来。资金方面，于都县政府专门安排 1400 万元产业扶贫资金用于肉鸡产业发展，同时整合各类涉农资金和扶贫资金，如村集体的土地流转费等用于肉鸡产业发展。为建档立卡贫困户提供 10 万元以下、3 年期以内、免抵押免担保、扶贫资金贴息的小额信贷，解决贫困户由于资金不足难以发展种养产业项目的难题。奖补方面，按 41 元 / 平方米的标准对鸡棚搭建给予补助，对建档立卡贫困户发展肉鸡项目采取以奖代补方式，"一村一品"产业奖补每户不超过 3000 元 / 年。基建方面，政府在水、电、路等基础设施建设，以及用地方面给予大力支持。

第四节　探索新兴产业，打造强村富民新引擎

光伏产业是国家确定的十大精准扶贫产业之一，具有投入少、见效快、可持续等优点。近年来，赣州抢抓机遇，立足当地光照充足优势，积极拓展思路，大力发展光伏扶贫产业，壮大村集体经济，开发公益性岗位，为贫困群众增收致富拓宽渠道，形成了直接精准到村、收益长期稳定、村民获得感强、可以复制推广的扶贫模式。

一、抢抓政策机遇，占领首发先机

为抓住国家大力发展光伏扶贫产业的有利时机，赣州提前谋划、顺势而为，积极抢抓政策机遇，全力推动光伏扶贫项目建成落地。截至 2019 年年底，全市累计建成光伏扶贫电站 61.86 万千瓦，覆盖 20 个县（市、区）、932 个贫困村；受益建档立卡贫困户 14 万户，约占全市建档立卡贫困户的 47.5%。

二、争取上级补贴，推动政策落地

积极加强向中央、江西省有关部门沟通汇报，争取赣州符合国家政策的项目尽早纳入国家补助目录。经多方面争取，全市 61.86 万千瓦装机容量已全部纳入国家补助目录。同时，积极督促协调供电部门按时足额结算电费和发放补贴。截止到 2019 年年底，全市光伏扶贫电站累计结算电费 3.03 亿元，累计发放国家已到位补贴 3.37 亿元，实现了光伏扶贫效益最大化。据统计，2019 年，全市村级光伏扶贫电站发电收入占全市村集体经济总收入的 18.7%，占全市村集体经营性收入的 29.51%。全市光伏发电收入占村集体经济总收入 50% 以上的村有 1045 个，占 30.13%。全市光伏发电收入占经营性收入 50% 以上的村有 1494 个，占 43.08%。

三、加强运营管护，确保健康发展

加强运营管理机构和信息平台建设，出台光伏扶贫运行维护管理办法并定期开展运行维护研判工作，不断健全完善光伏扶贫电站长效运行维护体系。截至 2019 年 12 月底，20 个县（市、区）均已落实了运营管理机构、建立了信息平台，全面完成前 3 批已纳入国家补助目录村级光伏扶贫电站数据接入工作。通过运用信息化手段实时监测，对故障及时进行报错和维修，全市光伏扶贫电站发电效率得到显著提高，有效保障了电站收益持续稳定，确保光伏扶贫发电收益能够长期稳定。

四、合理分配收益，增加群众收入

严格按照"2020 年光伏扶贫发电收益的 80% 用于贫困人口承担公益性岗位任务的工资和参加村级公益事业建设的劳务费用支出"的要求，以及支持鼓励贫困劳动力就地就近就业的硬性要求，在落实好现有公益性岗位政策方面，优先吸纳建档立卡贫困户就近就业；对因新冠肺炎疫情暂时无法外出务工的贫困户，结合防疫消杀、巡查值守、宣传疏导等安排临时性岗位实现增收；积极安排贫困农户参加村级小型公益事业建设，增加短期务工收入；同时，继续发挥保洁、绿化、防火、护路、护河、电站管护、护理老弱病残等已有公益性岗位的作用，鼓励贫困群众力所能及参加劳动实现增收。2020 年第一季度，全市累计收到光伏扶贫电站收益 6505.7159 万元，共设置公益性岗位 14307 个，实现贫困人口就业 14304 人，发放公益岗位工资 870.4453 万元，发放村级公益事业建设临时劳务工资 113.5655 万元。2020 年 4 月，光伏扶贫电站收益为 850.4235 万元，设置公益性岗位 2010 个，公益性岗位吸纳贫困人口就业 1999 人，发放公益性岗位工资 231.0579 万元，发放村级公益性事业建设临时劳务工资 30.7027 万元。

📋 **案 例**

石城县通过光伏产业扶贫减贫

石城县是罗霄山脉集中连片特困县，全县有建档立卡贫困人口 12470 户 49820 人，贫困发生率高达 18%，因病因残致贫占 48%，大部分为弱劳动力，脱贫内生动力不足。石城县太阳能资源丰富，年日照小时数为 1920 小时，年太阳辐射量达到 4736.6 兆焦/平方米，列江西全省第一。为此，石城县充分发挥资源优势，把光伏产业作为产业扶贫的重要支柱，改革创新筹资方式与收益分配模式，将光伏扶贫电站收益作为村级资产收益，变"输血"为"造血"，达到了带动村集体经济收入提升、弱劳动力贫困家庭收入提升、群众脱贫致富内生动力提升的良好效果，实现了"两创新三提升"。

"两创新"：创新筹资方式。解放思想，借力而行，破解项目资金难题，采取"企业控股、石城资本金入股、银行贷款"的模式，引进苏州协鑫新能源公司作为开发运营合作伙伴，投资 4.5 亿元实施 60 兆瓦集中式光伏扶贫电站项目；由赣江源农业发展有限公司为业主，采取"公司+银行+贫困户"的形式，投资 3.96 亿元实施 88 个共计 56.54 兆瓦村级联村光伏扶贫电站项目。通过择优引进合作方及降低银行融资成本，解决了项目建设资金问题。创新分配模式。专门出台《石城县光伏扶贫收益分配方案》，明确企业将受益资金转入县光伏扶贫基金专户，县财政再按贫困户数将受益资金划归村集体。然后，由村集体统筹分配，用于公益性岗位人员工资、产业发展奖励、乡风文明奖励、爱心超市运营、深度贫困人群保障等支出，贫困群众可通过劳务付出、文明表现从中受益，强化了光伏产业增收的长效性。

"三提升"：村集体经济收入提升。两个项目均于 2017 年 6 月 30 日前建成并网发电。2018 年、2019 年，企业划拨光伏扶贫收益资金 2875.7 万元，每村年平均增加村集体经济收入 12 万元左右；2020 年，预计年度收益达 2100 万元。弱劳动力贫困家庭收入提升。全县因光伏收益设置的公益性岗位达 1191 个，全部安排贫困户中的弱劳动力，每户年均增收 8500 多元；同时，为 162 户深度贫困家庭发放补助资金 1.62 万元。贫困群众脱贫致富内生动力提升。向全县 132 个村（居民委员会）划拨爱心超市运营资金近 400 万元。贫困群众通过发展产业、开展环境整治等活动赢取积分，并根据积分在爱心超市领取生产生活用品，脱贫致富的内生动力得到激发，群众满意度也提高了。

第五节　启示与思考

在产业扶贫的过程中，赣州坚持将政府力量与市场力量相结合、外部帮扶与激发贫困群众内生动力相结合，既有立竿见影的措施，更有可持续的制度安排，并在实践中不断创新、深化产业扶贫各项支持机制。

一、发展产业扶贫，坚持科学布局、理清发展思路是前提

思路决定出路，规划决定未来发展。赣州坚持长短结合、种养结合、农业与非农业结合的原则，构建起全域范围内多元主体参与、

一二三产业融合推进的产业扶贫体系。将"短平快"产业嵌入长效产业的空档期，补上不同产业发展间的空窗期，实现各种产业的无缝衔接；将种植业与养殖业相融合，实现农业体系立体式循环；将农业与其他产业相结合，实现全域产业链延伸。由点到线、由线成面，打通产业扶贫的各个环节，织密产业扶贫网络。

二、发展产业扶贫，坚持精准定位、做强特色产业是关键

走"人无我有、人有我优、人优我精"的特色产业发展之路，是提升农产品市场竞争力的有效举措，也是发展壮大农业产业的必由之路。赣州突出特色，精准发力，不断发展壮大具有比较优势的脐橙、蔬菜、油茶等主导产业，注重培育品牌，实行规模化发展，实现了由小到大、由强到精的跃升。同时，紧盯《若干意见》中"大力发展特色农业"的目标定位，优化农产品区域布局，同步推进茶叶、毛竹、花卉苗木、蜜橘、蜜柚、刺葡萄等特色林果业，白莲、水产养殖、家禽等特色农产品，以及休闲农业、乡村旅游、农村电商、光伏发电等多元产业发展。逐步形成了主导产业做大做强、特色优势产业紧跟而上、其他产业遍地开花的农业产业布局，进一步拓宽了贫困户增收渠道。

三、发展产业扶贫，坚持共享理念、稳固利益联结是根本

发展产业的最终目标在于"以产兴农、以产富农"。赣州通过创新土地流转、贫困户土地入股、贷款资金入股、劳务输出等增收方式，建立起"村集体＋贫困户＋能人领办""企业＋基地＋贫困户""合作社＋贫困户"等稳定的利益联结方式，最大限度地带动贫

困户参与到产业发展中来，使贫困户能够分享产业发展带来的红利。同时，积极探索项目资金建设形成的资产，以资产入股项目开发的形式获取收益，折股量化分配给贫困户，使贫困户能够获得稳定的增收途径。

第 四 章

增强贫困群众"造血"机能，
扎实推进就业扶贫

就业扶贫是精准扶贫、精准脱贫基本方略的重要方面。习近平总书记指出："一人就业，全家脱贫，增加就业是最有效最直接的脱贫方式。"[1]赣州咬紧"就业一人，脱贫一户"目标，聚焦三类重点群体，采取创建扶贫车间、搭建帮扶平台、开发扶贫专岗、开展就业技能实训等举措，打好就业扶贫"组合拳"，推动就业扶贫工作取得显著成效，形成了就业扶贫的"赣州模式"，国家级、省级就业扶贫经验交流现场会在赣州召开，相关做法得到充分肯定。

第一节　加强供需对接，引导
劳动力转移就业

赣州针对有就业能力和就业意愿较强的青壮年贫困劳动力，通过多渠道、多角度、创新性手段，引导他们外出转移就业，实现高质量就业。

---

[1] 《习近平关于社会主义社会建设论述摘编》，中央文献出版社2017年版，第75页。

一、多级政府联动，搭建就业对接平台

（一）建立贫困家庭就业创业台账

以各县（市、区）贫困人口的精准识别情况为基础，按照"全面、准确、动态"的原则，对建档立卡的贫困户逐一进行调查，掌握辖区内贫困劳动力数量、分布等情况，收集贫困劳动力就业状况、就业意向及培训愿望等信息。

（二）加强信息对接，促进贫困劳动力到企业就业

开展送岗下乡、下村等招聘活动，搭建园区企业为主体的各类企业与贫困劳动力的信息对接平台。加强岗位信息收集整理，通过村组宣传栏、新媒体、进村入户等多种形式将岗位信息送至贫困户家中，帮助符合岗位条件且有就业意愿的贫困劳动力赴企业就业。

（三）鼓励中介机构和院校输送贫困劳动力就业

鼓励人力资源服务机构向园区企业开展劳务派遣，对符合条件的中介机构给予劳务派遣补贴。职业（技工）院校向企业输送贫困家庭毕业生就业并签订劳动合同（就业协议）的，参照就业创业服务补贴政策，每介绍 1 人给予 200 元补贴。

二、丰富培训方式，提升就业技能

紧密结合产业发展、用工需求和劳动力意愿，多角度开发电子商务、家庭服务、养老护理、厨师面点等课程，根据贫困劳动力的时间安排，采取集中培训、个性辅导、送课上门、以工代训等形式，提高不同类别贫困劳动力技能培训的参与度。截至 2019 年年底，全市人社等系统累计开展培训 7.62 万人次，发放培训补贴（含生活费

补贴）5514 万元。

表 4-1 赣州市 2016—2019 年开展贫困劳动力
就业技能培训与补贴发放情况

年份	贫困人口（人）	开展培训人次（人次）	发放补贴（万元）
2016	511800	12285	342.891
2017	349900	13581	953.025
2018	188600	22755	2184.3889
2019	28200	27570	2033.9095

支持贫困劳动力自主创业脱贫。对有创业能力且有创业愿望的贫困劳动力，组织开展免费创业培训，并提供开业指导、项目推介等免费服务。自主创业的贫困劳动力，申请创业担保贷款的，降低担保门槛，享受财政贴息。对在赣州行政区域内创办企业且稳定经营 6 个月以上的贫困劳动力，给予 5000 元的一次性创业补贴。

三、用好经济杠杆，激发就业动力

对参加就业培训取得职业资格证或培训合格证的贫困劳动力学员，给予 500 元 / 人的一次性求职补贴，鼓励其积极外出寻找就业机会。扩大交通补贴受益面，简化申请手续，对外出务工的贫困劳动力给予 300—600 元 / 人 / 年的交通补贴。其中，对到省外务工、在省内跨县（市、区）务工的贫困劳动力，分别补贴 500 元 / 人 / 年、300 元 / 人 / 年；对深度贫困村的贫困劳动力，补贴标准分别提高至 600 元 / 人 / 年、400 元 / 人 / 年。对到赣州市内工业园区企业务工的贫困劳动力，补贴 600 元 / 人 / 年。截至 2019 年，累计为 55.38 万人次发放贫困劳动力交通补贴 3.09 亿元。

表 4-2　赣州市贫困劳动力就业交通补贴标准

贫困程度	务工地点	补贴标准
一般贫困村或非贫困村的贫困劳动力	江西省外	500 元 / 人 / 年
	江西省内	300 元 / 人 / 年
深度贫困村的贫困劳动力	江西省外	600 元 / 人 / 年
	江西省内	400 元 / 人 / 年
赣州市内工业园区企业		600 元 / 人 / 年

为有效应对新冠肺炎疫情给带贫经营主体和贫困户务工收入带来的影响，赣州明确自 2020 年 1 月 24 日起至疫情结束，增补以下措施。

第一，对新冠肺炎疫情结束前在本地扶贫车间或县（市、区）内外企业务工、签订 1 年以上劳动合同（劳务协议）、稳定就业 3 个月以上的建档立卡贫困劳动力，给予 1000 元 / 人的一次性就业补贴。

第二，贫困劳动力享受返岗汽车票、火车票全额报销和伙食补贴的政策，期限延长至疫情结束。

第三，对 2020 年度就业扶贫车间（企业）新增吸纳建档立卡贫困劳动力就业（含外发原材料到贫困户家中加工的）给予用工补贴，每增加吸纳 1 人（含新增外发加工 1 户）给予 1000 元的一次性用工补贴；对外发原材料到贫困户家中加工的就业扶贫车间，据实给予一定运费补贴；对 2020 年新建的就业扶贫车间（含摘牌后恢复认定的），给予一次性建设补助 2 万元。

第四，加大创业贷款贴息支持，从全年创业担保贷款总额中，拿出 3.5 亿元专门支持贫困劳动力就业创业；吸纳 10 名以上贫困劳动力又符合促进就业基地条件的小微企业，可以享受 300 万元基准利率全额贴息；对贫困劳动力创业担保贷款以信用方式发放，免担保、免抵押；对还款有困难的贫困劳动力给予展期 1 年优惠，继续享受贴息政策。

第二节　创建扶贫车间，实现家门口灵活就业

针对有就业能力和就业意愿，但年纪偏大，家有老小无法外出就业的贫困劳动力，赣州通过建设扶贫车间，实现家门口灵活就业。截至 2019 年年底，全市共有就业扶贫车间 946 个，吸纳贫困劳动力就业 9241 人。

一、引导市场参与创办"稳"岗位

为使就业扶贫车间办得快、办得好，变成实实在在的扶贫攻坚助推器，赣州各县（市、区）因地制宜，探索了"政府＋就业扶贫车间＋贫困户""企业＋就业扶贫车间＋贫困户""产业＋就业扶贫车间＋贫困户""居家＋就业扶贫车间＋贫困户"和"村委会＋结对帮扶单位＋贫困户"等 5 种模式，既快速推进就业扶贫车间覆盖各乡镇，又达到解决企业招工难、促进贫困人员就业的目的。

针对社会力量创办扶贫车间，政府投入小、发展可持续等特点，在政府整合资源创办公益性就业扶贫厂的基础上，以点带面，发挥辐射示范作用，积极引导社会力量参与创办扶贫车间。重点鼓励服装纺织、电子、手工工艺等劳动密集型企业，通过在乡村租赁闲置土地（厂房）的方式创办扶贫车间。比如，上犹县引进 13 家光电企业投资商，组建全球首个新型铜线灯科技园、全国就业扶贫示范园区——中国·上犹光电科技产业园，依托该科技产业园在各乡（镇）、村兴办就业扶贫车间 53 个，将产业中后端产品分发到乡村及千家万户进行

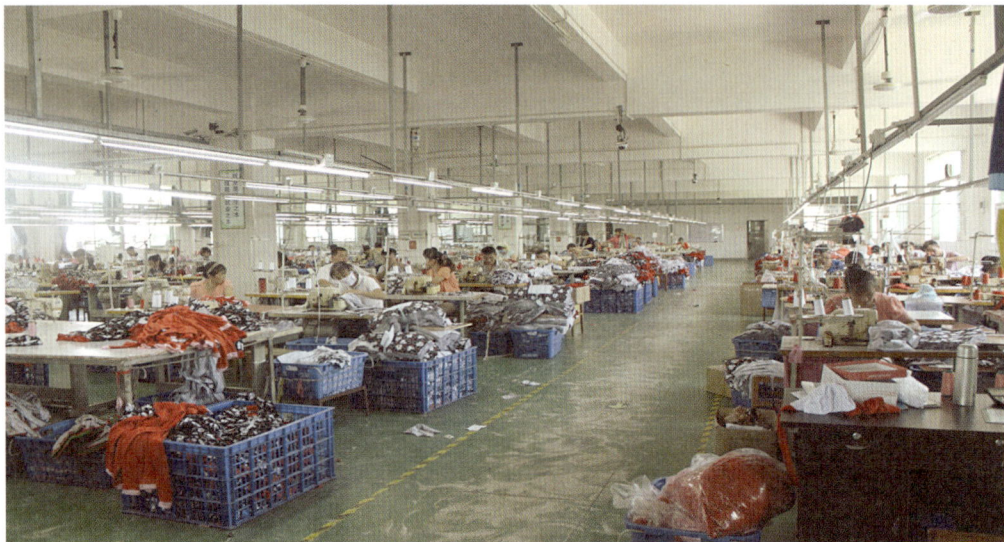

全国就业扶贫基地——龙南市就业扶贫福利厂，为江西省第一家政府主导创办的扶贫车间

手工制作，联结 500 多名贫困户就业创业，闯出了一条高科技企业与脱贫攻坚有机结合的新路子，促成了全国就业扶贫现场会、全国"万企帮万村"现场会在上犹县召开。

二、强化监督管理"稳"效益

赣州因地制宜、因村施策，在保持车间一定数量和规模的同时，注重带贫效益，大力实施扶贫车间规范提升工程，对不符合要求的取消车间资格，实行动态管理，最大限度提高车间的带贫效益。比如，宁都县严格落实市级政策，着力解决扶贫车间"空挂运转、有名无实"的问题，建立就业扶贫项目督导制，将扶贫车间运营及吸纳贫困劳动力稳定就业情况作为督导重点，每季度安排工作组深入各乡镇逐一了解运营情况，在指导帮助就业扶贫车间稳定生产的同时，对吸纳贫困劳动力不足或者经营不正常的扶贫车间给予 6 个月的缓冲期，期满仍不符合条件的撤销、摘牌，并在网上公示，促进扶贫车间规范运营和可持续发展。2019 年，宁都县共有 44 个不达标就业扶贫车间被撤销、摘牌。扶贫车间虽然数量有所减少，但质量和运营成效明显提升。

三、制定补贴政策"稳"运行

赣州出台扶贫车间相关规范文件，明确车间建设补助、运行费补贴、岗位补贴及培训补贴等政策，规定岗位补贴既补贫困劳动力个人，也补扶贫车间，既使贫困劳动力享受到政策红利，又调动了社会力量参与扶贫车间建设管理的积极性。比如，对认定的就业扶贫车间发生的物管费、卫生费、房租费、水电费给予补贴，并按吸纳贫困劳动力稳定就业 6 个月以上的人数给予岗位补贴。

📋 案 例 ————

兴国县探索"贫困妇女＋技能培训" 转移就业扶贫模式

兴国县针对农村留守妇女大多数受教育程度较低、缺乏一技之长、实现就业率较低的现状，着力打造"爱心、诚信、勤学、自强"——"兴国表嫂"家政服务品牌，对广大城乡妇女主要是建档立卡贫困户家庭妇女开展家政服务技能培训，实现有就业能力和意愿的贫困妇女稳定增收脱贫，呈现出"培训一人，脱贫一户"的喜人景象。

兴国县在广泛调研摸底的基础上，组织年龄在 18 周岁以上、50 周岁以下，身体健康，具有从事家政服务愿望或已在家政服务机构工作的精准扶贫对象，参加"兴国表嫂"家政服务员免费培训班，建立档案并常态化跟踪做好就业指导服务。

构建培训平台。采取集中培训与个人自学相结合、理论学习与实践操作相结合的培训方式，科学设计培训内容。聘请县人民医院、县妇幼保健院和家政服务行业的资深专业讲师进行授课，主要围绕孕产妇护理、婴幼儿护理、老人护理、病人护理、家庭宠物饲养、家庭植物养护、家庭常规保洁、文明礼仪、家电使用常识、采购与记账、相关法律知识等方面，进行全方位培训，做到主次分明、重点突出。对部分边远农村妇女，不定期采取"送训下乡"的方式，将家政服务技能送到家门口。培训结束后，由县妇联、县公共就业人才服务局共同负责统一对学员进行考核，对培训后经考试合格的参训人员，颁发就业培训合格证。培训期间，学员费用全免，即对学员免餐费、免住宿费、免培训费。此外，培训考核合格的精准扶贫对象学员，可享受"雨露计划"技能培训 1000 元 / 人的补助资金，同时享受人社部门提供的求职和生活费补助 800 元。

严抓培训质量。县公共就业人才服务局加强对承训机构开展培训情况的实地检查和指导，并进行评估验收。督促培训机构严格落实学员教学管理、考勤管理和安全管理等各项规章制度，对参训人员的出勤、遵守培训纪律等情况进行登记，作为培训考核的重要参考指标，防止培训流于形式、走过场。

加强岗位对接。积极引进深圳金阳光家政、上海爱君家政、江西卓恒家政、赣州鸿运家政、赣州卓越月子中心和赣南福婴月子中心等规模化、标准化的家政服务企业，形成了信息传递、职业介绍、技能培训、政策指导、法律援助等一条龙服务体系，全面促进农村富余妇女劳动力转移就业。加强与江西卓恒家政、兴国县亲宝贝家政服务有限公司、兴国县阳晖家政服务有限公司等多个家政服务机构的合作，筛选出 500 余个符合条件的工作岗位，推荐培训合格的学员就业。

第三节　开发扶贫专岗，让弱劳动力充分就业

针对劳动能力偏弱、无法适应企业要求，但又有就业意愿的贫困劳动力，坚持"因事设岗、以岗定人、按需定员、服务扶贫"的目标，通过"一对一"开发扶贫公益性岗位，托底安置贫困劳动力就业，已安置贫困劳动力就业 4 万余人。

一、多领域开发岗位

以"政府主导、社会参与、属地管理、行业牵头"为安置原则，整合开发孤寡老人和留守儿童看护、乡村公路养护、农村保洁、治安巡逻、水库安全管理、山林防护、文化活动室管理、农家书屋管理、公共服务管理和学校、医院、养老机构、残疾人托养及康复机构保安保洁，以及城镇城管、环卫、园林等扶贫就业专岗，安置贫困劳动力就业。

二、多渠道对接需求

依托乡镇、村开展农村贫困劳动力用人需求调查，掌握贫困劳动

力的年龄结构、就业意愿、技能状况，以及辖区内公益岗位需求。公开发布岗位需求，发动结对帮扶干部开展政策宣传，鼓励无法离乡、无业可扶、无力脱贫的"三无"农村贫困劳动力积极应聘，坚持公开公平公正原则，由乡镇或部门（单位）根据岗位需求择优选取，建立规范的用工关系。开发特定岗位时，针对特殊群体优先选聘，如农家书屋管理员岗位，侧重选聘身体残疾的贫困劳动力。

三、多举措规范管理

赣州市人社部门出台专门管理办法，对招聘对象范围、招聘程序、日常管理、补贴资金申拨等各环节进行统一规范。各县（市、区）人社部门和村（居）委会负责建立安置台账，动态掌握岗位新增、清退情况，对在公益性岗位就业的给予 200—800 元 / 人 / 月的岗位补贴。

📋 **案 例**

崇义县探索"弱劳动力＋公益性岗位"
托底就业扶贫模式

崇义县创新就业扶贫新举措，坚持"四个聚焦"抓好公益性岗位管理，实行包干责任制和集中统一调度制相结合的网格化管理模式，扶起弱劳动力。

聚焦岗位——因事设岗、因岗选人。科学设定岗位和选聘人员。针对年龄偏大、无技能、弱劳力、无资本、有负担无法外出就业的贫困人口就业问题，结合美丽乡村建设、人居环境整治等需求，整合行业部门资源，采取因事设岗、因岗选人的办法，开发了轻便体力、门槛较低、长期需求、就地就近的公益性岗位。通过村民代表会议拟定公益性岗位选聘对象，经村公示、乡镇审核、县人社局备案等程序，由乡镇与选聘对象签订协议。

聚焦管理——乡镇统筹、村级管理。由乡镇统筹岗位和人员安排，建立以行政村为单位的就业扶贫公益性岗位人员考核体系。比如，各村对农村保洁公益性岗位实行网格化管理，每个村民小组为一个网格，由一名公益性岗位人员承包，负责网格区域内的环境卫生。各村"两委"干部和第一书记共同负责日常调度与考核，村干部分片负责日常监督管理，统计上报专岗人员出勤和绩效考核情况。

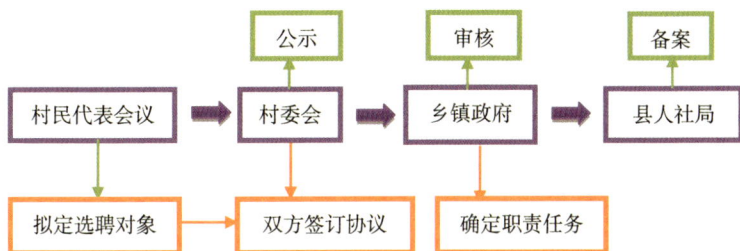

崇义县公益性岗位选聘对象及任务确定流程图

聚焦补贴——补贴提标、工作提效。针对原就业扶贫专岗存在的"不好管、管不好"问题，崇义县将岗位补贴由原来的每人每月300元提高到860元，其中基础工资360元、考核绩效工资500元。制定专门的考核管理办法，加强日常管理监督，规范完善就业扶贫公益性岗位台账，做到岗位协议与考勤考核相衔接、考勤考核与补贴发放相衔接、补贴发放与监督监管相衔接，确保补贴发放的真实性、准确性。如此，既调动了一部分有劳力、无负担的空闲专岗人员参与集中调度制的积极性，又兼顾了另一部分需要照顾老、小、病、残等有负担的专岗人员投入到包干责任制的积极性。

聚焦监管——内部指导、外部监督。建立指导员包干机制，加强内部指导。成立专业指导队伍。由县人社局负责人带队，抽调8名业务骨干为指导员，每名指导员负责包干2个乡镇，协助乡镇做好乡、村两级的就业扶贫公益性岗位管理，每季度开展2次以上的入户现场督导，发现问题及时反馈、限时整改。强化外部监督，建立不定期督导机制。将就业扶贫公益性岗位管理纳入全县精准扶贫督导重要内容，与脱贫攻坚工作一并部署、一并督导、一并落实，重点督导就业扶贫公益性岗位人员管理、补贴发放、工作成效等方面的情况，做到多角度监管。

第四节　启示与思考

就业扶贫作为最直接的脱贫方式之一，对贫困群众实现有稳定的收益、实现真正意义上的脱贫起着重要作用。赣州围绕为贫困群众创造就业机会、提高就业质量、增加就业收入等核心问题，进行了大量探索和实践。

一、实施就业扶贫必须坚持政府推动

习近平总书记指出："就业是最大的民生。"[1]这一民生工程，不容有

---

① 习近平：《决胜全面建成小康社会　夺取新时代中国特色社会主义伟大胜利——在中国共产党第十九次全国代表大会上的报告》，人民出版社2017年版，第46页。

失，更离不开地方政府的高度重视和有力推动。地方政府作为公共服务的提供者，在为贫困群众提供就业培训服务、搭建贫困劳动力与企业之间的需求衔接等方面，必须主动介入，动员有关职能部门和各方资源，积极搭建平台、畅通渠道、搞好服务。赣州通过出台政策文件，统筹协调各级各部门各行业的扶贫资源，健全完善就业岗位开发、劳务平台、资金整合、技能培训等政策支撑体系，形成了推进就业扶贫的多方保障机制，为推进就业扶贫提供机制保障。同时，通过开发生态保护、环境卫生、村庄道路维护及集体自然资源管护、失能老人服务、养老服务等公益性岗位，运用政府购买服务的理念和方式，给予现金或实物补贴，不仅促进贫困人口的就业和增收，同时也增加了村庄和当地的公共服务供给，促进了当地居民生态环境意识提升和乡村文化建设。

二、实施就业扶贫必须激发群众自主意识

扶贫同扶志相结合的深意在于，培育贫困地区和贫困人口的内生动力，激发贫困群众脱贫致富的内在活力，提高贫困人口的自我发展能力。赣州充分发挥市场配置人力资源的决定性作用，尊重企业用工自主权和劳动者就业意愿，促进人岗匹配。与此同时，在"扶贫不扶懒"的理念下，根据贫困户劳动能力强弱和主观意愿，探索转移就业、技术技能培训、创立扶贫车间、开设公益性岗位等多种就业扶贫模式，充分调动贫困户的就业积极性，有效解决了贫困治理中的福利依赖和负向激励问题。

三、实施就业扶贫必须坚持分类精准施策

精准施策和分类施策，是习近平总书记关于扶贫工作重要论述的

重要内容。赣州坚持因户施策，区分完全劳动力和弱劳动力、未就业贫困劳动力和已就业贫困劳动力等不同对象的就业需求，采取有针对性的帮扶措施。比如，探索以扶贫车间、农业基地、合作社等平台带动贫困户就业的模式；开发公益性岗位，为贫困户量身定制工作岗位的模式；发展脐橙、蔬菜、油茶、肉鸡等产业，吸纳当地贫困户就业的模式；政府主导创办、企业自主创办、能人返乡创办扶贫车间，链接众多贫困户就业的模式；等等。这些模式基本覆盖了各种贫困劳动力的不同需求，拓展了就业渠道，实现了有劳动能力的贫困群众都能充分就业，不仅促进贫困户就业增收，同时也推动乡村产业发展。

第 五 章

织牢安全住房防护网，
扎实推进安居扶贫

习近平总书记强调，要让全体人民住有所居。住房是安身之本，改善和提高居住水平是广大农村居民的迫切期望。进入脱贫攻坚新阶段，赣南老区仍有不少群众居住在透风漏雨的土坯房中，住房安全难以保障，成为脱贫攻坚中的"最短板"。赣州充分释放《若干意见》政策效应，大力推进农村危旧土坯房改造、易地扶贫搬迁工程，在全国率先提出并建设农村保障房，通过"交钥匙"的方式，兜底解决无劳动能力、无经济能力的特困群体住房难题，织密织牢贫困人口安全住房防护网。安居扶贫工程成为赣州脱贫攻坚的标志性工程之一。

第一节　推进土坯房改造，
实现"居有所安"

作为全国著名的革命老区，赣州曾为中国革命作出了重大贡献和巨大牺牲，但一直以来，经济欠发达、后发展，交通、能源等基础设施建设相对滞后，群众生产生活尤其是住房水平仍然较低。"十一五"

时期，赣州农村的土坯房仍随处可见，存在较大安全隐患。2012年6月，《若干意见》出台实施，明确提出要优先实行改善民生的政策，尽快完成农村危旧土坯房改造，促进城乡统筹发展。赣州以此为契机，准确把握方向和节奏，积极支持农村危旧土坯房改造，实施赣州历史上规模最大的农房改造工程，共完成农村危旧土坯房改造69.52万户，近300万农民告别了透风漏雨的危旧土坯房，红军和烈士遗属遗孀及后代全部住上新房。在危房改造工作中，赣州合理界定危房改造实施范围、补助对象及补助标准等，确保各项工作有序进行。

一、改造范围

规定改造范围为赣州农村地区，各地城市规划建成区范围内不予实施危房改造，风景名胜区要按照景区规划管理要求实施，同时，必须符合土地管理法关于农村宅基地使用权分配及使用的规定。

二、改造对象

改造对象必须是户口为农村地区、家庭经济困难、住房困难的居民。

第一，根据经济贫困程度分为四类：建档立卡贫困户、分散供养特困人员、低保户、贫困残疾人家庭。分别由扶贫、民政、残联等部门根据各自职能认定。

第二，根据住房情况分为危房户和无房户。危房户是指，其自有住房经技术鉴定为C、D级危房（D级为整栋危房，C级为局部危房），且无其他自有房屋的农户。房屋危险程度鉴定，由县级住建主管部门根据《江西省农村危险房屋鉴定要点》，结合实际制定简明易行的农房安全鉴定办法，组织人员培训后逐户开展房屋安全鉴定。无房户指无自有房屋的农户，由农户申报、村级评议、乡村两级公示等措施认定。

三、改造方式

拟改造的农村危房经鉴定为 D 级危房农户和无房户的，应安排新建；鉴定为 C 级危房的，必须维修加固（拆除新建的不得安排补助）。新建房屋坚持就地就近建设，并以分散分户改造和农户自建为主，也可选择在集镇建房。农村危房改造建房户较多的地方，可规划集中建房。自行实施改造确有困难的，可通过政府和村集体实施代建或"交钥匙工程"，或者统建农村集体公租房、修缮加固现有闲置公房、置换或长期租赁村内安全的闲置农房等方式，兜底解决自筹资金和投工投料能力极弱等特别贫困户的住房安全问题。

同时，赣州作为客家摇篮和客家人的主要聚集地，多年来，已经形成自己独有的文化特质和独特的民俗风情，创造了优秀的客家文化和客家民居。为传承弘扬传统文化，在推行危房改造过程中，设计和建设了一批带有传统客家元素和符号的民居建筑，以便更好传承和发扬赣南客家传统特色建筑文化。

四、审核流程

按照公平公开公正原则，对开展危旧土坯房改造进行审核。

（一）户主自愿提出申请

符合农村危旧土坯房改造条件的家庭，由户主自愿向所在村委会提出书面申请，并提供申请书、户口簿、身份证、农村五保供养证、低保金领取证、贫困户证明、调查摸底登记表和危旧土坯房照片等材料，核验后留存建档。

（二）村委会集体评议

村委会接到农户申请后，召开村民会议或村民代表会议进行民主评议，议定是否属于补助对象、是否属于首批改造对象，并在村务公开栏予以公示。经评议认为符合补助对象条件，且公示无异议的，填写相应的建房申请或住房维修表格；属于新建房屋的，签订拆旧建新协议，一并上报乡（镇）政府。对经评议或公示存在异议、经复核不符合农村危旧土坯房改造补助对象条件的，及时向申请人说明理由。

（三）乡（镇）政府审核

乡（镇）政府接到村委会的申报材料后，对经审核符合条件的，确定补助标准，由乡（镇）政府签署意见，报县（市、区）农村危旧土坯房改造工作领导小组办公室。对于不符合条件的，乡（镇）政府将申报材料退回所在村委会，并书面说明原因。乡（镇）政府审核结果在乡务、村务公开栏进行公示。

（四）县（市、区）审批

县（市、区）农村危旧土坯房改造工作领导小组办公室接到乡（镇）上报的材料后，进行审核，对符合补助对象条件的，予以审批，并根据专业技术人员对住房危险程度作出的鉴定意见，核定补助标准。对不符合条件的，不予以审批，并书面说明原因。审批结果在乡务、村务公开栏进行张榜公示，公示内容包括户主申请提出的所有材料及审批结果。

（五）开展竣工验收

农村危旧土坯房改造竣工后，由县（市、区）农房部门会同发改、财政、规划建设、民政、扶贫和移民等相关部门，对翻建新建、修缮加固的住房进行全面核查验收。

五、补助标准

根据不同对象类型、改造方式等情况，制定差异化政策。例如，2019年度4类重点对象的分类补助标准为：新建房屋的，对建档立卡贫困户和分散供养特困人员，每户补助不低于2.2万元；对低保户，每户补助不低于2万元；对建档立卡贫困户、低保户、分散供养特困人员3类对象具有残疾人身份的贫困残疾人家庭，每户可在上述补助标准的基础上，按不低于2000元标准增加安排补助资金；确无经济能力和劳动能力的，列为重点帮扶对象，进一步提高补助标准，必要时采用"交钥匙工程"等兜底保障方式，切实解决最基本的住房安全问题。对维修加固房屋的，每户补助不低于5000元。传统村落、历史文化名镇名村和其他风貌管控重点区域的维修户，补助标准可根据当地实际情况酌情提高。

农村危旧房改造是为改善民生、加快城乡一体化进程作出的一项重大决策，也是保持社会稳定、密切党群关系的重要民生工程。赣州通过大规模实施农村危旧土坯房改造工程，迅速改善了农村贫困群众

瑞金华屋村旧貌

瑞金华屋村新貌

的居住条件，极大改变了乡村面貌，为解决住房保障难题、打赢脱贫攻坚战奠定了坚实基础。同时，赣南老区群众实现了祖祖辈辈期盼已久的"安居梦"，党委、政府的公信力显著提升，党群、干群关系更加密切。

📋 **案 例** ————————

安远县危房改造实践

安远县为实现"两不愁三保障"中的住房保障目标，帮助农村住房困难户圆"安居梦"，通过就地改建、维修加固及建设农村保障房等新建改造方式，使困难群众的基本居住条件不断改善，实现农村住房保障、困难群众获得感"双提升"。2016年实施就地改建1579户，2017年实施就地改建908户、维修加固21户，2018年解决特殊困难群体安全住房1414户。

一、制定相关政策及工作方案

2016年以来，安远县先后制定了《全面推进2016年农村贫困户危房改造实施方案》《2017年农村危房改造补充实施方案》《关于解决农村特殊困难群体安全住房问题有关事项的通知》等30多份关于农村危房改造及保障房建设的相关政策文件，明确了农村危房改造工作的任务、目标和措施，从顶层设计方面为进行危房改造提供了制度文件，为落实危房改造工作指明了方向。

二、健全组织提供制度保障

安远县委、县政府高度重视农村危房改造工作，成立工作领导小组推动农村危房改造工作，研究解决各类疑难杂症；各相关职能部门各司其职，明确责任分工，建立了联合工作机制。同时，开展专项督查，推动工作常态化，建立农村危房改造工作督导制度，制定考核验收办法，组织人员对农村危房改造（包括农村保障房建设）等工作进行督查，把农村危房改造工作列入精准扶贫每季度大比武的重要考核内容，对18个乡（镇）采取流动现场会的形式进行考评，对前三名的乡（镇）予以表彰，考评列后三名的乡（镇）代表在大会上作表态发言，为开展农村危房改造工作提供制度保障。

三、规范使用建设资金

安远县深刻认识到使用好农村危房改造资金的重要意义，将此项工作摆在更加突出的位置做实、做细、做好。对照上级有关农村危房改造资金管理规定，确保资金在规定范围内使用的前提下，与农户建房的实际需求相结合，把涉农资金整合到农村危房改造建设资金中，实现多渠道入池、一个口子放水，提高县级配套标准，确保改得好、有保障。在实际建设过程中，2016—2018年，平均给予每户建档立卡贫困户就地改建补助4万元。非建档立卡贫困户中有意愿建房的无房户或"一户一宅"土坯房户进行改造的，对无房户给予4万元补助，对"一户一宅"土坯房户给予2万元补助，确保县域内所有困难群体都有安全的住房且住得安心。

第二节　实施易地扶贫搬迁，帮助贫困
群众"挪穷窝""换穷业"

习近平总书记指出，移民搬迁是脱贫攻坚的一种有效方式。易地扶贫搬迁通过人口的空间转移，破解"一方水土养不起一方人"的发展困境，打破贫困陷阱圈落，实现群众脱贫致富与保护生态环境相统一。赣州坚持把易地扶贫搬迁作为造福子孙后代的重要民生工程和精准扶贫十大项目之一，围绕"搬得出、稳得住、能致富"的目标，既抓安居，又抓乐业，分类指导，精准施策，通过进城进园、进乡镇、进中心村三级梯度安置，让贫困群众彻底"挪穷窝"。截至2019年年底，"十三五"期间，赣州共实施易地扶贫搬迁建档立卡贫困户17785户73918人，投入资金42.69亿元；建设集中安置点334个，集中安置15080户64741人，分散安置2705户9177人，约占江西省"十三五"易地扶贫搬迁总量的55.2%，是江西省搬迁规模最大、任务最重的设区市。同时，加大对易地扶贫搬迁建档立卡贫困人口的后续扶持力度，实现搬迁移民生计重建与发展同步。

一、坚持规划引领，严守搬迁对象精准的"界线"

牢固树立"易地扶贫搬迁是脱贫搬迁"的理念，加强规划衔接，做到与赣州国民经济和社会发展"十三五"规划、土地利用总体规划、产业发展规划以及国家、江西省相关政策相衔接，充分听取群众意见，做细做实易地扶贫搬迁规划和实施方案，把脱贫目标贯穿易地扶贫搬迁全过程，确保规划、搬迁、标准、举措全面聚焦脱贫。明确搬迁对象必须是深山、库区和地质灾害、地方病多发等生存环境恶劣，不具备基本发展条件，以及生态环境脆弱、限制或禁止开发区的农村自然村或居住点的建档立卡贫困人口及同步搬迁人口，严把标准关。按照"政府引导、群众自愿"的原则，由农户申请、村委会初审、乡镇审核、张榜公示、县级审批等程序确定搬迁对象，做到公开公平公正、阳光操作。

二、严格建设标准，严守人均住房建设面积的"标线"

安置住房建设严格执行国家发展改革委、国务院扶贫办《关于严格控制易地扶贫搬迁住房建设面积的通知》要求，建档立卡贫困户人均住房建设面积不超过 25 平方米。特别是分散安置"一户一宅"建房的，不得变相扩大住房面积，不得提高建设标准，可在分配的宅基地预留续建空间，由搬迁户根据以后的自身能力自主决定是否扩建。享受政策的建档立卡搬迁户，在未稳定脱贫前，不得自主举债扩建。对建设兜底安置住房的，要以砖混结构的小户型为主，并配建水电设施、搞好简单装修等，保证基本入住条件。

三、科学制定补助标准，严守搬迁不举债的"底线"

统筹财政涉农资金用于易地扶贫搬迁，明确建档立卡贫困人口户均自筹资金控制在 1 万元以内，确保不因搬迁建房造成举债而影响脱贫。

（一）建档立卡贫困人口每人补助不低于 2 万元，其中，0.7 万元由中央预算内专项资金安排，0.1 万元由江西省财政专项扶贫资金补助

在此基础上，由县级从投融资平台的信贷资金中再给予补助，补助标准为每人不低于 1.2 万元。集中供养安置或兜底住房安置的，由乡镇与搬迁户签订协议后，资金可拨付代建单位。同步搬迁的移民（脱贫）对象每人补助 0.8 万元，由江西省财政专项扶贫资金补助。

（二）县级设立易地扶贫搬迁投融资实施主体

江西省设立易地扶贫搬迁投融资主体，负责按人均 3.5 万元的标准，向农发行江西省分行、国开行江西省分行等政策性银行融资信

贷。政策性银行提供中央贴息 90% 的长期低息贷款支持，以及政府债券人均 0.975 万元和基金人均 0.5 万元融资。县级易地扶贫搬迁投融资实施主体，根据江西省易地扶贫搬迁年度安排计划，采取政府购买市场服务的形式，按照统贷统还的方式，由政府注入项目资本金，并依据县级政府购买服务协议，向江西省扶贫搬迁投融资主体进行融资。

四、创新搬迁模式，推行县乡村三级梯度安置

坚持"挪穷窝、换穷貌、改穷业、拔穷根"并举、安居与乐业同步，实行以进县城、进工业园区和进乡镇安置为主，进中心村安置为辅的三级梯度安置，原则上将搬迁对象一次性安置到县城、工业园区和乡镇。

（一）县城或工业园区安置

引导有劳动能力，尤其是已经有家庭成员在县城或工业园区务工的搬迁对象，到统一建设的县城或工业园区集中安置点进行安置。

（二）乡镇安置

对要求留在乡镇政府所在地安置的搬迁对象，在乡镇集中安置点安置。

（三）中心村安置

对没有离村意愿的搬迁对象，在中心村或旅游村集中安置点安置。

📋 **案　例** ——

石城县易地扶贫搬迁铜锣湾集中安置小区

石城县在"十三五"期间实施易地扶贫搬迁的建档立卡搬迁

户为 635 户 2889 人，其中有 546 户 2512 人"进城进园"安置于县城铜锣湾集中安置小区，"进城进园"集中安置的占石城县总搬迁人口的 87%。

为建立完善小区社会管理、公共服务以及社会保障等，切实解决移民户的后顾之忧，全力打造幸福宜居综合小区，小区专门设立铜锣湾社区居委会、社区党支部和便民办事窗口，全面落实搬迁群众的相关保障政策；通过公开招聘 5 名责任心强、热心社会公益事业的群众担任社区干部（其中 1 名为搬迁贫困户），为小区搬迁群众在政策咨询、宣传教育、后续帮扶、政策落实、后续管理等方面提供了有效支撑，让社区搬迁群众有了"主心骨"和"领路人"。社区党支部充分发挥社区党组织的战斗堡垒作用和党员的先锋模范作用，积极宣传党的各项方针政策，定期开展党组织活动，教育引导搬迁群众感党恩、听党话、跟党走。引进专业的物业管理公司，实行楼号网格化管理，推行楼长工作制，

石城县易地扶贫搬迁铜锣湾集中安置小区

将自我管理和自我服务结合，促进楼栋、楼层居民交流，营造守望相助的邻里关系。由小区内业主选举产生业主委员会，与业主、物业服务企业做好沟通；同时，小区物业管理实行市场化运作，由小区社区居委会、业主委员会负责。加强社会管理并提供必要的公共服务，落实日常安全管理、医疗保障、土地山林权益管理、教育管理、交通管理和体育设施、就业管理、相关社会保障等服务，特别是全面落实就业扶贫各项保障政策，与园区企业合作，通过集中教学、以工代训、"雨露计划"等多种形式，将参加培训的300多名搬迁户培训成了一批又一批的车工、电焊工、家政服务员、电商等技术人员，为他们逐步致富提供了保障。

五、坚持精细化操作，高标准建设集中安置点

坚持在"搬"字上下功夫、在"稳"字上做文章，落实先勘察、后设计、再施工的管理程序，提升集中安置点建设水平。

（一）科学选址

坚持高标准、高要求，拿出黄金地段建设集中安置点，尽可能满足群众的长期发展和生活需要，并有利于区域经济发展和生态文明建设。

（二）规划设计

根据搬迁安置规模统一规划，依据搬迁贫困户的家庭人口，按照人均住房建设面积不超过25平方米设计多种房屋户型。

（三）配套设施

按照"高起点规划、高标准建设"的要求，根据现代化综合社区的要求，完善相关配套设施和配套功能，做到"六通一平"和"四化"，即通给水、通排水、通电、通路、通讯、通燃气，以及场地平整和硬化、绿化、美化、亮化。

（四）项目实施

落实项目法人制、工程招投标制、工程监理制、工程合同制，对项目予以公告公示，并严格履行地勘、环评等程序，坚决把好安全关、质量关。

（五）统规统建

严格执行易地扶贫搬迁政策，强化政府统规统建、集中安置，严格控制分散安置和统规自建，根据搬迁贫困户的家庭人口设计房屋户型。即使因特殊情况没有实施政府统规统建的，也由县级实施主体进行评估后，用扶贫搬迁融资资金进行回购，统一简单装修，确保搬迁户人均住房建设面积人均不超 25 平方米、户均自筹不超 1 万元搬迁入住。2016—2018 年，赣州搬迁贫困户"进城进园"、进乡镇集中安置 12958 户 56980 人，集中安置比例高达 77%。15 个县（市、区）实施了"进城进园"项目，已建成"进城进园"安置点 33 个，安置建档立卡贫困户 5450 户 24761 人，安置比例为 33.5%；并建成乡镇安置点

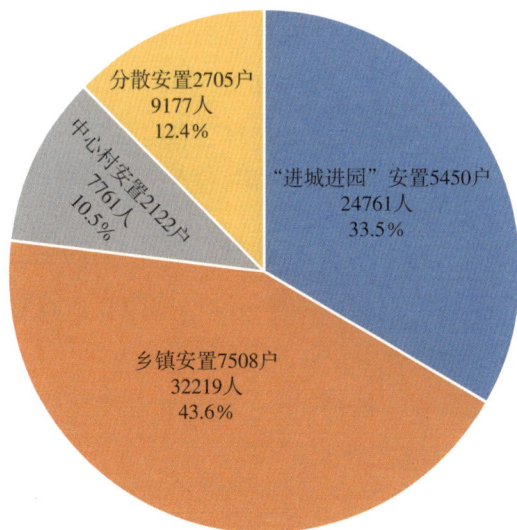

赣州市"十三五"期间易地扶贫搬迁安置比例图

分散安置2705户 9177人 12.4%

中心村安置2122户 7761人 10.5%

"进城进园"安置5450户 24761人 33.5%

乡镇安置7508户 32219人 43.6%

176 个，安置建档立卡贫困户 7508 户 32219 人，安置比例为 43.6%；还建成中心村安置点 125 个，安置建档立卡贫困户 2122 户 7761 人，安置比例为 10.5%。

六、抓实后续帮扶，巩固搬迁成果

明确搬迁只是手段，脱贫才是目的，决不能为搬而搬、一搬了之，后续扶持要跟上。为防止"重搬迁、轻脱贫"，赣州出台《进一步加强易地扶贫搬迁后续扶持工作的二十五条措施》，坚持分类施策，重点围绕产业就业等后续扶持措施，对三级梯度安置模式下的搬迁对象有针对性地提出解决方案和措施，不断提升易地扶贫搬迁脱贫成效，保证搬迁户稳定脱贫。

（一）加强督促引导，稳步推进搬迁贫困户早日入住

严格履行房屋安全质量鉴定和项目竣工验收流程，在确保工程质量的前提下，所有项目完成竣工验收后，2019 年 12 月底前全部实际搬迁入住。

（二）落实政策措施，确保搬迁贫困户搬迁不失监管

压实驻村工作队和第一书记责任，落实"一对一"干部结对帮扶，做细做实搬迁贫困户的帮扶工作。鼓励创新帮扶模式，安排安置点社区组织或社区干部就地就近帮扶，防止出现搬迁贫困户"两不管"现象。落实搬迁贫困户迁出地与迁入地医疗、教育、社会保障等基本权益的过渡衔接，解决户口迁移、子女入学、养老低保等问题。关注残疾人、孤寡老人、精神病人、长期患病者等特殊困难群体，及时解决临时性、突发性生活困难。

（三）坚持分类施策，扎实推进产业就业等后续扶持

在逐户逐人落实教育、医疗、保障等精准扶贫政策的基础上，重

点突出就业产业扶持，根据安置点类别、安置规模、区域条件等不同情况，有侧重点地分类推进产业发展、转移就业、扶贫车间、公益岗位、创业支持等后续扶持措施。

1. 对于"进城进园"集中安置点搬迁贫困户。以转移就业为主要途径，依托县城及工业园的就业优势，实现有劳动力的搬迁贫困家庭每户至少1人就业。对有创业意向的搬迁贫困户，给予安置点周边商铺租赁优先、租金减免等就业扶贫政策优惠。根据市场需求和搬迁贫困户意愿，统筹各相关部门及用工企业就业培训资源，结合"雨露计划""阳光工程"，定期开展车工、水电工、汽修工、厨师等技术型和家政护工等服务型培训以及"送岗进点""送岗入户"活动。

2. 对于乡镇集中安置点搬迁贫困户。推行"微田园"模式，在乡镇安置点周围规划流转土地，按需分配给搬迁贫困户用于种植蔬菜等自供自给需求。有条件的在安置点附近流转土地，建设一定规模的蔬菜大棚或其他农业特色种养基地，为搬迁贫困群众就地就近从事生产劳动创造条件。根据当地产业优势和发展特点，采取龙头企业、专业合作社产业对接方式，定向开展种、养、加、商等产业培训；对有创业意愿的搬迁贫困户，积极给予创业指导和政策扶持。

3. 对于中心村集中安置点搬迁贫困户。因地制宜发展蔬菜、脐橙、油茶、白莲、养殖等特色优势产业基地，在安置点周围流转一定规模的土地，用于发展蔬菜、食用菌等特色种养基地，为搬迁贫困户就近就业提供场所；对有产业发展需求的搬迁贫困户，通过反租倒包等形式划转耕地、林地或蔬菜大棚给予产业扶持。

截至2019年年底，赣州已建立后续扶持台账17785户73918人，并建立16—65岁劳动力就业信息库37688人，占总人数的50.9%。其中，自主创业1555人，占劳动力总数的4.1%；发展产业12429人，占劳动力总数的33%；就业务工31904人（这当中，产业基地就业

921 人、转移就业 13426 人，扶贫车间 166 个、就业 728 人，公益性岗位就业 2698 人），占劳动力总数的 84.7%。资产性收益分红 4696 户，占总户数的 26.4%；政策兜底 18046 人，占总人数的 24.4%。在安置点周边建设了 150 个产业基地，吸引 602 名搬迁劳动力务工，有 67 个"微田园"为 2040 户搬迁户提供蔬菜耕种需求，实现了蔬菜的自用自给。引导移民搬迁群众发扬自力更生、艰苦奋斗精神，克服"等靠要"思想，用自己的双手勤劳致富，创造美好幸福的生活。

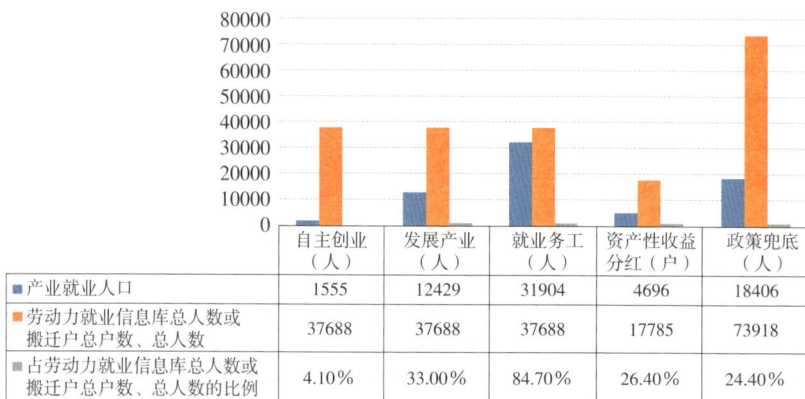

	自主创业 （人）	发展产业 （人）	就业务工 （人）	资产性收益 分红（户）	政策兜底 （人）
■ 产业就业人口	1555	12429	31904	4696	18406
■ 劳动力就业信息库总人数或 搬迁户总户数、总人数	37688	37688	37688	17785	73918
■ 占劳动力就业信息库总人数或 搬迁户总户数、总人数的比例	4.10%	33.00%	84.70%	26.40%	24.40%

赣州市"十三五"期间易地扶贫搬迁产业就业情况

注：根据后续扶持措施，有的搬迁贫困户家庭既发展了产业，又有就业务工，家庭拥有多重收入。

📋 **案　例**

易地搬迁靠政府，勤劳致富靠双手

——瑞金市易地扶贫搬迁户脱贫致富典型事迹

走进瑞金市经济开发区"梦想家园·红都新城"易地扶贫

搬迁集中安置点，听到最多的话是："如果没有党的易地扶贫搬迁好政策，我们仍生活在山沟里。现在，政府帮助我们实现了'安居梦'，我们的生活越来越好了。""十三五"易地扶贫搬迁工作实施以来，瑞金市不仅把"搬得出"做好，而且把"稳得住、能致富"做到位，采取各种措施激发搬迁贫困户的脱贫主动性，提升他们自我发展的内生动力，涌现了一批"易地搬迁靠政府，勤劳致富靠双手"的代表。日东乡赣源村的范宜清，便是这些代表中的一位佼佼者。

范宜清，男，1957年6月生，日东乡赣源村大坪脑小组建档立卡贫困户，家庭人口5人。妻子李来发秀患有乳腺癌，大女儿范冬秀在深圳务工（当年曾招了一个上门女婿，后于2014年离婚），二女儿范辉英在厦门务工，外孙女龙靖奇还在上小学。

范宜清搬入新居后，每次谈起他的新房，总会无比欣喜地说："我得感谢乡、村和结对帮扶干部，更得感谢党的易地扶贫搬迁政策。正是有这些干部的帮助和引导，以及党的政策帮扶，我才这么快就住上了新房，改善了居住条件，摆脱了贫困状况，实现了家门口就业，走上了脱贫致富之路。"

从无房到小区，实现"安居梦"。范宜清一家人原在赣源村最偏远的大坪脑小组，有一处兴建于20世纪70年代的一层土坯房，因年久失修，于2016年将老房子拆除后，一直租住在日东乡湖洋村下屋小组。租住的房子只有30多平方米，家中人口又多，无法满足正常的住房需求。范宜清最大的愿望就是有一套属于自己的房子，一家人能其乐融融地生活在一起。2016年，帮扶干部向范宜清宣传易地扶贫搬迁政策。经过仔细分析，他完全符合易地扶贫搬迁安置条件，乡、村两级干部马上着手为其申报政策落实。经过1年的等待，新房子按时实现交房。按照政策补助标准，范宜清申请了 81.17 平方米的安置房，房屋总价109579.5 元，政府补助 10 万元，范宜清个人只出资 9579.5 元即实现了入住新房的梦想。如今，范宜清一家人终于在梦想家园实现了自己的"安居梦"。坐在新房里，范宜清告诉帮扶干部："真的像做梦一样，从来没想过有一天能花 1 万元不到就拥有一套属于自己的房子，真诚地感谢党和政府的好政策。"

从贫困到脱贫，实现致富梦。在精准扶贫工作开展之前，范宜清一家的收入主要来源于他的两个女儿和他本人，但两个女儿都还年轻，又没什么技术，收入也不高，在外面开销较大，一年到头基本没几个钱能寄回家，家庭开支还是靠范宜清在瑞金范围内打零工来支撑。加之，范宜清的爱人李来发秀在 2016 年查出患有乳腺癌。为了治病，除报销外，一年到头要花销 10 来万元。一家人生活过得极为拮据，负债累累。考虑到自己年老之后的生活，范宜清极为苦恼：他没有儿子，两个女儿又不会赚钱，还要给老婆治病，老了之后，不知道靠什么养活自己和小外孙女。2016 年，瑞金市政府出台了大量的产业扶贫政策。范宜清原来就做过小生意，素有经济头脑，了解政府的扶贫好政策后，立即向帮扶干部提出，想要通过发展产业实现致富梦想，为自己以后的生活打点基础。帮扶干部针对范宜清的家庭实际情况，提出发展养鱼产业的路子，经过多番调查，最终选定在他原来租住的湖洋村下屋小组搞养殖。乡、村两级干部说干就干，一方面帮助范宜清申请了 5000 元的产业奖补资金和 5 万元的产业贴息贷款，另一方面帮他流转养殖水面并联系专家提供技术指导。很快，30 亩水面的鱼苗就实现了下水养殖。在范宜清的悉心照料下，2016 年冬，第一批鱼上市即获得亩均纯收入 4600 元的好收成，为范宜清创造了 13.8 万元的经济效益，不仅还清了以前欠下的债务，还一举摘掉了贫困帽。

（四）强化社区管理，帮助搬迁户尽快融入社区生活

在"进城进园"安置点设置移民社区服务中心，配备 3—5 名专（兼）职管理人员；在乡镇安置点设置社区移民服务站，抽调 2—3 名乡（镇）政府或居委会干部专（兼）任管理人员；在中心村安置点设置移民服务工作岗，由村扶贫专干兼任管理人员。经费来源列入财政预算，或从安置点资产收益中解决。完善社区配套功能建设，建立与有关部门的工作对接，提供产业、就业、医疗、教育、保障等信息发布、政策咨询服务。综合考虑搬迁安置点的服务半径、地理条件、安置规模等因素，同步完善安置点的幼儿园、卫生服务站、文体活动中心、平价超市等配套服务设施建设。

根据集中安置点的党员数量，合理设置社区基层党组织和活动场所，在当地党委的领导下开展党组织活动。凡正式党员人数达到 3 人以上的，可以设立党支部或党小组；凡正式党员人数超过 50 人的，可以设立党总支。截至 2019 年年底，赣州 334 个集中安置点已建立社区服务中心 153 个（其中有 8 个安置点由同一个社区管理），纳入所在地村（居）委会管理 173 个，落实专（兼）职管理人员 905 人，并在 16 个社区建立了党组织。

📋 **案　例** ————

于都县贡江镇上欧思源易地扶贫搬迁安置点完善社区服务

于都县按照县城（工业园）、中心镇、中心村三级梯度安置模式，大力实施易地扶贫搬迁工作，打造了贡江镇上欧思源社区易地扶贫搬迁安置示范点。该社区位于县工业新区，占地面积

100 亩，总投资 2.3 亿元，建设贫困户安置房 816 套，建筑面积 9.3 万平方米，安置贫困人口 3722 人。

一、不断完善社区基础设施

为方便居民生产生活，社区设有公办幼儿园、卫生服务中心、物业服务中心、文化书屋、老年人活动室、便民超市等基础设施。社区党支部按照"党建＋扶贫，扶贫促党建"的工作思路，从队伍建设、阵地建设、资源优化、服务群众等 4 个方面全力推进，整合各方资源，成立精准扶贫（就业）服务岗、全国劳模钟万祯服务岗、社区事务服务岗、社区警务服务岗等 4 个服务岗，给群众提供一站式服务平台。

二、积极提供就业创业服务

社区服务中心动态掌握社区内搬迁安置群众的生产生活状况，根据居民不同的技能、文化水平，及时有针对性地提供就业信息、技能培训等服务，并与园区用人单位对接，做好群众的跟踪管理和服务，解决好他们的"进城入园"难题。到目前为止，社区已有 375 人在园区就业，24 人自主创业。比如，贫困户党员王书荣搬到思源社区时，一时不知从哪儿创业致富。社区党支部建议他开办小超市，通过与上级部门协调，帮助他顺利创业，并聘请了 2 名营业员，年收入有 20 万元左右。残疾居民杨流生搬进社区之后为工作发愁。根据他懂制衣的特长，社区党支部为杨流生夫妻俩介绍厂家、提供货源。夫妻二人在家进行生产作业，每个月保持 8000 元收入。

三、注重解决社区居民就学就医难题

为方便社区孩子就学，在社区内设有示范幼儿园，周边还配套有九章路小学及于都八中、服装学院，近年来，累计为社区 600 多名孩子解决了就学问题。为方便社区居民就医，在社区门口设有社区卫生服务中心，为社区需筛查"两癌"的妇女及贫困户体检、慢性病认定等提供了便利，真正解决了就医难、就医远的问题。

四、持续开展各类活动

近年间，累计在春节、元宵节、"三八"妇女节、端午节、"六一"儿童节、中秋节、重阳节、国庆节等节日，组织开展"我们的节日"等大型活动 20 多次。通过开展形式多样的活动，增强了居民参与社区的互动性、建设社区的积极性，提高了居民的道德素质和文化素质。同时，根据季节变化，及时与医院对接，开展健康体检等健康保障服务活动，为 600 多户近 3000 名居民建立了健康档案。

五、坚持为居民排忧解难

建立详细的居民信息台账，对 596 户建档立卡贫困户、68 户贫困残疾人家庭、空巢老人和留守儿童等人群进行有针对性的帮扶；资金救助贫困家庭 32 户，金额为 1.9 万元；捐赠棉被、棉衣、棉裤、暖手宝、围巾等过冬物品 583 件，风扇 36 个；为贫困儿童发放书包、文具、书籍等 200 多人次；为 109 人解决生产生活中遇到的各种困难和问题。同时，积极深入群众，接受群众诉求 600 余次，处理各类矛盾纠纷 90 多起。例如，根据群众反映的社区内外车辆乱停乱放、商贩无序经营现象，以及翡翠园施工扬尘、噪声、垃圾池等问题，社区联合物业服务公司、城管等部门，规划停车位，搬迁临时菜市场，并与翡翠园施工方沟通协商，解决群众反映的问题。

第三节　兴建农村保障房，兜底特困群体住房安全

　　农村保障房建设是赣州落实上级精准扶贫方针政策的创新举措，是解决农村最困难群众基本住房安全问题的重要手段，也是实现"两不愁三保障"的重大民生工程之一。为有效解决特困农户的基本住房安全问题，2016 年 6 月，赣州在全国率先提出并实施农村保障房建设，将保障房由城镇延伸至农村，通过"交钥匙"的方式，由政府出资，就地就近统一建设一批产权公有、经济适用的农村保障房，贫困户直接拎包入住，兜底解决农村特困群体的住房安全问题。2016—2019 年，累计建成农村保障房 17371 户（套），安置对象顺利搬迁入住。农村保障房建设，延伸了住房保障的广度和深度，提升了住房保障的实际实施效果，进一步改善了特困群众的生产生活条件。

一、明确实施对象

　　专门出台《赣州市农村保障房建设工作实施方案》，规定农村保障房建设实施范围为全市农村地区；对象为无经济能力或无劳动能力的危房户或无房户，且确实需要政府兜底解决住房保障问题的特困人群。主要包括：农村建档立卡贫困户、分散供养特困人员、低保户、贫困残疾人家庭等四类重点对象，以及符合农村危房改造政策要求的军队退役人员和工矿区、农垦区、林垦区等地区的特困人员。

二、多措并举安置

在安置方面，主要采取 3 种模式，既有集中安置，又有就地就近分散安置。一是在圩镇、中心村集中新建保障房安置；二是在村小组相对集中或分散新建保障房安置；三是通过盘活置换方式，购买闲置的安全农房或对闲置的校舍、厂房、村部等房屋修缮改造后进行安置。

三、严格审批流程

在对农村保障房安置对象的审批、认定工作中，坚持公开公平公正原则，并按照农村危房改造对象审批要求，执行农户自愿申请、村民会议或村民代表会议民主评议、乡镇审核、县级审批的规范化操作程序。建立健全公示制度，安置对象基本信息和各审查环节结果在村务公开栏公示，实行全过程阳光操作，全面接受群众监督，确保流程规范、过程公开透明。

四、科学规划选址

履行规划和土地审批程序，落实乡村建设规划许可证发放和管理措施，确保农村保障房建设符合乡村建设规划和土地利用总体规划。充分尊重群众意愿，优先选址在区位优势好、人口集中、交通方便的地方，或"空心房"拆除原址、村内空闲地、闲置宅基地和老宅基地进行建设。坚持做到"两个避开"，即避开洪水淹没、滑坡、山洪、泥石流、地震断裂带等地质灾害多发地段，避开各类地下资源采空区和重度污染区，确保建设安全房。在方案设计上，设计了 3 种面积标准共 9 个农村保障房户型方案，体现赣南特色风格。在设施配套上，对于3户以上的农村保障房集中建设点，编制保障房建设规划，对水、电、路等设施进行合理安排。

五、注重经济适用

从农村实际出发，制定建房标准，充分考虑农村住房基本功能齐全，严格控制建房面积和标准。家庭人口是1—2人的，每户住房建筑面积控制在35平方米左右；家庭人口是3—4人的，每户住房建筑面积原则上不超过60平方米；家庭人口在5人以上的，每户住房建筑面积原则上为人均15平方米。上述面积中，家庭人口属于两代人合居的，住房面积可适当增加5平方米左右；家庭人口属于三代人合居的，住房面积可适当增加10平方米左右。

六、统一建设管理

在总结前几年危房改造工作经验的基础上，积极探索农村保障房建设安置模式，采取"交钥匙"的方式，由政府统一兜底代建、统一装饰装修、统一完善设施。

（一）强化项目和资金管理

农村保障房由乡镇政府组织有资质的企业施工，乡镇组织人员进行工程验收，县级进行抽查。项目验收合格后，将项目补助资金拨付至乡镇。

（二）严格把控建筑质量

明确农村保障房建房标准要高于一般农户自建房标准，房屋地基要扎实，承重墙采用"240墙"，门窗有过梁，非框架结构的农村保障房必须有构造柱，水泥、钢筋、砂浆、砌砖和抗震设防等要符合有关部门的要求。

（三）明确装饰装修标准

室内进行简单装修，铺好水泥地面，内墙面粉白，入户安装普通防盗门，户内安装木制门，并安装符合节能标准的普通窗户、照明设施、卫生洁具，水、电分户计量，配置柴、气两用灶和桌、椅、床；室外装修装饰力求经济、简洁、美观，体现客家特色风格，做到既经济、简洁，又实用、美观，基本实现拎包入住。

（四）注重加强长效管理

农村保障房原则上是独立的建筑，不得与任何私有房混合，避免产权不清晰。建立农村保障房进入与退出措施，落实属地管理人员、责任与经费，形成规范、长效的管理制度。严格执行"一户一宅"、建新拆旧政策，对选择入住农村保障房安置的，乡镇负责收缴其原有房屋的土地使用证和产权证等证书，并监督拆除旧宅。

（五）统筹解决资金来源

统筹整合中央和江西省的农村危房改造补助等资金，市级财政累计使用赣南等原中央苏区新增补助资金4亿元用于支持农村保障房建设，不足部分由县、乡两级财政兜底解决。同时，整合新农村建设、农村饮水安全、农村电网改造、农村公路建设、农村环境综合整治等涉农资金，支持农村保障房建房点基础设施建设，重点解决道路、用电、用水和环境整治等公共设施。

📋 **案　例**

江西赣州探索农村保障房全覆盖

"住在新房里，不再担心'外面下大雨，屋内下小雨'了。"近日，住进村集体建设的保障安置房的贫困单身汉萧元生高兴地对记者说。如同萧元生一样，已经住上或者即将住上保障房的农民，目前在江西省赣州市有1.3万多户。这是为全面打赢脱贫攻坚战，江西赣州探索对五保户、单身汉等农村贫困群众保障住房全覆盖的创新实践。

2016年6月，江西赣州出台《农村保障房建设工作实施方案》，在全省率先探索农村保障房全覆盖，提出到2016年年底，通过"交钥匙工程"的形式，由各县（市、区）政府组织所辖乡镇，统一规划建设一批农村保障房，用来安置贫困户中的无房户、危房户，解决农村最困难群众的住房保障问题，为与全国同步全面进入小康社会奠定坚实基础。

赣州在总结前几年试点经验的基础上，对农村保障房选址、安置模式、配套设施等进行了综合考虑，并在全市全面推开农村保障房建设。采取多种安置方式，努力完善了保障房基本功能，既实现拎包入住，又方便农民生产生活。在农村保障房建设中，

会昌县珠兰乡芳园村的保障房

全市各地主动作为，勇于创新。寻乌县在农村保障房建设中，不仅严格把好选址关，而且因地制宜选择建筑模式，既有四合院式、联排式，还有院落式、公寓式等多种户型，并且融入了客家风格。于都县在每处农村保障房建设中配套一个村卫生室，鼓励各乡镇在保障房屋顶安装光伏发电板。龙南县根据贫困户的不同情况，采取集中安置为主、分散安置为辅的方式，将少数无劳动力或有故土情结的贫困户分散安置在原居住地附近，并为入住群众免费供水供电、流转菜地、帮助介绍就业等。

（摘自《经济日报》2016 年 9 月 23 日
第 6 版，记者刘兴、萧森）

第四节　坚持情理法并举，整治老人住危旧房问题

通过实施危房改造、易地扶贫搬迁、农村保障房建设等一系列措施，赣南老区群众的住房条件得到改善，但"子女住安全房、老人住危旧房"现象仍然存在，成为制约住房保障问题的一个顽疾。为从根本上解决老人住危旧房难题，2016 年以来，赣州结合赣南村情实际和有关政策法规，出台《赣州市农村老人居住危旧房专项整治工作指导意见》，累计解决了 8111 名老人的住房安全问题，营造了尊老、爱老、敬老的文明新风尚。

一、整治对象

在深入基层调研基础上，确定老人住危旧房情况主要包括 6 种类

型，并确定对此类现象进行整治。

（一）子女已新建入住安全住房，老人仍居住在危旧房。

（二）子女购买了商品房，老人仍居住在危旧房。

（三）子女属于易地扶贫搬迁对象，老人仍居住在原址危旧房。

（四）子女有工作、有安全住房，只留老人在农村居住危旧房。

（五）儿子死亡、纯女户女儿外嫁，老人仍居住在危旧房。

（六）分散供养五保户仍居住在危旧房等。

二、整治方式

坚持分类施策，根据每户实际情况，分别采取与子女合住、修缮加固、拆旧建新、入住养老机构等方式，实现农村老人住房安全。

（一）对老人有子女，且自己居住在危旧房的

1.与子女合住。子女有安全住房，老人居住危旧房的，原则上老人需搬出危旧房，与子女合住，并将危旧房拆除。

2.修缮加固。对老人居住在C级危旧房，且确实无法与子女同住或入住养老机构的，由其子女出具修缮承诺书，并进行张榜公示，限期由其子女出资进行修缮。

3.拆旧建新。对老人居住在D级危旧房，且确实无法与子女同住或入住养老机构，同时符合《赣州市农村村民住房建设管理办法》的，由子女出资，申请拆除危旧房，新建安全住房。

4.入住养老机构。老人愿意入住养老机构的，由其子女出资入住养老机构。

（二）对老人无子女，且居住在危旧房的

1.入住养老机构或农村保障房。对老人居住危房的，原则上由镇、村、驻村工作队、帮扶干部等动员其入住敬老院；对老人不愿意

入住养老机构又无条件修缮加固、拆旧建新的，由镇、村、驻村工作队、帮扶干部劝说其入住农村保障房。

2.修缮加固。对老人居住在 C 级危旧房，且老人不愿意入住养老机构的，由镇、村、驻村工作队、帮扶干部等协助老人对房屋进行修缮加固。

3.拆旧建新。对老人居住在 D 级危旧房，且老人不愿意入住养老机构，同时符合《赣州市农村村民住房建设管理办法》的，由镇、村、驻村工作队、帮扶干部等协助老人对房屋进行拆旧建新。

三、整治措施

为有效解决老人住危旧房问题，赣州坚持依法治理，根据每户老人住危旧房的实际情况，综合分析研判，采取针对性举措进行整治。

（一）思想教育引导

在解决老人住老房问题上，赣州坚持将实际摸排情况与老人的家庭成员、社会关系相结合，以干部带头、亲属协助、干部劝导等方式，加大思想教育和宣传引导，重点做好老人子女的思想工作，督促其履行赡养义务。

1.对国家公职人员、村组干部、人大代表、政协委员、党员等的父母住危旧房的，由乡村干部与其及时沟通协商，带头解决老人住危旧房问题；对不履行法定义务的国家公职人员，发函至其所在单位，要求帮助做好思想工作。

2.动员居住危旧房老人的非直系亲属且为国家公职人员的，协助乡村干部做好老人子女的思想工作。

3.发挥好驻村工作队、帮扶干部以及村民理事会、农村"五老"人员（老党员、老干部、老劳模、老退伍军人、老教师）的作用，由乡镇、挂点单位、村组干部实行包干制，开展"一对一""多对一"的法治宣传、教育调解和集中劝导。

（二）注重舆论感化

利用手机报、电视台、微信公众号、手机短信等媒介，大力宣传老年人权益保障法等法律法规，营造治理老人住危旧房问题的浓厚氛围。坚持正面宣传与反面曝光相结合，以"道德红黑榜"为主，组织开展"文明家庭""身边好人""好儿媳"等孝老爱老先进典型评选活动，发挥道德典型的模范带头作用，倡导孝老爱老，弘扬道德新风。对经反复做思想工作，仍不履行赡养老人义务、不保障老人住房安全的人和事，在县、乡、村辖区内分层次公开曝光。

（三）坚持依法治理

经教育调解、舆论感化等措施后，儿女仍执意不履行赡养义务、不及时解决老人住危旧房问题的，依据老年人权益保障法等法律法规，引导老人向人民法院提起诉讼，依法解决老人住危旧房的问题。

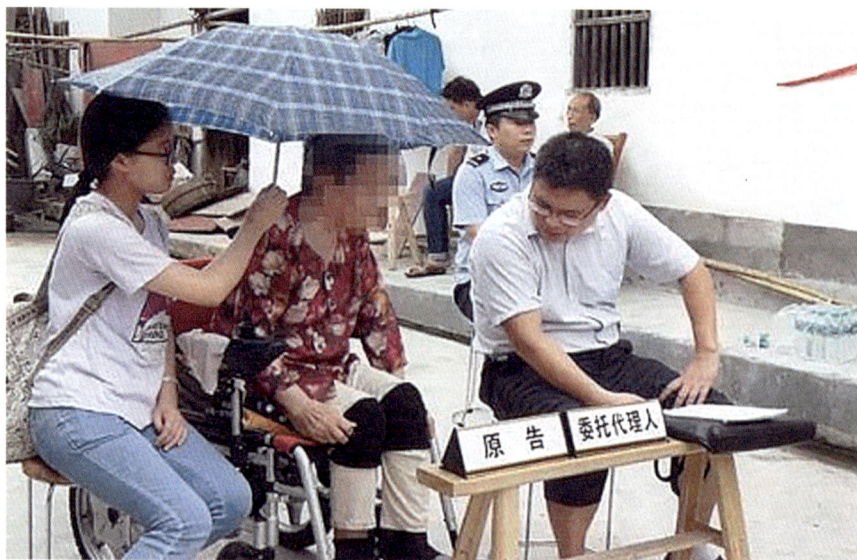

南康区法院上户审理老人住危旧房案件

司法机关充分发挥"乡风文明行动法律援助绿色通道"作用，把老年人作为法律援助的重点人群，扩大援助事项范围，降低受援门槛，简化援助程序，做到优先受理、优先指派、优先办理。法院加强涉及老年人权益等案件的审判工作，实行快立、快审、快结、快执，依法保障老年人的合法权益。

（四）落实诚信惩戒

对儿女不履行赡养义务、让老人住危旧房，违反老年人权益保障法，且老人已经向法院起诉，当事人未履行生效法律文书确定的义务的，由当地法院将其列入失信被执行人"黑名单"，由相关单位在消费、信贷、教育、就业、出入境，以及享受荣誉、产业奖补等方面予以限制；情节严重的，依法追究法律责任。

案　例

宁都县整治"子女住安全房、老人住危旧房"顽疾

宁都县为解决老人住老房问题，结合实际，先后出台《关于宁都县依法治理不孝行为实施方案》《农村危房改造及老人住老房问题整改方案》和《2019年老人住老房集中整治专项攻坚实施方案》等文件。各乡镇根据不同的家庭情况一户一策，采取拆除、维修加固、与子女同住等多种方式积极开展整治。截至2019年年底，已完成老人住危旧房整改2140户，取得了明显成效。

在整改过程中，宁都县采取以下3种方式：一是在尊重老人意愿的前提下，动员老人搬迁与子女同住，入住养老院、敬老院、闲置农村保障房和乡村闲置集体用房等多种方式，解决

老人的住房安全问题。对搬迁后的危房，采取及时拆除、改做工具房或封存等方式处理。二是针对居住房屋危险等级为C级且又不愿意搬离的老人，对其居住的危房进行改造，达到安全等级。符合政策的可纳入补助对象，鼓励其修缮或新建房屋。对不符合补助政策的，通过动员其子女出资或发动社会各界捐助等方式解决老人的住房安全问题。三是对不愿配合、不履行赡养老人义务的人和事，采取乡村"道德红黑榜"、媒体曝光、法制学习班、法院诉讼等多种手段予以治理，倡导乡村文明风尚。

比如，小布镇木坑村韶坊一组的曾桂秀，86岁，原居住在60平方米的C级危旧土坯房内，4个女儿外嫁，认领了张扬远为干儿子，因受"老人不能在儿子新房过百年，否则对儿子有凶"的封建迷信影响，不愿与张扬远同住。自开展老人住危旧房整治工作以来，乡镇和其干儿子张扬远多次上户做曾桂秀的工作，劝老人搬至宁都县城与张扬远同住，均未果。张扬远于是主动出资，对曾桂秀原C级危旧土坯房进行了维修加固，经第三方鉴定，房屋安全等级为B级。张扬远夫妻两人又考虑到曾桂秀独自居住，没有老邻居很孤单，加上生活上多有不便，决定放弃在宁都县城发展的机会，留在木坑村继续照顾老人。现曾桂秀已搬离旧房，与张扬远一起居住。

第五节 启示与思考

习近平总书记强调："住房问题既是民生问题也是发展问题，关系千家万户切身利益，关系人民安居乐业，关系经济社会发展全局，关系社会和谐稳定。"①赣州始终把解决贫困群众的住房问题作为打赢脱贫攻坚战的重中之重，对实际工作中遇到的"疑难杂症"，注重调查研究，坚持分类施策，直面问题逐一解决，探索形成了安居扶贫的"赣州实践"。

一、推进安居扶贫，要坚持政府主导、群众自愿

住房问题是脱贫攻坚战的重点和难点，是一项艰巨、复杂的系统工程。要加强调查研究，深入基层一线，全面了解工作实际，灵活制定政策措施，进行"靶向治疗"。要压实县（市、区）人民政府项目实施的主体责任，加强组织领导，积极稳妥实施。同时，注重发挥群众作用，充分尊重群众意愿，不搞强迫命令和包办代替。

二、推进安居扶贫，要坚持规划引领、因地制宜

坚持整体谋划、分类指导、精准施策，构建统筹解决贫困群众住房保障问题的工作格局。在具体工作中，要根据当地资源条件和环境承载能力，紧密结合县域总体发展规划、新型城镇化、工业化和农村现代化，科学制定工作规划和年度计划，明确安居扶贫的目标、范围、对象及安置方式，确保各项工作有序进行，为后续的经济发展和脱贫致富奠定基础。

三、推进安居扶贫，要坚持量力而行、保障基本

重点瞄准建档立卡贫困人口，严格控制安置住房面积，根据工作

---

① 《习近平谈治国理政》第一卷，外文出版社 2018 年版，第 192 页。

实际，同步配套建设必要的基础设施和公共服务设施，保障搬迁对象生产生活基本需要，既要防止出现因解决住房问题致贫返贫，又不搞政府大包大揽。

四、推进安居扶贫，要坚持整合资源、创新机制

解决住房问题需要大量的政府资金投入，需要加强工作创新，尽可能整合相关部门的涉农惠农资金，加大安居扶贫项目建设投入，积极探索财政扶贫与金融扶贫的有效对接，拓展资金筹集渠道。

五、推进安居扶贫，要坚持后续扶持、稳定脱贫

坚持以群众脱贫为目标，在解决贫困群众住房问题的同时，确保他们享受教育、医疗、保障等扶持政策，重点突出产业、就业等帮扶措施，聚焦增强搬迁户的后续发展能力，积极整合各种惠农政策，实现搬迁户稳定脱贫。

第 六 章

阻断贫困代际传递，扎实推进教育扶贫

习近平总书记指出："扶贫必扶智，让贫困地区的孩子们接受良好教育，是扶贫开发的重要任务，也是阻断贫困代际传递的重要途径。"①赣州坚持把教育扶贫作为精准扶贫的优先任务，围绕赣南苏区振兴发展和脱贫攻坚战略部署，全面落实立德树人根本任务，以部省共建教育改革发展试验区建设为抓手，以不让一个孩子掉队为目标，聚力抓好控辍保学工作，大力提高乡村教育质量，推进城镇义务教育公共服务常住人口全覆盖，加快缩小县域内城乡义务教育差距，推进义务教育均衡发展，着力从思想根源拔除"贫根"，让更多贫困家庭的孩子掌握改变命运的主导权。

第一节　聚力控辍保学，确保学生应学尽学

"扶贫必扶智，治贫先治愚。"教育是阻断贫困代际传递的治本之

---

① 习近平：《携手消除贫困　促进共同发展——在 2015 减贫与发展高层论坛的主旨演讲》，人民出版社 2015 年版，第 7 页。

策，是顺利实现脱贫攻坚的重要保障，是贫困人口脱贫的基本要求，更是实现稳定脱贫的前提条件。为解决贫困家庭学生辍学问题，赣州将控辍保学作为教育扶贫的头等大事，创新方法、强化措施，落实责任、精准发力，全力做好控辍保学工作。

一、明晰控辍保学工作职责

实行义务教育双线控辍保学责任制，明确各有关部门的工作职能，确保适龄学生"进得来、留得住、学得好"。

第一，县级政府对全县控辍保学工作负总责，严格学生学籍管理，按照相关要求指导学校规范学生学籍的建立和变更手续，做到转入、转出、休学、复学情况清楚、材料齐全、手续完备，及时掌握学生辍学动态，因地因户因人施策，把控辍保学工作做深做细做实。

第二，乡镇政府（街道办事处）负责指导各村（居）委会密切关注辖区内子女入学就读情况，及时督促监护人按时送被监护人入学；组织指导各村（居）委会制定和完善村规民约，切实保障适龄学生接受义务教育的权利。

第三，实行部门联控联保，教育、司法、综治、民政、人社等部门及共青团、妇联、残联、社区等认真履行工作职责，为适龄学生接受教育创造良好环境。

第四，公安部门严厉打击对学生人身安全构成威胁及扰乱学校正常秩序的人员和行为，营造良好治安环境。

第五，扶贫部门将每次调整变动后的贫困人口信息提供给同级教育部门，教育部门用以比对出建档立卡学生，及时更新数据，加强动态管理。

二、建立健全控辍保学工作机制

为加强控辍保学工作，建立健全控辍保学工作机制，全面压实县乡村各级各部门责任，形成工作合力，切实解决接受义务教育学生失学辍学问题。

第一，建立义务教育双线控辍保学责任制，签订目标责任书，层层压实控辍保学工作责任。

第二，建立教育、司法、民政、人社、残联等部门参加的控辍保学重点部门定期协商制度，每学期开学后，分别开展不少于1次的定期协商。

第三，建立"六对一"挂点联系制度，实行领导包片、干部包校。每户义务教育辍学学生，至少要有1名乡镇党政领导、1名乡镇干部、1名村干部及1名县教育局领导、1名学校领导、1名教师同时对口劝学。

第四，实施台账管理制，建立健全辍学学生信息档案和资料台账，做到"一生一案""一户一册"。

第五，落实行政督促复学机制，把握9月和3月两个重点监测时段，利用每学期开学的关键时间节点，做好辍学学生摸底排查、劝返复学等工作。对未按时返校的学生采取有力措施开展劝学工作，对多次动员仍不返校的学生，依法向其法定监护人下达入学（复学）通知书，敦促法定监护人保证辍学学生限期复学。

第六，完善义务教育扶贫助学机制，落实教育扶贫和资助政策，加大对残疾学生、家庭经济困难学生的资助力度，确保贫困家庭适龄学生都能接受义务教育。

三、强化控辍保学考核问责

建立控辍保学约谈制度，以及通报、督导检查结果公示、限期整改和责任追究制度，将义务教育控辍保学工作纳入县（市、区）高质量发展考核评价体系，作为对县（市、区）党政领导干部履行教育扶贫职责督导评价的重要内容，对义务教育辍学高发、年辍学率超过控制线的县（市、区）领导按有关规定进行约谈；对辍学率连续 3 年上升的，按照规定追究相关人员责任。同时，将控辍保学工作列入对乡（镇）工作考核的重要内容，进行年度工作目标管理考核。

📋 案　例

"四个一"推进控辍保学，彰显教育扶贫新担当

——兴国县城岗中学控辍保学成效显

兴国县城岗中学将控辍保学工作作为一项重要任务，将其提高到阻断贫困代际传递的高度，作为教育脱贫攻坚重大课题的核心部分做细做实，遵循一期一摸底、一生一队伍、一人一策略、一年一攻坚的工作思路，对游离于校园外的九年义务教育适龄学生，奏响了"摸得清、劝得回、融得进、学得好"的"控辍保学组合交响曲"，取得了较好的成效。

一、一期一摸底，确保就读路上不漏一人

做好控辍保学工作，摸清家底是基础。每学期开学初，特别是春季学期过后，因九年级的文化课基本新授完成，很多在外务工的家长在春节过后，将不愿读书或希望早点外出赚钱的孩子，

带到广东、福建、浙江等沿海发达省市务工，造成该学期成为辍学的"易发期""高发期"。为确保数据精确，不漏一户，不漏一人，学校组织教职工与中心小学共同对城岗全镇适龄学生进行全面摸排，通过与全国扶贫开发信息系统、学校"三本台账"（在兴国县就读、在赣州外县就读、在外市外省就读）比对，将学籍与本乡（校）在校生花名册比对，将户籍与学籍比对，以及逐一上户调查摸排等方式，将辖区内适龄学生的就学信息摸清，建立台账。

二、一生一队伍，确保适龄学生不因贫辍学

"把辍学孩子劝回来"，是做好教育扶贫的一份沉甸甸的承诺。学校建立控辍保学工作目标责任制，校长向兴国县教育科技体育局签订目标责任书，教师向学校签订目标责任书，层层压实责任，细化分解任务。同时，积极加强与兴国县教科体局包片领导、干部的联系，落实"六对一"对口劝学制度，即每个辍学学生由1名乡镇党政领导、1名乡镇干部、1名村干部、1名兴国县教科体局领导（干部）、1名学校校长及1名教师开展"六对一"对口劝学，做到辍学学生联络全覆盖、关心全覆盖、动态劝返全覆盖。

三、一人一策略，确保教育扶贫不存盲区

辍学原因错综复杂，不能搞"一刀切"，要具体问题具体分析。为确保控辍保学工作取得实效，该校综合分析辍学原因，制定一人一策略，或兜底保障，或职普融合，或送教上门。数措并举，实现教育扶贫的阳光温暖每一个孩子的心田。

兜底保障，解除重返课堂学生的后顾之忧。对劝返回校就读的建档立卡辍学学生，落实各种资助政策，政策外的由学校兜底保障该生就读期间的学习、生活所有费用，同时，充分满足其在选班、选课等方面的合理要求，推行"生活上照顾、学业上帮扶、心理上关爱"的"一对一"帮扶策略，即1名教师帮扶1名

返校学生，时刻关注学生状态，全力为学生提供良好的学习环境。全方位的帮扶政策，有效解除了学生的后顾之忧，实现了学生"留得住、学得进、学有成效"的目标。

职普融合，"智志双扶"助力外出创业。《江西省人民政府办公厅关于进一步加强控辍保学提高义务教育巩固水平的通知》指出，要"因地制宜促进农村初中普职教育融合，确保初中学生完成义务教育"。该校针对多次劝返无效、已过毕业年龄但尚未完成义务教育，自身又愿意参加职业规划培训的学生，分批次开展职业规划培训补偿教育。培训采取集中和自学相结合两种方式，集中培训时间为1周、自学时间为2个月，主要以与外出务工实际紧密相连的应用文、简单英语口语交际、合同法、信息技术等为授课内容。集中培训经考试合格后可颁发职业规划培训合格证，助力贫困家庭学生就业创业。

送教上门，在"移动的课堂"中让教育扶贫温暖每一个特殊学生。针对6—15周岁实名登记的适龄残疾儿童，统一建立信息台账和入学方案，做到一人一案。对9名无法正常在校就读的适龄残疾少年，以年级为单位，落实送教老师，开展送教上门，保障他们的受教育权利。在整个送教过程中，坚持因人施教，科学制定学期送教计划；发放"送教小知识"手册，对听力言语残疾、智力残疾、肢体残疾、精神分裂等不同患病少年，分门别类向家长讲述康复治愈措施、家人关爱方法，做到带着感情与温情送教，确保残疾儿童受教育不留盲区。

四、一年一攻坚，实现辍学不反弹、存量逐年降低

该校将开学月，特别是春季开学月确定为控辍保学攻坚月，凝聚合力，全力筑牢"控辍保学墙"。在开学月，无论是校长、班主任，还是每一位普通教师，都聚焦"因贫辍学为零""初中

学生辍学率控制在 1% 以内"的工作目标，分类施策、持续发力、积极劝返，确保所有适龄学生尽早返校完成九年义务教育。

第二节　完善基础设施，补齐"硬件"短板

长期以来，由于城乡二元结构等原因，城乡教育资源分布不均衡，客观上造成一定程度的教育不公平现象。近年来，赣州集中财力物力实施城乡学校建设三年行动计划，充分发挥教育扶贫在脱贫攻坚中的基础性、先导性作用，进一步扩充教育资源总量，均衡配置城乡教育资源，补齐贫困地区教育基础设施短板，打破贫困恶性循环的链条，全力提升全市教育发展水平。

一、推进办学条件改善计划

加大教育资金、政策向贫困山区和乡村倾斜的力度，大力改善贫困地区教学设施，着力提升整体办学水平。

（一）加快学前教育发展

扩大公办学前教育资源，按照学前教育毛入园率达到 85% 的总体目标，城区每 2 万人口建设 1 所公办幼儿园，每个乡镇建设 1 所公办中心幼儿园，农村 2000 人以上的行政村建设 1 所村级公办幼儿园。扎实推进小区配套幼儿园专项治理及公办园建设，完成小区配套园移交转办公办园学位 22332 个，建成投入使用公办园 117 所、新增学位 17930 个。2019 年，新增公办园学位 4 万余个，公办园在园幼儿占比达 43.14%，超过了国家和江西省要求的在 2019 年达到 40% 的目标任务，为 2020 年实现 50% 的目标奠定了良好基础。赣州城镇小区配

套幼儿园专项整治工作的经验做法，获教育部肯定，并在江西省推广。加快贫困县乡镇示范性中心幼儿园建设，支持公办幼儿园和普惠性民办幼儿园发展，着力解决贫困地区农村幼儿"入园难"问题。

（二）推进义务教育均衡发展

推进义务教育学校标准化建设，资金分配向贫困县倾斜，按照"缺什么、补什么"的原则，实施"全面改薄"和"均衡发展"等教

上犹县社溪镇石崇小学改造前后对比图

育项目，推进义务教育学校"四改三化"（改食堂、改寝室、改旱厕、改澡堂，净化、亮化、绿化）工程，加快推进乡镇寄宿制学校建设，保证农村寄宿制学校的住宿条件、生活设施、体育场所达标，保障寄宿制学生每人1个床位、教师有值班用房、有足够的运动场所，全面改善贫困地区义务教育薄弱学校的基本办学条件。

（三）提升高中教育保障水平

围绕基本普及高中教育的目标，按照高中阶段毛入学率达到92%的总体目标，每个县（市、区）确保有一所起骨干示范作用的中等职业学校，支持贫困县逐步提高普通高中保障水平，改善普通高中办学条件。2018—2019年，赣州新（改、扩）建普通高中30所，新增学位7.9万个。

（四）增加职业学校有效供给

启动职业教育"扩容、提质、服务、强基"行动，调整职业学校布局结构，加强基础能力建设，让未升入普通高中的贫困家庭的

安远县职业教育帮扶让贫困家庭子女掌握一技之长

初中毕业生都能接受中等职业教育。全市先后建成国家、江西省示范性中职学校 19 所，江西省达标中职学校 25 所，赣州职业技术学院建成开办，设立于都理工服装职业学校，为相关扶贫产业发展培养技能人才。

（五）改善特殊教育办学条件

重点改善贫困县特殊教育学校的办学条件，以有利于提高学校教育质量、有利于各类残疾学生康复训练、促进学生全面发展为目的，满足学校教学的基本需求和教师教学，以及学生学习、康复训练与课余活动的实际需要，本着经济、实用、便利、安全、规范的要求，合理配备教学与医疗康复仪器设备、现代教育技术设备、图书资料和学校办公、生活设备。

二、提高农村学校信息化水平

贫困山区网络信息化问题是教育均衡发展的一大阻力。对此，赣州加强乡村学校信息技术基础建设，扎实推进现代远程教育，购置计算机和数字教育资源，让农村中小学实现网络接入，农村学校数字教育资源覆盖面不断扩大，基本实现"宽带网络校校通、优质资源班班通、网络空间人人通"全覆盖，全面提高乡村教师运用信息技术的能力，实现城乡优质教育资源共享。截至 2019 年年底，全市 100% 的中小学实现宽带网络校校通，90.1% 的教室实现优质资源班班通。

三、优化调整贫困地区学校布局

在交通便利、公共服务成型的农村地区合理布局农村义务教育学校，结合扶贫移民搬迁等，将生源较少的边远农村地区适度向中心村和乡镇政府所在地集中办学。坚持"政府主导、社会参与、公办民办并举"原则，优先支持贫困村利用闲置校舍改建幼儿园、村小学增设附属幼儿班，满足贫困家庭适龄幼儿的入园需求，推进学前教育资源向贫困村延伸。针对边远山区、库区等特殊困难地区群众的就学要求，按照保障义务教育阶段学生就近入学的原则，布局和办好一批寄宿制学校，合理规划设置贫困村义务教育学校，保留或设置必要的农村教学点。

表 6-1　赣州市 2014—2019 年新建学校数量情况一览表

类别	数量（所）	面积（万平方米）	投入资金（亿元）
幼儿园	104	40.6259	12.38
小学	71	102.1417	37.23
初中	31	98.9711	38.40
普通高中（公立）	13	133.2414	50.66
完全高中（私立）	2	8	7.12
中等职业学校	5	44.062	16.29

数据来源：赣州市教育局。

案　例

石城县大力推进学校标准化建设

石城县自 2013 年以来，全面实施农村义务教育薄弱学校改造、农村中小学校舍安全工程、农村义务教育薄弱学校营养食堂工程以及农村教师安居工程，全县累计投入项目资金 3.88 亿元，新增面积 42.9897 万平方米，尤其在教育薄弱学校改造上效果显著。

表6-2　石城县教育基础设施改造实施情况

项目类型	投入资金（亿元）	改建数量（所、个）	新增面积（万平方米）
薄弱学校改造	2.3516	188	30.9700
校舍安全工程	0.8597	60	7.1641
营养食堂工程	0.4452	108	3.1539
教师安居工程	0.2312	80	1.7017

第三节　加强师资建设，提升"软件"水平

抓好教育扶贫，首要前提是要有一支数量充足、结构合理、素质优良的教师队伍。赣州坚决落实"教育投入要更多向教师倾斜"的要求，创新中小学聘用教师控制数管理办法，统筹城乡教育师资配置，下大力气提高农村教师队伍教学水平，引进优秀人才加入农村教师队伍，持续改善乡村教师队伍的年龄、性别、学科结构，进一步缩小城乡教育差距。

一、创新中小学聘用教师控制数管理办法

为适应新形势下教育事业发展需要，赣州制定《关于深化教育体制机制改革的实施意见》，实施中小学教师编制管理制度改革，采取中小学聘用教师控制数管理办法，破解中小学教师编制紧缺难题。

（一）统一招聘

在重新核定全市中小学教师编制的基础上，对编制数额有缺口的，不再新增编制，改为采用聘用教师控制数的办法，作为过渡性措施予以解决。招聘工作纳入江西全省教师统一招考或赣州全市事业单

位人员招考范围，实行计划单列。

（二）统一待遇

聘用控制数教师在薪酬待遇、住房公积金、岗位设置、职称评定、竞争上岗、岗位交流等方面，享受在编人员同等待遇；依法享受社会保险；按照有关干部任用办法，可通过民主推荐、考察、考核等方式，将优秀的聘用控制数教师列为学校后备干部，符合条件的人员可担任学校中层管理人员、副职。

（三）统一管理

聘用控制数教师列入同级机构编制、教育部门单独建册管理和同级人社部门备案。在本县（市、区）用人单位服务满 5 年后可以在全市中小学流动，占用流入学校聘用教师控制数。同时，每年拿出适当数量的空编，通过考核的办法，为服务期满 2 年及以上使用聘用教师控制数人员直接办理入编手续。

（四）统一经费保障

聘用教师控制数内的经费，由各地财政部门按照事权与支出责任相统一的原则统筹安排。

（五）加强政策配套

为推动聘用教师控制数管理办法落到实处，进行配套改革。

1. 重新核定全市城乡中小学教职工编制标准。按照中小学教职工与学生比"高中 1∶12.5、初中 1∶13.5、小学 1∶19、特殊教育中小学 1∶3—1∶4"的编制配备标准核定编制，确保每个教学点至少有 1.5 名教师编制；同时，将核定后现有中小学教职工实际空编数的 70% 纳入全市范围内调剂使用，并实行动态管理。重新核定的编制标准与原来标准相比，比例更宽。

2. 深化后勤人员管理改革。中小学教师、专职管理人员、教学辅助人员使用中小学教职工编制；自 2017 年 12 月 28 日起，全市中小学新增后勤服务人员不得占用中小学教职工编制，改为通过竞争性方式，将中小学校生活管理员、安全协管员等其他工勤人员纳入委托第三方实施，实行社会化供给。

3.建立健全动态调整和管理机制。根据在校学生数和学校布局结构调整，中小学教职工编制每3年核定一次。在核定的中小学教职工编制数额内，各县（市、区）可根据在校学生数的变化和义务教育统筹发展的实际需要，对所辖各中小学教职工编制进行动态调整。

通过改革，有效推动了许多优秀人才在没有编制的情况下，也愿意进入教师队伍，较好地解决了中小学教师紧缺这个"老大难"问题，为解决学校"大班额"问题、推进教育扶贫提供了师资人才保障。

二、提高现有教师队伍教学水平

坚持以教师持续发展为本，以国家、省、市、县、学校5级培训为抓手，开展农村中小学教师全员培训，不断提升农村教师队伍素质。

（一）提升学校管理水平

利用暑假时间，大规模举办中小学校长研修班、定期举办初中校长任职资格培训班和提高培训班，组织部分学校校长到北京、上海、山东、江苏等教育发达地区研修学习，进一步提升学校管理水平。

（二）提高心理健康辅导能力

实施中小学教师心理健康辅导员资格培训工作，至2019年年底，已举办4期心理健康辅导员资格培训班，培训教师1.2万余人，培训对象覆盖赣州全市各级各类学校。

（三）开展校际合作

引进国内名校办分校，与北京市西城区教委、石景山区教委，台湾苗栗县达成区域合作协议，并与中国人民大学附属中学、北京师范大学附属实验中学、北京第二实验小学等启动了教育合作交流，还选送教研人员赴华东师范大学免费培训，又在 2019 年开办了大余县衡水中学。建立市政府领导挂点联系市直中学机制，狠抓校长、教师、教研员三支队伍建设，高中教育质量稳步提升。

（四）抓好县级教师培训基地建设

加强教师培训基地建设，不断投入，改善办学条件，做大做强教师培训功能。兴国县、于都县的两所教师进修学校被教育部表彰为首批全国示范性县级教师培训机构，进入全国 50 强；章贡区教师进修学校立足现有条件、充分履行职责的做法，在全国性会议上作经验介绍。

（五）深入推进"国培计划"

以提升教师教学能力为重点，科学分析教师培训需求，提高"国培计划"实施质量，全面提高乡村中小学教师、幼儿园教师的能力和水平，努力建设一支师德高尚、业务精湛、结构合理、充满活力的人民教师队伍，为促进教育公平、提高教育质量、推动教育事业科学发展，提供坚实的师资保证。

（六）持续提高教师综合素质

加强农村教师队伍建设，加强"一专多能"乡村教师培养，努力提升农村教师的专业素质和教学能力。用足用活聘用教师控制数，促进优质教师资源，特别是音美体、理化生等紧缺薄弱学科的教师在城乡之间、学校之间合理流动，着力解决乡村教师结构性缺员问题。加强教师信息技术应用能力培训，采取骨干培训和校本培训相结合、集中培训与远程培训相结合等方式，全面提高小规模学校教师教育信息化水平，有效缩小城乡教育水平差距。

表 6-3　赣州市 2014—2019 年师资队伍培训人数

年份	教师培训人数（人）
2014	9500
2015	10000
2016	10600
2017	11002
2018	11523
2019	12004

数据来源：赣州市教育局。

三、引进优秀人才加入农村教师队伍

引进高素质师资力量到乡村任教，对促进贫困地区教育教学的良性发展具有重要作用。赣州为解决农村学校师资总量不足、教育理念滞后和结构不合理等问题，创新农村学校教师的补充机制，将教育人才引进政策重心下移，引导优秀人才到乡村任教，为贫困地区教育发展增添新生力量。

（一）完善乡村教师补充和定向培养机制

支持贫困县每年招聘补充乡村教师。从"稳定教师、留住人才"实际出发，鼓励当地户籍人员参加中小学教师招聘考试。根据贫困县需求，每年安排定向师范生招生计划，专门用于开展"本土化"乡村教师定向培养。

（二）开展"三区"教师支持行动

积极争取江西省支持，实施"三区人才"支教计划（即边远贫困地区、边疆民族地区和革命老区人才支持计划。目标是从 2011 年起至 2020 年，每年引导 10 万名优秀教师、医生、科技人员、社会工作者、文化工作者到"三区"工作或提供服务），加强教师资源配置管理，不断提高贫困地区师资队伍建设水平。

（三）加大"特岗计划"力度

按照"总量调控、城乡统筹、结构调整、有增有减"的原则，调整和使用中小学教职工编制，满足招聘特岗教师的需要。保障特岗教师工资及各项待遇的落实，为特岗教师提供相应的周转住房和必要的生活条件。特岗教师在工资待遇、职称评聘、评优评先、年度考核等方面，与当地公办学校教师同等对待。

（四）落实贫困地区乡村教师待遇

实行乡村教师收入分配倾斜政策，对贫困县符合条件的乡村教师，落实好艰苦边远地区农村中小学教师特殊津贴、连片特困地区乡村教师生活补助和乡镇工作补贴等三项津贴补助政策，因地制宜，稳步扩大实施范围，确保乡村教师实际工资收入水平不低于同职级县镇教师工资水平。完善乡村教师荣誉制度，使广大乡村教师有更多荣誉感。

四、鼓励城镇优秀教师向乡村学校流动

通过各类奖补政策、交流机制，鼓励城镇优秀教师向乡村学校流动。

第一，建立并实行义务教育学校校长和教师定期交流轮岗制度。重点引导优秀校长和骨干教师向乡村学校流动。县域内重点推动县城学校教师到乡村学校交流轮岗，乡镇范围内重点推动中心学校教师到村小学、教学点交流轮岗。

第二，将城镇教师晋升职称（职务）与乡村学校任教经历挂钩，促进城乡之间、校际之间教师资源均衡配置。

第三，教师职务（职称）评聘向农村教师倾斜，稳定并吸引优秀

教师在边远贫困地区乡村小学和教学点任教。

第四，足额发放乡村教师津贴，教师体检常态化，加快贫困地区教师周转房建设，改善贫困地区教师生活条件。

第五，实施教职员工扶贫工程，让贫困教师过上有尊严的生活；定期开展"乡村最美教师"评选表彰活动，提高乡村教师社会地位。

五、推进教育教学"点对点"结对帮扶

加大对薄弱学校和乡村学校的扶持力度，实施"强校带弱校""名校＋分校""名校托新校"等办学模式，鼓励优质学校与薄弱学校、城镇学校与乡村学校结对帮扶共建，建立以优质学校为主体的教育共同体，实现管理互动、师资交流、资源共享、活动同步，缩小城乡校际差距。全市185所优质学校与254所农村薄弱学校结对帮扶，有效提升了贫困村薄弱学校的办学水平。实施联合教研制度，每学期至少召开一次联合教研会议，统筹开展学科备课、教学研讨、听课观摩等活动，提高农村学校教师课程实施水平。

🔍 深 度 链 接

赣州师专在乡村小规模学校开展教育扶贫的实践

乡村小规模学校（指不足100人的村小学和教学点），是农村义务教育的重要组成部分。目前，赣州共有乡村小规模学校1771所。自2017年9月以来，赣州师范高等专科学校（以下简称"赣州师专"）连续安排3批学生到崇义县过埠镇果木小学顶岗实习，积累了以教育扶贫促乡村振兴的经验。

一、背景

果木村位于崇义县过埠镇，是"十三五"省级贫困村。果木小学是该村村小，是过埠镇中心小学下辖的教学点，位于果木村村委会隔壁，距离过埠镇中心 5 公里左右，设有小学一、二、三年级，从四年级开始，学生转到过埠镇中心小学就读。据果木小学现任校长、58 岁的陈奇珍老师回忆，果木小学建于 1992 年。1999 年，他到该校任教时，学校有 5 个年级，学生约 190 名，正式老师 4 名。近年来，由于城镇化不断加快，村民大量外流至县城、圩镇，果木小学的学生数不断减少。近 3 年，果木小学只有 10 名左右学生，均为本村儿童，以留守儿童为主。目前，正式教师只有陈奇珍 1 人。

表 6-4　果木小学 2014—2019 年师生数

学年	学生数（人）				教师数（人）	
	一年级	二年级	三年级	总数	正式教师	备注
2014—2015	6	13	7	26	4	—
2015—2016	6	6	12	24	3	—
2016—2017	2	4	5	11	3	—
2017—2018	2	2	5	9	2	另有 2 名顶岗实习生
2018—2019	5	2	2	9	1	另有 2 名顶岗实习生

2017 年，果木村对口帮扶单位——赣州市委政研室相关负责人，向赣州师专校长反映果木小学师资紧缺的问题。赣州师专非常重视，组织教务处、中文系等部门专题研究帮扶方案。根据赣州师专人才培养方案，所有师范专业的学生毕业前都要参加教育实习，主要包括跟岗实习、顶岗实习和实习支教 3 种方式。考虑到果木小学的实际情况，赣州市委政研室、赣州师专、过埠镇

中心小学三方商议决定，采用顶岗实习的方式来缓解果木小学师资不足的问题。自 2017 年 9 月起，赣州师专连续选派了 3 批次学生到果木小学顶岗实习。通过访谈、调研和分析有关资料发现，顶岗实习在果木小学取得了一些实实在在的成效。

二、成效

一是顶岗实习的学生较好地完成了教学任务，学生成绩没有下滑，有些科目的平均分在全镇排名中有所上升。第一批顶岗实习生徐娟所教的一年级语文在 2017—2018 学年第一学期期末考试的平均分排在全镇第一；李丹所教的三年级语文在 2017—2018 学年第一学期期末考试的平均分排在全镇第五，与上一学年同批学生期末考试的平均分全镇排名持平。第二批顶岗实习生张文娟所教的一年级语文在 2017—2018 学年第二学期期末考试的平均分继续排在全镇第一；扶丽花所教的三年级语文在 2017—2018 学年第二学期期末考试的平均分排在全镇第四，前进一位。

二是果木小学生源流失现象有所改观。从上表可知，2014 年下半年至 2017 年上半年，果木小学生源一直存在流失现象。比如，2014—2015 学年，二年级有 13 人，但这批学生升至三年级时减至 12 人；2015—2016 学年第一学期，一年级有 8 人，但第二学期减至 6 人，这批学生升至二年级时又减至 4 人；2015—2016 学年，二年级有 6 人，但这批学生升至三年级时减至 5 人。2017 年 9 月，顶岗实习生到岗后，没有出现生源流失现象，甚至出现了生源回流。例如，2016—2017 学年，二年级有 4 人，这批学生升至三年级时增至 5 人。此外，不足龄儿童到一年级旁听的人数有所增加。比如，2017—2018 学年第一学期，一年级有 2 名不足龄的旁听生，到第二学期增至 5 人，而这批学生于 2018—2019 学年全部留在了果木小学，成为一年级正式学生。

　　三是教学效果得到了各方认可。例如，李丹、徐娟坚持普通话教学，并利用游戏、摄影、谈心等互动的教学方式，给孩子们新的学习体验。扶丽花、张文娟在上好语文、数学课的同时，还教孩子们唱歌、跳绳、打球和画画等。学生们不仅学会了唱国歌，还从以前只会跳绳，变得爱好打羽毛球、篮球等。得知张文娟老师要离开一段时间，学生们专门画了一幅画送给她。李琼、唐名鹏利用休息时间，组织其他顶岗实习生以"童心向党"为主题，将果木小学大院外墙粉饰一新。顶岗实习生们还通过经常性的家访，走进孩子们的家庭，经常开导和启发他们，学生们变得更开朗、更好学。特别是1名患有白化病的学生，原来比较自卑、自闭，在李丹的关爱下，性格逐渐开朗起来。在2019年5月份的家访中，当问及"对这几年果木小学新来的年轻老师有什么印象"时，10名小孩（含1名旁听生）的家长100%回答"印象较好"，并且，50%的家长认为"新来的老师年轻有活力"，还有部分家长认为"年轻老师较好接触，学生更容易接受新老师"。

第四节　健全资助体系，杜绝因贫因困失学

　　赣州通过不断探索，逐渐形成了一套政府、社会和学校"三位一体"共同发力，以奖学金、助学金和助学贷款为主，学费补偿、减免学费、生活补助等为辅，覆盖学前教育、义务教育、普通高中教育、中职教育和高等教育的适宜当地的贫困学生资助体系，构建了全方位保障网，坚决杜绝因家庭贫困而失学辍学。

一、建立教育扶贫信息台账

根据建档立卡贫困人口数据信息，建设学龄人口就学和资助状况数据信息系统，并建立准确全面的贫困生资料数据库、贫困家庭劳动力数据库，使每一个贫困家庭、每一个贫困生都有相应的信息资料，不让一个学生因家庭困难而失学。采取"双线排查法"核查贫困学生：学校以班为单位，通过发动学生主动申报、问询、家访等方式排查；乡镇以村为单位，组织驻村干部、结对帮扶干部、村"两委"干部逐村逐户排查，确保贫困学生"精准识别、不落一人"。为确保资助款项及时足额发放到贫困学生手中，教育扶贫资助款项通过财政部门与对应的银行，直接划拨到学生家长的惠农"一卡通"账户，并及时通过书面告知单告知学生家长及所在村（居）委会，以便核查，防止错发漏发。

二、建构"三位一体"资助体系

在政府加大财政投入基础上，积极争取社会捐资和学校配套资助，形成政府、社会和学校以及扶困、励志和育人"三位一体"的资助体系。"三位一体"资助体系以经济扶贫为工作出发点，帮助解决贫困学生的经济困难，增加学习机会，通过理论学习、技能培训等使贫困学生的精神充盈，促进贫困学生知识储备和能力培养，激发贫困地区学生的内生动力，实现内涵式发展。

表 6-5　赣州市教育资助标准一览表

类别		资助标准	
		一般贫困	特殊贫困
学前教育		1000 元 / 生 / 年	1500 元 / 生 / 年
义务教育	小学寄宿生	1000 元 / 生 / 年	1500 元 / 生 / 年
	小学非寄宿生	500 元 / 生 / 年	500 元 / 生 / 年
	初中寄宿生	1250 元 / 生 / 年	1750 元 / 生 / 年
	初中非寄宿生	625 元 / 生 / 年	625 元 / 生 / 年
普通高中教育	免学费	重点中学 800 元 / 生 / 年，一般中学 360 元 / 生 / 年	
	助学金	1500—2000 元 / 生 / 年	2500 元 / 生 / 年
中职教育	免学费	职业高中和职业中专 850 元 / 生 / 年，普通中专按省定分专业收费标准免除	
	助学金	2000 元 / 生 / 年	2000 元 / 生 / 年
高等教育	高考入学政府资助金	一次性 6000 元 / 生	一次性 6000 元 / 生

数据来源：赣州市教育局。

社会人士向信丰县虎山乡捐资助学

三、开展全程教育资助

发挥国家政策资金的最大价值，切实做好贫困学生资助工作，发挥资助育人的有效作用，赣州针对接受学前教育、义务教育、普通高中教育、中职教育和高等教育的学生，建立起以奖学金、助学金和助学贷款为主，学费补偿、减免学费、生活补助等为辅的资助体系，保障从学前教育到高等教育各阶段、从入学到毕业的全部资助。

（一）学前教育

赣州将建档立卡贫困学生信息数据与全国扶贫开发信息系统对比，进一步精准贫困学生信息，确保资助信息真实、可靠。不断加强幼儿的学籍管理，对建档立卡类及城镇低保等扶贫类幼儿实施资助全覆盖，在原有每生每年按不低于 500 元标准发放学前教育资助金的基础上增加 1000 元，即按每生每年 1500 元标准发放学前教育资助金，由县级政府统筹财政资金予以安排。

（二）义务教育

巩固"两免一补"政策，免除义务教育阶段学生的学杂费，免费提供教科书，对建档立卡贫困家庭义务教育寄宿生进行补助。从 2019 年秋季学期开始，对家庭经济困难的义务教育非寄宿生发放生活补助。赣州在国家政策基础上，加大财政倾斜力度，尤其对建档立卡贫困家庭学生，给予更多支持，保证每一个学龄儿童、少年都能上得起学，保障贫困家庭学生完成义务教育，提高贫困地区整体教育水平。

（三）普通高中教育

为鼓励贫困地区学生继续提升教育水平，增强主动脱贫致富的能力，赣州针对全日制普通高中学校（含民办普通高中学校）和完全中学的高中部在校学生中的家庭经济困难学生进行资助。一是免除公办普通高中贫困家庭学生（含非建档立卡家庭经济困难的残疾学生、低保家庭学生、特困救助供养学生）的学杂费；对在政府教育行政管理部门依法批准的民办普通高中就读并符合免学杂费政策条件的学生，按照当地同类型公办普通高中免除学杂费标准给予补助。二是为建档立卡贫困家庭在校在籍学生发放普通高中国家助学金。

（四）中职教育

赣州逐步对接受中等职业教育的建档立卡贫困家庭学生，实现免学费和国家助学金补助政策全覆盖。一是对中职学校（包括技工院校）一、二年级涉农专业学生和非涉农专业家庭经济困难学生（包括建档立卡等学生），发放助学金；二是对中职学校（包括技工院校）一、二、三年级所有农村（含乡镇）学生、城市涉农专业学生和家庭经济困难学生（艺术类相关表演专业学生除外），实行免学费，普通中专学校学生按物价部门批准的公办学校分专业收费标准免除学费，公办、民办学校同等待遇；三是为深度贫困村就读职业学校的贫困家庭学生开辟招生绿色通道，实行招生、选择专业、就读校企合作程度较深的定向培训班或企业冠名班、落实资助政策、安排实习、推荐就业"六优先"。

（五）高等教育

注重家庭经济困难学生能力和素质的提高，努力为家庭经济困难学生的发展提供经费和机会。一是对当年考取高校的家庭经济困难考生给予政府资助金补助，在取得就读高校回执单后发放，补助标准为一次性资助6000元／生；二是对普通高校家庭经济困难新生到校报到给予路费补助，优先一次性补助建档立卡学生；三是对家庭经济困难的本专科生以及研究生，实施生源地信用助学贷款政策，贷款标准为本专科生每人每年最高可贷8000元，研究生每人每年最高可贷1.2

万元，学生在读期间的贷款利息全部由财政贴息。

（六）改善学生营养餐资助质量

农村学生基础条件差、家校距离远等问题较为突出，赣州应民之所需，解民之所难，稳步推进农村义务教育学生营养改善计划。按照每生每天4元的标准，为农村义务教育学生提供营养改善计划膳食补助，加快推动供餐模式由课间餐（蛋奶工程）向"中央厨房"食堂集中供餐转化，支持创新学生营养餐供应模式与脱贫攻坚相结合，将营养餐食材供应与贫困户发展产业扶贫有机结合，探索建立教育扶贫与产业扶贫相结合的新路子。

案 例

双线上户、共同核查，三方审核、分户告知

——宁都县教育脱贫攻坚"23N"工作机制的经验和做法

为确保贫困学生资助政策"不落一户、不漏一人"，针对全县贫困人口多、在校学生数量多的实际，宁都县教育科技体育局在2018年创建了贫困学生资助"双线上户、共同核查，三方审核、分户告知"的"23N"工作机制，实现了贫困学生资助政策100%精准落实到位。

"2"即"双线上户、共同核查"。通过乡镇政府部署帮扶干部、学校部署老师"双线上户、共同核查"，确保贫困学生就读与资助信息精准无误。县教科体局给全县中小学划分责任行政村，学校部署老师，按照责任村范围，联合帮扶干部上户摸排贫困学生就读与资助情况，建立贫困学生"一生一档"资料，记录贫困学生的就读与资助信息（含资助遗漏问题）。所有"一生一档"

资料要求帮扶干部、摸排老师和贫困户本人共同签字确认，收齐所有享受资助的佐证材料，整理汇总摸排发现的资助问题。"一生一档"纸质资料留存责任学校，电子数据汇总上报县教科体局。

"3"即"三方审核"。县教科体局初步核实"一生一档"资料数据，核准贫困学生就读信息；然后，提交县精准扶贫办核实就读学生是否建档立卡；属建档立卡的在读学生建立资助金发放台账，由县财政局审核资助金发放是否符合标准、是否提标扩面。通过数据比对、三方审核，确保了就读与资助台账的精准无误。

"N"即"分户告知"。资助金发放到位后，在 15 个工作日内，通过乡镇和学校，向已享受教育扶贫政策的建档立卡贫困家庭下发宁都县教育扶贫学生资助政策告知书。由县教科体局通过检索学生家长信息（含姓名、所在乡镇和行政村、联系电话等），每户打印 2 份告知书。一份由县教育扶贫工作领导小组办公室分发至乡镇，由乡镇组织帮扶干部送至各村贫困户家中，回执经签字裁剪后留存村委会；同时要求村委会，根据告知书与村级台账对照检查，核实是否存在遗漏。另一份由县教科体局分发至学校，由学校组织教师送至贫困户家中，回执经签字裁剪后留存学校；同时要求学校，根据告知书与学校台账对照检查，核实是否存在遗漏。通过发放告知书，学生家长既能增进对教育扶贫政策的了解，又能清楚地知晓子女享受资助的情况。

"23N"工作机制，整合了村委会、学校、乡镇政府、县直有关部门的力量，压实了帮扶干部和学校教师的责任，实现了教育扶贫精准识别、精准资助、精准告知，确保了建档立卡贫困学生享受教育扶贫政策"一个不少、一个不落"，达到"应助尽助"的目的。

第五节 丰富教育方式，加强特殊群体教育

发展特殊教育，是推进教育公平、实现教育现代化的重要内容。赣州采取多种措施切实做好特殊群体教育关爱工作，保障特殊群体平等接受教育的权利，让党的惠民政策惠及更多弱势群体，把党和政府的温暖与关怀传递到群众的心坎上。

一、推进特殊教育学校建设

加大力度推进特殊教育学校建设，特殊教育办学规模不断扩大，基本实现了 30 万人口以上的县独立设置一所特殊教育学校的目标，为适龄残疾儿童平等接受义务教育创造了条件，帮助残疾人全面发展和更好融入社会，使残疾儿童共享改革发展成果、实现幸福人生。

二、"一人一案"解决适龄残疾儿童就学问题

推进全纳教育，积极与残联部门对接，将所有未入学的适龄残疾儿童的底数摸清，做好未入学原因分析、信息台账和入学方案，做到"一人一案、一人一册"。根据学生的残疾程度，安排到特殊学校，或分配到辖区学校随班就读，或送教上门，全面推行没有排斥、没有歧视的全纳教育，使每一个残疾儿童都能接受合适的教育。

南康区十八塘中心小学的教师为残疾学生送教上门

三、兜底保障特困家庭子女教育

为了让特殊困难家庭的子女平等、有尊严地接受教育，赣州在落实现有国家资助政策的基础上，对孤儿、五保户、学生本人残疾或父母双方残疾且无劳动能力、超过承受能力的重大疾病家庭子女，以及建档立卡贫困户中纯低保户的学生，实施义务教育阶段特殊困境儿童兜底保学计划，帮助贫困家庭子女解决校服费、教辅资料、作业本、平安保险等基本的代收费和服务性收费。

四、保障随迁子女平等接受教育

改革和完善随迁子女就学机制，坚持"以流入地为主、以公办学校为主"的原则，将随迁子女义务教育纳入城镇发展规划和财政保障范围，妥善安置进城务工贫困户随迁子女就读。

第一，确定以居住证为主要依据的随迁子女入学政策，根据实际制定随迁子女入学的具体办法，切实简化、优化工作流程和证明要求，提供便民服务，依法保障随迁子女平等接受义务教育。

第二，进一步落实考试招生政策，确保符合条件的随迁子女在流入地参加中考、高考。

第三，坚持以公办学校为主安排随迁子女就学，对于公办学校学位不足的，通过政府购买服务的方式，安排他们在普惠性民办学校就读。

第四，学校实行混合编班和统一管理，促进随迁子女融入学校和城镇生活。

五、加强对农村留守儿童的关爱保护

落实县、乡政府属地责任，全面构建"家庭尽责、源头预防、政府主导、社会参与"的农村留守儿童关爱保护体系，实施农村留守儿童关爱工程。

第一，对全市农村留守儿童的信息进行调查摸底，并充分利用基础教育信息管理平台，为每名留守儿童建立专门档案和联系卡。

第二，加强对农村留守儿童相对集中学校教职工的心理健康教育专题培训，积极开展心理健康教育，着重提高班主任和宿舍管理人员关爱照料农村留守儿童的能力，积极回应留守儿童心理诉求，营造关爱农村留守儿童的良好校园氛围。

第三，建立家校定期交流沟通制度，依托家长委员会，开展家教宣传、家长走访、讲座咨询等活动，多方位、多渠道向留守儿童父母传播家庭教育科学知识，指导其树立正确的育人理念，确立正确的教育方法，履行好监护人的责任。

第四，办好"留守儿童之家"，指导农村小学和教学点专门建设或结合现有功能室设立留守儿童关爱活动室，配备图书和阅览设施、计算机、亲情电话等，为农村留守儿童开展阅读、亲情联络等活动提供场所和条件。

第五，鼓励、动员和组织社会各部门、各界人士参与关爱留守儿童工作，开展多种形式的关爱活动，建立全社会立体式关爱服务网络，营造全社会共同关爱留守儿童的良好氛围。

第六，强化家庭监护主体责任，鼓励适龄儿童随父母在工作地就近入学，督促外出务工的父母依法履行监护职责和抚养义务。

瑞金市在每个学校设置关心留守儿童辅导室

📋 **案 例** ———

特殊教育送教上门的信丰模式

信丰县自 2015 年 1 月被确定为国家特殊教育改革试验区以来,紧紧围绕改革试验区的工作要求,立足提升计划目标与任务,创新工作机制,整合相关资源,强化服务保障机制,提高特殊教育品质,探索特殊教育送教上门的信丰模式,特殊教育工作取得明显成效。目前,该县视力、听力、智力三类残疾儿童在籍775 人,其中:普通学校随班就读学生 506 人、特殊教育学校在校生 107 人、送教上门服务对象 162 人。这三类适龄残疾儿童的入学率为 100%。

一、创新模式

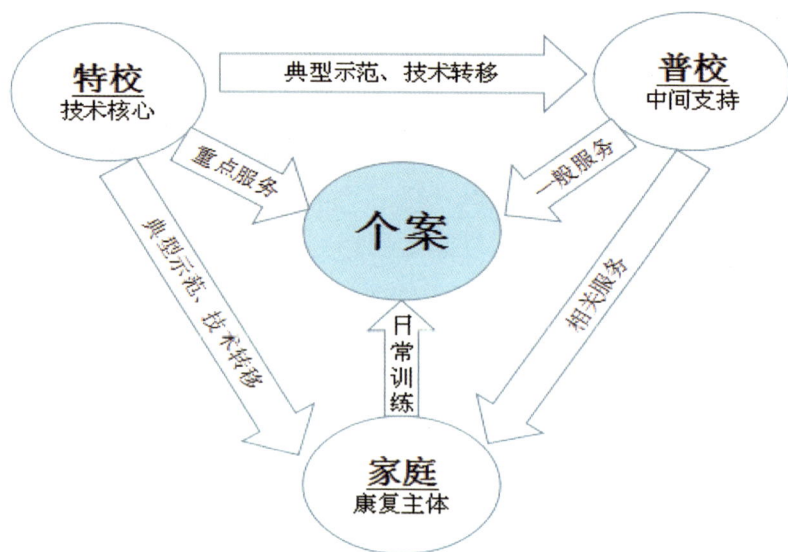

信丰县送教上门服务模式图

二、创新理念

以个案服务为中心，以最少限制为导向，多元安置并举。每一个送教上门的个案都是独特的，障碍类型、障碍程度、家庭状况、服务需求都存在较大差异。因此，为每一个送教上门学生制定独立的服务方案成为必然的选择。这就要求所有服务都应该以个案为中心，以最有利于残疾儿童发展的环境为安置导向，家庭、特校和普校三类主要的安置环境应该重视个案的康复情况并适当转换。

三、创新方法

以特校为技术核心，以家庭为康复主体，以普校为中间支持。首先是县特殊教育学校的教师分类梳理出送教上门学生的教育和康复重点；其次是把送教教师分成生活适应组、功能康复组、认知补偿组；最后是有针对性地对送教教师进行培训，提高专业水准。学期之初，由特校教师和普校教师、学生家长一起做评估，制定送教计划和目标；然后，由教师根据每一个孩子的计划和目标定期入户指导示范，提高送教上门的效率和质量。

同时，创新特殊教育筛查摸底、评估建档、多元安置、教康整合、评鉴调整"五步法"。

第一步：县、乡、村联动，教育部门与残联配合，逐一筛查特殊儿童。每年8月，由县教科体局包校干部、县特教学校教师、乡镇学校教师组成若干个调查行动组，以残联登记在册名单为基础，对全县乡、镇、村进行一次地毯式调查走访。

第二步：以特校教师为主，普校教师配合，为筛查出的对象建立电子信息档案和服务手册。

第三步：教育行政部门统筹，既考虑学生的实际状况，又兼顾家长的意愿，根据评估结果对学生进行安置。

第四步：采用普特携手、各方参与的形式，为送教上门服务对象提供适切的教育和康复内容。送教上门以生活适应、功能康复为主，认知补偿、潜能开发为辅。

第五步：一年后，再次对送教上门学生进行评估，重新调整安置办法。

第六节　启示与思考

习近平总书记指出："抓好教育是扶贫开发的根本大计，要让贫困家庭的孩子都能接受公平的有质量的教育，起码学会一项有用的技能，不要让孩子输在起跑线上，尽力阻断贫困代际传递。"[①] 在推进精准扶贫、精准脱贫工作中，赣州以教育精准扶贫为抓手，多措并举打好教育扶贫攻坚战，推动赣南革命老区的教育发展水平和教育公平程度迈上新台阶。

一、抓好教育扶贫，要坚持部门协同，形成攻坚合力

聚焦教育领域的突出问题，树立"一盘棋"思想，健全工作机制，压实职能部门工作责任，形成各司其职、各负其责、协同作战的强大合力。比如，控辍保学方面，建立教育、司法、民政、人社、公安等重点部门定期协商机制；基础设施补短板方面，统筹各部门资源，实施三年攻坚计划，在全市 285 个乡镇各建设 1 所公办中心幼儿园，新建或利用村小学闲置校舍改建村级附属幼儿园 1199 所，用最

---

① 《习近平关于社会主义社会建设论述摘编》，中央文献出版社 2017 年版，第 52 页。

短的时间弥补了乡村学前教育上的欠账。

二、抓好教育扶贫，要坚持分类施策，做到精准发力

针对存在的问题，做到精准发力、逐个击破，促进教育均衡发展、全面发展。比如，在解决贫困学生就学方面，建立政府、社会、学校"三位一体"的全程教育资助体系，确保不因贫辍学；针对残疾人群、进城务工人员子女、农村留守儿童等特殊群体，探索"一人一教"、送教上门等特殊教育方式；为弥补"硬件"短板，大力推进学校标准化建设，着力提高农村学校信息化水平；面对教师队伍出现的问题，下大力气提高现有教师队伍教学水平，不断引进各类人才加入农村教师队伍，持续改善乡村教师队伍结构，有力促进教育公平的实现。

三、抓好教育扶贫，要坚持内外兼修，实现志智双扶

实施教育扶贫，帮助贫困群众树立摆脱困境的斗志和勇气，是群众摆脱贫困的内因。赣州在教育扶贫中，坚持以激发贫困群众内生动力为重点，协助贫困家庭完成教育扶贫工作，逐步扭转部分贫困群众的"等靠要"思想。例如，建立了以奖学金、助学金和助学贷款为主，学费补偿、减免学费、生活补助等为辅的扶困、励志和育人"三位一体"资助体系，充分体现了内外因联动的原则，而不是大包大揽地搞教育扶贫，有力促进了贫困学生的能力培养，激发了贫困地区学生摆脱贫困的内生动力，实现了教育扶贫的健康可持续发展。

第 七 章

破解因病致贫返贫"顽疾"，
扎实推进健康扶贫

习近平总书记在党的十九大报告中明确指出："人民健康是民族昌盛和国家富强的重要标志。"[①]赣州地处罗霄山区，是全国著名的革命老区和集中连片特殊困难地区，受经济发展、自然环境、医疗资源配置等因素影响，因病致贫和因病返贫问题比较突出。据统计，2016年，全市因病致贫、因病返贫人口有44万人，占建档立卡贫困人口总数的42.84%。为了让贫困人口"看得起病、看得上病、看得好病、更好防病"，赣州大力实施健康扶贫，积极深化医药卫生体制改革，探索构建多层次的医疗保障体系，不断加强医疗服务机构建设，有效解决贫困群众因病致贫、因病返贫问题。

---

① 习近平：《决胜全面建成小康社会　夺取新时代中国特色社会主义伟大胜利——在中国共产党第十九次全国代表大会上的报告》，人民出版社2017年版，第48页。

第一节 完善基本医疗保障体系,
让群众"看得起病"

2015 年 6 月,习近平总书记在部分省区市扶贫攻坚与"十三五"时期经济社会发展座谈会上指出,因病致贫、因病返贫的贫困具有暂时性、间歇性特征,只要帮助他们解决医疗费用问题,这部分人就可以通过发展生产和外出务工做到脱贫。赣州在推进脱贫攻坚过程中,聚焦贫困群众"看病难""看病贵"的病根儿,对症下药,在全国率先探索构建健康扶贫"四道医疗保障线",推出"先诊疗、后付费"和"医保一卡通即时结算"服务,不断提高住院病人报销比例、降低起付线、提高封顶线,全方位织密医疗兜底保障网,让贫困人口"看得起病"。

一、在全国创新构建"四道医疗保障线",筑牢健康之基

据了解,贫困群众不敢看病、不愿意看病的原因是没钱看病,虽然有基本医疗保险、大病保险、医疗救助报销,但个人的医疗负担还是很重,造成"能拖则拖,越拖越严重,越拖治疗费用越多"的恶性循环。因此,要有效化解因病致贫、因病返贫问题,就必须将提高医疗保障水平和控制医疗费用结合起来,切实减轻贫困人口的医疗费用负担。赣州将筑牢贫困人口医疗保障线作为健康扶贫的重要内容,于2016 年 1 月在全国率先实施农村贫困人口疾病医疗商业补充保险制度,由市、县两级财政共同出资,按照每人每年 90 元(2016 年后,逐渐提至 260 元)的标准,为城乡贫困人口购买疾病医疗商业补充保

险，与城乡居民基本医疗保险、大病保险和医疗救助共同组成"四道医疗保障线"。

（一）主要做法

1. 精准施策，政策普惠"三统一"。一是统一保障对象。把农村建档立卡贫困户、城乡低保对象、特困人员、孤儿全部纳入健康扶贫"四道医疗保障线"实施范围，确保贫困人口政策全覆盖。截至2019 年年底，全市 114.33 万农村建档立卡贫困人口被全部纳入健康扶贫"四道医疗保障线"保障范围。二是统一筹资标准和渠道。由市、县两级财政按 2∶8 的出资比例，为纳入政策实施范围的城乡贫困人口统一投保疾病医疗商业补充保险，贫困人口不缴费。2016 年，市、县财政按照每人每年 90 元标准筹集了 1.05 亿元；2017—2019 年，市、县两级财政按照每人每年 260 元标准，分别筹集了 3.96 亿元、3.34 亿元、3.29 亿元。市、县财政 4 年累计筹集了 11.64 亿元专项资金，用于全市贫困人口免费投保疾病医疗商业补充保险。三是统一待遇水平。被纳入健康扶贫"四道医疗保障线"实施范围的城乡贫困人口，发生的住院医药费按现有医保政策报销后的个人自付部分，再按照医保目录内的医疗费用报销 90％，医保目录外的医疗费用报销 75％、市内定点医疗机构负担 5％，确保贫困人口个人自付医疗费用的比例控制在 10％左右。

表 7-1　赣州市"四道医疗保障线"报销政策

医疗保障线		基本内容
第一道保障线	基本医疗保险	在一、二、三级医院住院的报销比例分别为 90％、80％、60％，在一、二级医院住院免起付线，报销年度封顶线为 10 万元。
第二道保障线	大病保险	起付线为 1 万元，其中，贫困人口大病保险起付线为 5000 元。经城乡居民基本医疗保险报销后，政策范围内个人负担的医药费用（含住院和门诊、特殊慢性病）超过大病起付线的部分，报销比例为 65％，并全面取消贫困人口大病保险封顶线。

续表

医疗保障线		基本内容
第三道保障线	疾病医疗商业补充保险	医保目录内的费用报销90%，医保目录外的费用报销75%（在市内定点医院就医的再减免5%），报销年度封顶线为25万元。
第四道保障线	医疗救助	对特困人员、孤儿目录内剩余部分报销100%，上不封顶；对低保对象，医保目录内剩余部分报销80%，报销年度封顶线为5万元；对其他建档立卡贫困户，医保目录内自付超过2万元的部分报销50%，报销年度封顶线为3万元。

资料来源：根据赣州市相关资料整理。

　　2.即时结算，便民服务"三集中"。一是集中经办窗口。由人社部门牵头，整合财政、民政、卫健、扶贫、保险承保公司等部门的经办资源，统一派出工作人员集中办公，在医保经办大厅、县级医院设立"一站式"办事窗口。贫困群众在一个窗口就能集中报账，解决了群众报账"多头跑"问题。二是集中系统管理。赣州市政府安排300多万元专项资金，开发了城乡贫困人口疾病医疗保障报账结算系统，将卫健、民政、扶贫、医保等涉及群众医疗报销的数据信息集中管理、互联互通。符合相应报账条件的贫困对象，不需要提供扶贫部门出具的贫困户证明，只要在"一卡通"结算窗口就可完成贫困人口身份认证和身份识别，解决了群众报账身份识别和认证"手续繁"问题。三是集中刷卡结算。整体升级改造赣州医保信息系统，整合完善健康扶贫"四道医疗保障线"就医"一卡通"即时结算功能，将便民服务横向延伸至各级扶贫、民政、承办保险公司等服务窗口，纵向延伸至市县两级医疗机构、乡镇卫生院、乡镇医保所和村（社区）卫生室，并为贫困人口开通"绿色通道"。贫困群众凭一张IC卡，就可以在市、县、乡各级定点医院"一卡通"刷卡就医，出院时可即时结算医疗费用，并一次性获得"四道医疗保障线"补偿款项，个人只需支付自付费用即可，解决了群众报账"耗时长"问题。

3.精细管理，运行操作"三同步"。一是同步协调推进。建立部门联席会议制度、定期会商制度、督查制度，及时研究解决运行中存在的问题。人社、卫健、民政、财政、银保监等部门齐心协力、各司其职，同步协调推进健康扶贫"四道医疗保障线"工作中，贫困人口精准识别、信息管理系统开发、定点医疗机构费用结算、保险资金使用监管、保险业务经办等重点环节的工作。二是同步智能审核。市人社部门建立医疗费用同步智能审核系统，对发生的"四道医疗保障线"报账情况进行全过程监控。监控中发现的过度医疗、重复检查、重复收费、滥用药品、虚开药品套费、擅自调高价格等违规行为产生的医疗费用，一经查实，拒绝支付或扣减，并进行相应处罚，医保控费取得良好效果。三是同步资金核算。为破解贫困群众可能因一时难以筹集大额医疗费用而放弃医治的难题，在江西省率先推行公立医院"先诊疗、后付费"就医模式，对参加了新农合的贫困患者在市域内定点医疗机构住院实行免缴住院押金和免起付线，从原来传统挂号模式高峰期排队时长达10多分钟到新模式直接去候诊，并建立"一卡通"结算周转金制度。各县（市、区）由财政、人社、民政、保险公司共同筹资设立周转金，先行垫付给定点医院，确保贫困群众在定点医院住院治疗享受免缴押金服务，出院时只需缴交经"四道医疗保障线"报账后的个人自付费用。诊疗医院先行垫付的治疗费用经相关部门审核后回拨给诊治医院，实现了在定点医院住院的各项报销由"报账制"变为"核账制"，真正让贫困群众"先诊疗、后付费"。2017—2019年，全市508个定点医疗机构累计免收押金14.48亿元。

（二）主要成效

2016—2019年，健康扶贫"四道医疗保障线"实施以来，赣州累计补偿住院医疗费用68.9亿元，惠及贫困人口146.08万人次，贫困群众住院报销比例稳定在90%左右，个人自付比例降至10%左右，大大减少了群众的医疗支出、降低了群众看病门槛、简化了群众就医流程，让贫困人口享受到了更加优质、便捷的就医服务，因病致贫、因病返贫问题得到有效缓解，极大提升了城乡贫困群众的获得感、幸福感。相关做法，在2017年6月习近平总书记主持召开的深度贫困地区脱贫攻坚座谈会上作经验介绍，并在江西省推广。

赣州市定点医疗机构推行"先诊疗、后付费"和"一卡通"即时结算服务

二、多措并举降低医疗支出，有效缓解群众"看病贵"问题

赣州在建立完善健康扶贫"四道医疗保障线"的同时，创造性实施多项惠民减免政策，进一步减轻贫困人口就医负担。一是推行"三免四减半"政策，即：对门诊患者，直接减免普通门诊挂号费、肌肉

注射费、换药手续费；对住院治疗患者，减半收取血液、大便、小便等"三大常规"检查费，以及胸片检查费、普通床位费和护理费。二是医保目录外的医疗费用减免5%。三是在市、县、乡三级定点医疗机构为贫困人口设立扶贫病房、病床，其中，二、三级医疗机构设置的扶贫病床数占总床位数的5%左右，乡镇卫生院设置的扶贫病床不少于2张，贫困患者携带相关证件即可申请。同时，为扶贫病床开设"绿色通道"，优先安排诊疗，并给予"免住院押金""免起付线""先诊疗、后付费""三免四减半""医保目录外费用减免5%"等一系列政策优惠。2017—2019年，赣州市、县两级医疗机构对符合政策的45.01万人次就医贫困患者，按医保目录外5%的住院费用减免费用1576.35万元；门诊和住院实施"三免四减半"59.38万人次，减免费用4805.73万元。

三、积极探索创新，扩大医疗保障覆盖面

为防止非贫困人口因病致贫、因病返贫，探索了一系列健康扶助措施，比如试点"暖心基金"、为非贫困户购买疾病医疗商业补充保险等做法，进一步扩大了医疗保障覆盖面，减轻了非贫困户的医疗负担。

（一）探索设立"暖心基金"

2018年，上犹县筹资1000万元，探索实行城乡困难群众"暖心基金"工程，对因病住院发生高额医疗费用的城乡贫困边缘户进行再次补偿。

1. 主要做法。

一是补偿对象精准化。明确参加了城乡居民（含城镇职工）基本医疗保险，经审核认定为因病造成支出型困难的城乡居民，均可以申

请"暖心基金"补助。

二是补偿界限明确化。明确以下费用均由"暖心基金"补足：疾病患者住院（不含生育及有第三方责任的意外伤害），在基本医疗保险报销、大病保险理赔后医保目录内的医疗费用；非贫困人口精神病、尿毒症血透、妇女"两癌"（宫颈癌、乳腺癌）患者，参照贫困对象政策享受定额免费救治，在基本医疗保险报销、大病保险理赔后医保目录内和目录外的费用；非贫困人口的尿毒症腹透费用经基本医保报销后，以及建档立卡贫困户、低保户发生住院医疗费用在经过"四道医疗保障线"报销后（含医保目录内和目录外的费用），报销比例不足90%的差额部分的费用。

三是补偿标准体系化。属补偿范围内的费用，个人负担部分达到"暖心基金"起付线后，由"暖心基金"给予再次补偿。其中，个人自付1万元以上至3万元部分，补偿比例为50%；3万元以上至5万元部分，补偿比例为60%；5万元以上至10万元部分，补偿比例为70%；10万元以上部分，补偿比例为80%；补偿金额年度封顶线为10万元。

2.主要成效。在"暖心基金"的作用下，取得了"两减一升"的效果。

一是减少了因病致贫返贫现象。"暖心基金"的设立，进一步健全完善了健康扶贫医疗保障制度，缓解了群众看病资金难题，有效避免了因病致贫返贫现象的发生。截至2019年年底，上犹县因病致贫户由4245户15012人下降到347户904人，因病致贫人口减少93.98%。

二是减轻了争评低保户、贫困户的压力。"暖心基金"政策出台后，因多了一条救助渠道，城乡居民为了提高住院治疗报账比例而要求"吃低保""争当贫困户"的现象明显减少。

三是提升了群众满意度。截至 2019 年年底，上犹县已通过"暖心基金"，向符合条件的 2291 名城乡困难群众补偿住院医疗费用 930.33 万元，有效防止了城乡贫困边缘人口因病致贫、因病返贫，群众满意度不断提升。

（二）为非贫困人口购买疾病医疗商业补充保险

脱贫攻坚战打响以来，为有效减轻贫困人口的负担，赣州以健康扶贫为核心，实施倾向性医疗保障政策等措施，将个人自付比例控制在 10% 左右。但相对而言，非贫困户享受医疗保障政策的力度较小，基本医疗保险个人缴费部分全需自费，且不享有疾病医疗商业补充保险。为减轻非贫困人口患重大疾病时的沉重负担，最大限度防止其因病致贫、因病返贫，巩固和扩大脱贫攻坚成果，石城县在江西省率先启动城乡居民非贫困人口大病医疗商业补充保险试点。

1. 科学统筹谋划，构建覆盖城乡居民的大病医疗"保障网络"。为保证试点的科学性和公正性，石城县在广泛开展社会调查、充分尊重群众意见的基础上，合理确定保险实施的主体框架，确保与贫困人口疾病医疗商业补充保险形成衔接闭环，构筑起全面覆盖城乡居民的大病医疗"保障网络"。一是统筹划定参保费。摸清全县经济社会发展水平、非贫困人口医保报销情况和群众医疗保险筹资能力，广泛征求基层干部群众的意见建议，反复测算医保费用，合理设定大病医疗商业补充保险的筹资标准，确定总参保费为 130 元 / 人，其中财政出资 110 元 / 人、个人自筹 20 元 / 人，既不增加群众负担，又起到保险作用，切实减轻了群众的医疗负担。二是科学设定起付线。为解决医保起付线太高达不到医疗保障作用、太低又容易造成保费穿底的现实问题，石城县经过多轮调研，依据当地群众生活水平，确定按上年度全县人均可支配收入一半的标准，科学设定医保起付线，即单次住院个人自付费用为 6000 元，对起付线金额实行绝对免赔。经基本医保或基本医保和大病保险(含二次补偿)报销后,自付费用达到起付线的,可进入大病医疗商业补充保险补偿。三是合理确定报销比例。为解决群众"看病贵"问题,石城县合理提高非贫困人口大病医疗商业补充保险报销比例,与基本医保、大病保险形成保障合力,将群众的医疗负担控制在可承受范围内。除县内定点医疗机构个人自付目录内费用报销90%外,其他费用的报销比例依次递减5%,最低为65%。如果使用进口药物及耗材,产生的目录外费用报销比例,则在上述报销比例的基础上再减20%。通过划定合理的报销比例,全县非贫困人口大病医疗商业补充保险年最高可报销25万元,加上基本医保年封顶线10万元及大病保险年封顶线25万元,3项报销补偿叠加后,年封顶线最高可达60万元,基本可以防止因病致贫问题发生。

2.严格监督管理,确保资金规范、安全运行。充分发挥政府和市场的作用,建立商业保险盈亏机制,加强资金日常监管,确保资金安全、高效运行。一是规范市场行为。承办的商业保险机构实行自负盈亏,不得因自身经营原因单方终止或减少补偿;如果因为政策调整而发生亏损,由保险机构和县政府共同协商解决。同时,建立以保障水平和参保人员满意为核心的考核办法,将保险费用收入扣除补偿款和运营费后结余的20%奖励给保险承办机构,最高不超过总保费的2%,激励商业保险机构不断提高服务水平。二是强化资金监管。坚持把资金安全摆在首要位置,将资金监管贯穿收支全过程,做到过程公开、使用透明。建立健全内控制度和监督体系,由卫健、财政、医保、审计等部门组成联合监管部门,以实时监控、定期检查堵牢管理漏洞,确保资金专户储存、专款管理、专款专用。三是落实控费制度。重点监督目录外用药和目录外医疗费用控制,强化县内医疗机构管理,严格落实江西省、赣州市下达的公立医院控费要求,确保医疗费用增幅、药占比、百元医疗收入耗材等方面控制在目标范围内,合理控制医疗费用，避免发生小病大养、过度医疗现象。加大查处力度，医保部门联合开展打击欺诈骗取医疗保障基金专项行动，依法依规查处一批违法违规案件，形成有效震慑。

3. 开辟"绿色通道"，最大限度方便群众。开通便民服务通道，全力优化服务方式，让参保群众第一时间得到大病医疗商业补充保险补偿。一是信息精准化。采取灵活收费的参保方式，城乡居民只要带相关证件到户籍所在村（居）委会就可以缴费参保，对于一些出行不方便的群众，由乡村干部上门收费受理参保。建立参保信息审核机制，形成"自下而上、自上而下"的双向信息核查机制，由村级组织收集基础数据，乡镇审核汇总，县医保局审核并将信息录入报账系统做好标识，同时将错误信息返回乡村，由村级组织更正后再上报。通过多次核对后，确保参保人员的信息准确无误。二是结算快捷化。为方便群众快速报销，石城县专门开发了非贫困人口大病医疗商业补充保险报销系统。该系统与医保系统对接，可实现基本医保、大病保险、非贫困人口大病医疗商业补充保险"一站式"即时结算，优化了报销流程，解决了费用报销部门多、手续繁杂的问题，让群众少跑腿、快结算。比如，有群众因患重病先后住院治疗共花费14.47万元，通过"一站式"即时结算系统，在基本医保和大病保险报销7.27万元的基础上，通过非贫困人口大病医疗商业补充保险，第一时间获得医疗补偿5.03万元，个人自付比例从49.76%下降到15%，极大减轻了患者家庭的经济负担。三是服务便民化。在县人民医院单独设立非贫困人口大病医疗商业补充保险报销窗口，专门负责对参保对象在年度方案实施前产生的住院费用，以及县外就医费用报销进行手工操作理赔，确保参保对象在提供完整报销材料情况下，能于3个工作日赔付到位。

截至2019年，石城县已累计为非贫困人口411897人次购买大病医疗商业补充保险,赔偿 3834.91 万元,惠及非贫困人口 4454 人次,人均赔付 8610 元,有效降低了非贫困人口因病致贫返贫风险。

表 7-2　石城县非贫困人口大病医疗商业补充保险赔付情况表

年份	赔付人次(人次)	赔付金额(万元)	人均赔付(元/人)
2018	2307	2040.85	8846.34
2019	1476	1229.18	8327.78

数据来源:根据石城县相关资料整理。

案 例

石城县非贫困户参加大病医疗商业补充保险获补偿

家住赣州市石城县琴江镇兴隆村的熊某(非贫困户),在 2018 年 2 月份因患蛛网膜下腔出血住院,花费了 185952.42 元,基本医保、大病保险报销 119738.35 元,个人需支付 66214.07 元。因参加了非贫困人口大病医疗商业补充保险,熊某又获得 46100.50 元的补偿,个人只支付了 20113.57 元,个人支付费用减少了近 70%,极大地减轻了医疗费用负担,避免了因病致贫问题。

第二节　提升公共卫生服务能力,
让群众"方便看病"

2014 年 12 月,习近平总书记在江苏调研时指出:"要推动医疗卫生工作重心下移、医疗卫生资源下沉,推动城乡基本公共服务均等化,为群众提供安全有效方便价廉的公共卫生和基本医疗服务,真正解决好基层群众看病难、看病贵问题。"①赣州深入贯彻落实习近平总书记的重要指示要求，坚持问题导向，总体按照"昂起龙头、聚合人才、补齐短板、改革机制"的工作思路，在江西省率先推进基层卫生服务能力补短板工程，不断加强医疗卫生基础设施建设，全面改善医疗卫生服务条件，努力让群众看病更方便。

一、昂起龙头，加强城区大型医院建设

城区医院体现区域整体医疗水平的高低，影响当地疑难重大疾病患者的去留、费用负担、疾病转归。因此，赣州始终把做强城区大型医院作为重要环节来抓。

（一）改革医院管理体制

成立由市政府主要领导任主任的市属公立医院管理委员会，以举办方身份管理公立医院，负责重大事项决策。全市 52 所公立医院的党组织统一划转卫健部门行业党组织管理，市属公立医院院级党组织领导下的院长负责制全部落实到位。开展医联体、医共体改革试点：以市中心城区 3 家三甲综合医院为牵头医院，分别联合部分县（市、区）医院，成立了 3 个城市医联体；同时，在瑞金、信丰两个县域综合改革试点县组建县域紧密型医共体，探索实施以县级医院为龙头、乡镇卫生院为枢纽、村卫生室为基础的县乡村一体化管理，构建三级联动的县域医疗服务体系。医联体、医共体内，实现人才和技术等优质医疗资源下沉，建立顺畅的双向转诊机制，诊疗服务信息基本达到共享。

（二）推进重大医疗卫生项目建设

实施赣州市提升卫生服务能力三年行动计划（2018—2020 年），

---

① 《习近平关于全面建成小康社会论述摘编》，中央文献出版社 2016 年版，第 147 页。

三年计划建设 146 个项目，特别是升级改造市人民医院北院区，有序推进市妇幼保健院新院、市中医医院新院、市第三人民医院新院等重大项目建设，全面提升赣州中心城区的医疗服务水平。按照"填平补齐"原则，在符合国家全民健康保障工程规划总体要求的前提下，积极争取中央预算内投资项目，将贫困地区未达标的县级医疗卫生机构全部纳入国家全民健康保障工程支持范围，确保每个县（市、区）建好 1—2 所县级公立医院（含中医医院）和妇幼保健院，并积极联络赣籍知名医学专家帮助县级公立医院建设重点专科。

（三）探索"互联网＋医疗"建设

投资 2000 万元建设赣州市全民健康信息平台，打通市、县、乡、村共享医疗的"三条线路"。第一条是建成了 1 个市级远程医学中心、9 个市级远程医学终端、18 个县级和 333 个乡镇卫生院远程医学终端。第二条是建成了影像、检验、病理等区域诊断中心，全市二级及以上公立医院检查检验结果互认。第三条是建成了覆盖市、县、乡三级的电视电话会议系统，实现会议、在线教育等一体化进行。此外，市级医疗机构开展掌上医疗项目建设，实现预约诊疗、医保脱卡支付、检查检验结果查询等便民惠民功能。通过"三条线路"，推进远程医疗服务覆盖全市所有医疗联合体和县级医院，并逐步向乡镇卫生院和村卫生室延伸，实现医疗资源上下贯通、信息互通共享、业务高效协同，便捷开展预约诊疗、双向转诊、远程医疗等服务，特别是为建档立卡贫困人口提供健康教育、疾病预防、慢病管理、分级诊疗、康复指导等全方位、全周期的卫生健康服务。

二、聚合人才，引导人才向基层有序流动

针对医疗技术人才队伍不稳定，导致基层医疗机构服务能力和诊

疗水平下降，群众大量到市级、市级以上医院，甚至外省医院就医，致使医疗费用居高不下，进一步加重贫困群众经济负担的实际，赣州多措并举，加强医疗机构人才队伍建设。经过努力，全市每千人口有病床床位5.53张，每千常住人口有执业（助理）医师1.73人，每千常住人口有注册护士2.33人，分别比2011年增长102.95%、121.9%、109.9%。

（一）建立人才双向交流机制

制定出台《赣州市卫生人才双向交流实施办法》，按照"市级引领、县强、乡活、村稳"的思路，推进三级医院对口帮扶，建立市与县、县与乡医疗卫生人才双向交流长效机制。各市级医疗机构每年下派拥有中级及以上职称的人员到县级医疗机构、各县级医疗机构选派拥有中级及以上职称的人员到乡镇卫生院（社区卫生服务中心），进行结对帮带，实现每个县级医院和乡镇卫生院分别有市级医院、县级医院的专家蹲点。专家着重在当地群众急需、医疗机构紧缺、帮扶效果可见的专科领域予以重点帮扶，推动医疗机构和专家资源下沉。同时，支持县级医院和乡镇卫生院分别派出医务人员到市级医院、县级医院进修，帮助基层医疗机构加快学科建设和人才培养，形成有上有下的良性互动机制。

（二）盘活优质人才资源

推动医师区域注册和多机构集中备案，即已在赣州注册的正高级医师无须另行办理多点执业注册备案，省市类正高级医师可在全市自由执业，县区类正高级医师可在县域内自由执业。对首批104名在粤工作的赣州籍医学专家以文件形式集体统一备案，允许他们在全市各级各类医疗机构自由执业；试行市属公立医疗机构拥有中级以上职称在职医生开办个体诊所，最大限度发挥现有医疗资源的价值。

（三）引进高端医疗技术人才

赣州市人民医院、赣南医学院第一附属医院、赣州市立医院和瑞金市人民医院柔性引进 6 名院士，设立了 6 个院士工作站。市直医疗单位招聘了硕士 78 人、博士 10 人。同时，主动对接北京大学人民医院、复旦大学附属华山医院等 15 家国家和省级知名三级甲等医院，采取上派下挂、远程诊断等多种方式，对口支援赣州 11 所县级医院。

三、补齐短板，全面提升基层医疗服务水平

赣州聚焦人员经费、债务化解、建设用地、发展资金、人才补贴等方面，出台江西省首个比较系统地提升乡村卫生健康服务能力建设的综合性保障政策，扎实推进基层卫生机构标准化、规范化建设，加快补齐基层医疗服务短板，让贫困群众在家附近就能看好病。

（一）补建设资金短板

将乡镇卫生院在编人员的基本工资、基本绩效、"五险一金"等纳入县级财政预算管理并全额保障，化解乡镇卫生院 2014—2018 年的存量债务，已经通过一级医院等级评审的乡镇卫生院执行一级医院收费标准（现为一级医院收费标准的 80%）。县级财政每年按照 10 万—30 万元的标准为每所乡镇卫生院安排专项发展资金，政府以划拨土地方式保障乡镇卫生院新增用地需求，土地划拨成本由政府承担。

（二）补基础设施短板

积极争取中央转移支付资金 6 亿元，新、改（扩）建乡镇卫生院 131 所，新建 1351 所产权公有的村卫生计生服务室，实现每个行政村都建有 1 所标准化村卫生计生服务室；启动建设中心城区 5 个示范社区卫生服务中心。实施基层医疗卫生机构临床服务能力提升试点项目，投入建设资金 3780 万元，重点提升 11 个国家级贫困县的县级医院和 22 所乡镇卫生院的临床服务能力，优先配备数字化直接成像

系统（DR）、数字化心电图机、全自动生化分析仪和远程医疗接入软硬件设备，让乡镇卫生院的主要医疗检查检验设备实现数字化，初步建立起基层远程医疗服务网络，实现了基层远程医疗和主要项目集中检查检验。统一为公有产权的村卫生室招标采购健康一体机，2017年至2019年年底，累计配置健康一体机1208台。统一全市基层医疗卫生机构LOGO，统一外观形象设计，按规范流程提供城乡无差别、同质化的诊疗护理服务。

新建的瑞金市叶坪乡山岐村卫生计生服务室

（三）补基层人才短板

下放卫生院的人才招聘权限，乡镇卫生院（社区卫生服务中心）在编制内公开招聘各类人员，不纳入全市卫生计生事业单位统一招聘"盘子"，由各县（市、区）自行组织开展。简化、放宽人才引进手续和条件，中、高级专业技术人员到乡镇卫生院工作的年龄限制放宽至45周岁，并可采取直接考核的方式聘用。开展农村订单定向临床医学本科生免费培养和农村订单定向医学生培养工作，招生范围重点向贫困县、贫困村倾斜，累计定向培养 394 名农村订单定向临床医学本科生，并完成 924 名村医订单定向培养招生任务，为村卫生室提前储备补充专业人员。建立人才补贴机制：对到乡镇卫生院工作的副高级及以上高级专业技术人员、医学类专业全日制硕士研究生，给予每人每月 1000 元生活补贴；对到乡镇卫生院工作的医学类专业全日制本科毕业生（定向生除外），给予每人每月 500 元生活补贴。

（四）补村医队伍短板

全面推行乡村医疗服务一体化，实行村医乡聘村用。实行乡村医生多渠道补偿政策，建立乡村医生养老保障机制，村医在聘用期内按企业职工基本养老保险政策规定的缴费标准最低档参保和享受待遇，由单位承担的参保缴费部分列入县级财政预算管理；县级财政给予艰苦边远地区在岗乡村医生每人每月不低于 1000 元的财政补贴，并将离岗退出的老年乡村医生养老生活补贴标准增加到每月 300 元。鼓励边远地区、人口较少的行政村的乡村医生通过法定程序担任村"两委"干部，符合条件的享受村干部固定补贴。积极争取国家基层卫生技术人才培训试点项目，依托赣南卫生健康职业学院、市中医医院、市第五人民医院，对 3746 名乡村医生分别开展线上、线下专业培训，进一步提高基层卫生人员的专业技术服务能力和水平。

📋 **案　例** ——————

安远县大力推行"健康安远"战略

安远县始终坚持把人民健康放在优先发展的战略地位，大力实施"健康安远"战略，扎实开展以"建设标准化、管理精细化、队伍专业化、诊疗规范化、服务便民化、政策普惠化"为主要内容的"六化"工程，不断健全医疗卫生服务体系，努力推动卫生健康事业向高质量发展。

2014年以来，安远县先后投入资金11.2亿元，实施县、乡、村三级医疗卫生服务机构标准化建设，全面提升县乡卫生健康服务水平。在县城，按照国家二甲医院标准，新建县人民医院和妇女儿童医院；在乡镇，在江西省率先实施并全面完成所有乡镇卫生院的标准化建设，共完成新、改（扩）建乡镇卫生院医疗用房4.98万平方米，整体迁建乡镇卫生院10个，改（扩）建乡镇卫生院8个，并按"一院一馆"模式建设中医馆。在完善基础设施的同时，进一步更新完善医疗设备，狠抓医疗服务管理，不断提升基层卫生服务能力。该县先后投入资金2000余万元，为乡镇卫生院购置DR机、彩超、全自动生化分析仪、心电监护仪等医疗设备；投入资金400余万元，为全县18个乡镇卫生院购置18辆救护车，全力提升院前急救能力。

第三节　实施重点病种分类救治，让群众"看得好病"

赣州按照大病集中救治一批、慢病签约服务管理一批、重病兜底保障一批的要求，根据因病致贫家庭的贫困类型、家庭收入、病种分类等情况，为贫困人口建立详细、完整的健康档案，对大病、慢性病、危急重症、地方病、传染病等进行分类救治，实行"靶向治疗"，进一步推动健康扶贫落实到人、精准到病。同时，将疾病救治与健康管理相结合，加强疾病防治，提供更多便捷的医疗服务，做到应治尽治、应保尽保。

一、重点帮扶重大疾病患者

重大疾病往往意味着沉重的医疗费用。赣州把解决重点病种给群众带来的医疗负担作为健康扶贫的一项重要任务,降低重大疾病带来的致贫返贫风险。

（一）实施 10 类重大疾病免费救治

实施"光明·微笑"（白内障、唇腭裂）工程、儿童"两病"（儿童白血病、儿童先天性心脏病）、尿毒症免费血透、重性精神病免费救治、妇女"两癌"（宫颈癌、乳腺癌）免费手术、儿童先天性耳聋人工耳蜗植入及康复免费救治、艾滋病机会性感染患者免费救治等 10 类重大疾病免费救治项目。

（二）提高对 21 种重大疾病患者的保障水平

对城乡贫困人口患耐多药肺结核、肺癌、食道癌、胃癌、结肠癌、直肠癌、慢性粒细胞白血病、急性心肌梗塞、脑梗死、血友病、Ⅰ型糖尿病、甲亢、儿童苯丙酮尿症、尿道下裂,以及地中海贫血、肝癌、尘肺、神经母细胞瘤、儿童淋巴瘤、骨肉瘤、慢性阻塞性肺气肿等 21 种重大疾病的,实行按病种定额救治。

（三）对重大疾病实行分类干预

按照大病集中救治一批、慢病签约服务管理一批、重病兜底保障一批的"三个一批"要求,利用县、乡、村三级医疗卫生资源,根据疾病患者、高危人群和一般人群的分类标准,对贫困人口实行分类健康干预。一是制定大病集中救治方案,确定县（市、区）人民医院为大病集中救治定点医疗机构,为农村贫困患者建立优先就诊制度或开通"绿色通道",落实大病集中救治工作。开展 21 种重大疾病专项救治工作,实行按病种付费总额控制,按照要求落实单病种付费。二是充分发挥乡村医生、计生专干和帮扶干部的作用，通过筛查等方式，及时发现可疑患者，及时诊断、及时救治确诊患者并建立台账，做到新发一例、管理一例、救治一例、销号一例。

二、持续优化慢性病就医管理

赣州在健康扶贫的过程中，积极推动优化慢性病就医管理工作，深化家庭医生签约服务，跟踪保障贫困人员的健康状况。

（一）大力提高慢性病保障水平

调整设置门诊慢性疾病的结算权限，将常见、多发的二类 22 种门诊慢性病的购药医保刷卡结算权限，下放到评估合格的公立定点基层卫生院，并由县级医院开通贫困人口门诊特殊慢性病服务"绿色通道"，缩短检定周期，取消门诊特殊慢性病单张处方金额限制。

（二）扎实开展家庭医生签约服务

组建由市、县、乡三级医务人员构成的家庭医生签约服务团队，将家庭医生服务与健康体检、随访指导、基层巡诊、门诊预约、分级诊疗、慢性病筛查等工作有机结合，为所有贫困人口实施"一对一"签约服务，特别是为 0—6 岁儿童、孕产妇、65 岁及以上老年人、高血压患者、Ⅱ型糖尿病患者、重性精神病患者等不同群体，提供针对性、个性化全程健康管理服务，使家庭医生成为贫困人口的健康"守护人"，逐步实现"首诊在基层、大病到医院、康复回基层"的分级诊疗目标。截至 2019 年，赣州共组建家庭医生团队 3103 个，为 114.35 万名农村建档立卡贫困人口建立健康档案。其中，对 146201 名 65 岁及以上老年人进行健康管理，对 73214 名 0—6 岁儿童进行保健管理，对 3731 名孕产妇进行产前产后管理，对 90713 名高血压患者进行病症管理，对 18511 名 Ⅱ型糖尿病患者进行预防管理，对

20444 名重性精神病患者进行特殊管理，并对 1944 名结核病患者有针对性地开展了健康服务，在病有所医上取得了新进展。

表 7-3　赣州市健康管理服务对象一览表（截至 2019 年）

类型	管理对象	管理人数（人）
健康档案	农村建档立卡贫困户	1143495
其中：健康管理	65 岁及以上老年人	146201
保健管理	0—6 岁儿童	73214
产前产后管理	孕产妇	3731
病症管理	高血压患者	90713
预防管理	Ⅱ型糖尿病患者	18511
特殊管理健康服务	重性精神病患者	20444
健康服务	结核病患者	1944

数据来源：根据赣州市相关资料整理。

（三）着力简化门诊特殊慢性病认定办理手续

针对门诊特殊慢性病认定审批手续烦琐的问题，赣州全面开展门诊慢性病下沉式拉网式集中筛查和上门认定服务活动，变群众"上跑"为医生"下跑"，保障符合门诊特殊慢性病认定的城乡贫困患者就近、便捷享受到基本医疗保障政策。一是组建认定服务团队，开展全覆盖下沉式服务。县级卫生健康部门结合"万名医生进万家"活动，将县直二级医院的全科（专科）医师编入各乡镇卫生院家庭医生签约服务团队，组织分片包干、分期分批下到乡镇卫生院，对辖区慢性病认定工作开展拉网式筛查和集中上门认定服务。二是开辟认定"绿色通道"，主动提供上门服务。对无法提供诊疗佐证材料的疑似慢性病患者，由当地卫健部门组建的认定服务团队组织到所在地乡镇卫生院进行集中筛查，现场评估认定；对因病卧床、行动不便的患者和精神病患者，认定服务团队主动上门认定，确保应筛尽筛、不落一个。三是下放录入权限，缩短录入备案时间。所有承接

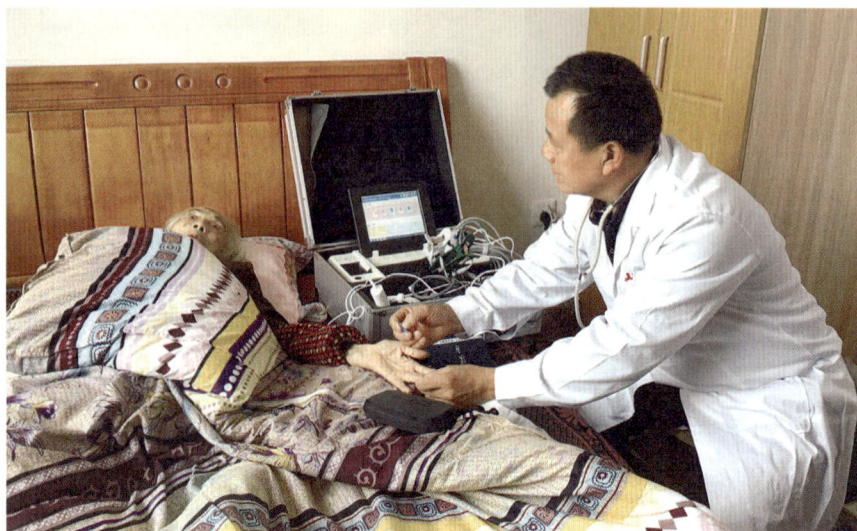

瑞金市的签约家庭医生为贫困人口提供"一对一"上门服务

门诊特殊慢性病认定工作的定点医院，在认定工作结束后的两个工作日内，完成贫困人口门诊特殊慢性病认定信息的医保系统备案工作，让贫困人口即时享受到门诊特殊慢性病医保待遇。四是加快认定后的送达流程，主动提供告知服务。承接门诊特殊慢性病认定工作的定点医院在完成认定工作后的两个工作日内，负责将已办理门诊特殊慢性病备案的贫困患者名单报送当地乡镇便民服务中心，乡镇便民服务中心及时填写门诊特殊慢性病待遇告知书，由结对帮扶干部及时送达帮扶的贫困对象，提升群众的政策知晓率。截至 2019年，全市共组建由县乡两级 5397 名医生参与的慢性病认定服务团队 1668 个，组织开展下沉式集中筛查服务 4579 次，进村入户上门筛查 48499 人，认定慢性病患者 53760 人，让更多符合慢性病认定标准的贫困患者尽早享受门诊特殊慢性病救治政策，有效减少和防止病上加病、贫上加贫现象的发生。

三、高度关注妇女儿童健康

让贫困妇女儿童共享社会发展成果，是全社会共同的责任。赣州充分认识到救助贫困妇女儿童的重要意义，广泛开展妇幼健康体检，普及疾病防治知识，建立健全贫困妇女儿童医疗保障体系，最大限度关爱、帮助贫困妇女儿童，解决好这类群体因病致贫返贫问题。

（一）加强出生缺陷综合防治

全面实施免费孕前优生健康检查、免费婚前医学检查、向育龄妇女免费发放叶酸项目，在贫困地区实施农村妇女"两癌"检查项目，预防艾滋病、梅毒和乙肝母婴传播项目，启动免费基因筛查民生工程，推进新生儿疾病免费筛查和地中海贫血防控项目，降低出生人口缺陷，努力从源头上遏制因病致贫、因病返贫。针对贫困家庭出生缺陷患儿，实施出生缺陷救助项目，为经济困难的患儿家庭减轻负担。倡导优生优育，利用基层计划生育服务力量，加强出生缺陷综合防治宣传教育，切实把预防做到前面，提高出生人口素质。

（二）全面落实妇幼健康项目

将农村妇女宫颈癌、乳腺癌筛查项目和贫困地区儿童营养改善、新生儿疾病筛查项目，扩大到所有贫困县。实施贫困地区儿童营养改善项目和健康促进行动，为农村6—24个月的婴幼儿每天补充1个营养包，累计受益儿童达60余万人，补助资金9739.61万元。通过采取医疗保障政策倾斜措施，有效救助了一批贫困妇女儿童，为贫困妇女儿童发展创造了有利条件。

📋 **案 例**

兴国县慢性病签约帮扶贫困人口

兴国县均村乡长教村低保贫困户陈焕新，家中有 6 口人，居住在 100 平方米的砖混房中，"两不愁三保障"已到位。陈焕新有 3 个儿子，大儿子陈贵忠及小儿子陈锦锋均患有血友病，基本是每月都需到县人民医院门诊购药一次；还有 80 多岁的老父亲在家；妻子在家照顾老人及小孩。全家一年的主要收入来源为陈焕新在外省的务工收入，加上其妻子在家发展养殖产业的收入及低保补助，约计 4 万元。从 2017 年开始，均村乡长教村乡村医生陈朝清及均村乡卫生院的医生，与陈焕新整户进行了家庭医生签约，并开展履约服务，定期进行随访及免费体检工作；同时，协助为陈焕新的两个儿子办理了血友病的慢性病认定，使他们在看特殊慢性病时购药可报销 90%。2018—2019年，陈贵忠和陈锦锋住院及门诊取药共计花费 365590.37 元，"四道医疗保障线"报销 329039.62 元，自付 36550.75 元，报销比例为 90%，极大减轻了陈焕新一家的医疗负担。

第四节 倡导控油限盐健康理念，让群众"更好防病"

长期以来，赣州群众养成了多油重盐、喜食腌腊制品的饮食习惯，导致高血压、心脑血管等疾病成为赣州，特别是农村地区的高发疾病之一。为改变全市居民高盐、高油脂的饮食习惯，赣州坚持以预防为主、从源头上治理，积极先行先试，在江西省率先开展"控油限盐，健康进万家"活动，引导广大群众树立健康、良好的日常行为和生活方式，保护和促进个体或群体健康，推动疾病治疗向健康管理转变，做到"更好防病"。

一、坚持高位推动

赣州高度重视群众的疾病预防工作，把"控油限盐，健康进万家"活动作为健康扶贫的重要内容，予以重点推进，先后举办"健康中国行，律动赣鄱地"健康促进助力脱贫攻坚主题宣传活动暨"控油限盐，健康进万家"健康促进活动启动仪式，组织"控油限盐，健康进万家"科普大讲堂和健康素养知识宣传晚会，提升群众对控油限盐重要性的认识。

二、认真组织实施

组织乡镇卫生院和村卫生室医务人员、驻村工作队、结对帮扶干部、健康教育志愿者等队伍，结合全国"扶贫日""机关干部下基层、连心连情促脱贫"等活动，向全市城乡家庭免费发放控油限盐工具套装（控油勺1个、限盐勺1个、控油限盐健康知识宣传包装袋1个）和宣传画、宣传年历等，引导群众通过使用控油勺、限盐勺改变饮食习惯，提高健康素养。累计发放控油限盐工具套装277万套，受到全市群众的广泛好评。

大余县的"控油限盐，健康进万家"宣传年历

三、培训引导执行

围绕"三减三健"①、《中国公民健康素养66条》、《中国居民膳食指南》等重点内容，分层分级举办健康素养科普知识培训班。市级层面，主要培训市县卫生健康部门、扶贫部门的相关人员，以及各市直（驻市）单位驻村第一书记、驻村工作队队长等健康素养科普知识宣传骨干人员。县乡层面，重点培训以乡镇干部、乡村卫生院（室）和乡镇防保站工作人员、健康教育专（兼）职人员、乡村医生、驻村扶贫干部，以及健康教育志愿者为骨干的乡村健康教育科普宣传队伍；并以社区、居民小区、村小组为单位，组织健康素养科普知识宣讲会。通过举办6000余场（次）的各类宣传培训活动，让群众充分熟悉并掌握控油勺、限盐勺的使用方法。

四、创新宣传实践

强化舆论宣传，广泛播放控油限盐公益广告宣传片，张贴悬挂控油限盐活动宣传条幅、标语、展板，营造浓厚氛围。组织专题知识竞赛，不断提高群众的健康保健意识，塑造自主自律的健康行为。充分发挥各地的积极性、主动性、创造性，扎实开展健康素养科普知识进机关、进社区、进企业、进农村、进学校等活动，广泛带动群众参与。比如，南康区依托社会主义孝老食堂，从老年人入手，开展控油限盐活动，培训食堂掌勺人，按照油盐推荐用量做菜，逐渐改变老年人的饮食习惯，并结合家庭医生问诊，对老年人的血压情况进行监

---

① "三减三健"，指减盐、减油、减糖，健康口腔、健康体重、健康骨骼。

测；安远县以"控油限盐，健康进万家"活动为抓手，将控油限盐核心知识编入《屋场夜话宣讲资料汇编》，结合精准扶贫工作，在各乡镇开展"屋场夜话"政策宣讲活动；龙南市创作"控油限盐，健康进万家"专题快板节目，在各乡镇进行巡演义演，宣传控油限盐核心知识；兴国县的党员自发编写山歌，助推"控油限盐，健康进万家"活动，引导树立健康的饮食习惯。

第五节　启示与思考

习近平总书记指出，要努力阻止因病致贫、因病返贫。越是在深度贫困地区，越要防止因病致贫、因病返贫，避免"辛辛苦苦奔小康，一场大病全泡汤"。赣州作为江西省脱贫攻坚主战场，坚持把健康扶贫作为卫生健康工作第一要务、把防止因病致贫返贫作为主攻方向，通过大力实施健康扶贫工程，创造了不少经验，为全面打赢脱贫攻坚战、建设健康中国提供了有益参考。

一、实施健康扶贫，要坚持制度创新

习近平总书记指出："制度是起根本性、全局性、长远性作用的。"① 在健康扶贫工作中，赣州坚持从制度保障上入手，将提高医疗保障水平和控制医疗费用相结合，建立以"四道医疗保障线"为主体，以"先诊疗、后付费"、"一站式"结算、扶贫病床等惠民

---

① 《习近平关于协调推进"四个全面"战略布局论述摘编》，中央文献出版社2015年版，第81页。

政策为补充的医疗保障体系，通过制度创新，从根本上切断了"贫困—疾病—贫困"的恶性循环，充分发挥了医疗保险"保基本、救大病、托底线"的功能，真正解决了贫困群众"看病难""看病贵"等现实问题。

二、实施健康扶贫，要坚持公平普惠

疾病风险对于贫困户和非贫困户是均等的，健康扶贫政策也应该适用于所有农户，让农户人人公平享有基本医疗保障。赣州在健康扶贫过程中，始终聚焦基本医保需求，坚持尽力而为、量力而行，建立"四道医疗保障线"，将贫困户的医疗报销比例稳定在 90% 左右；逐步将健康扶贫政策扩大到全体农户，有效减缓了差异化医疗保障政策造成的贫困群体和非贫困群体间的医疗保障福利"悬崖差"，让医保政策从"特惠"走向"普惠"，确保了医保制度的长期可持续。

三、实施健康扶贫，要坚持防治结合

习近平总书记强调："没有全民健康，就没有全面小康。"[①]搞好健康扶贫，不仅要想方设法解决贫困户的就医问题，减轻他们的医疗负担；同时，更要做好疾病预防工作，引导群众养成健康、卫生的生活习惯。赣州通过创新实施"四道医疗保障线"、分级诊疗等，有效解决了贫困户因病致贫返贫问题，并以"控油限盐，健康进万家"活动为抓手，引导全社会形成健康、卫生的生活方式，做到了既治标又治本，值得借鉴。

---

① 《习近平谈治国理政》第二卷，外文出版社 2017 年版，第 370 页。

第 八 章

着眼生态改善和减贫脱贫双赢，
扎实推进生态扶贫

习近平总书记指出，要把生态补偿扶贫作为双赢之策，让有劳动能力的贫困人口实现生态就业，既加强生态环境建设，又增加贫困人口就业收入。赣州认真贯彻落实习近平总书记重要指示精神，牢固树立和践行"绿水青山就是金山银山"的理念，坚持扶贫开发与生态保护并重，通过大力发展生态产业、完善生态利益联结机制、加强生态保护修复、创新生态扶贫方式等，做足做好"生态＋扶贫"文章，使贫困人口从生态保护与修复中得到更多实惠，努力实现生态改善和减贫脱贫双赢。

第一节　发挥生态资源优势，打通绿水
青山向金山银山转换通道

2016 年 2 月，习近平总书记视察江西时强调，绿色生态是江西最大财富、最大优势、最大品牌。赣州认真贯彻落实习近平生态文明思想，充分发挥生态资源禀赋优势，大力发展富硒绿色有机农业、健

康养老、全域旅游、林下经济等生态经济，着力将生态优势转化成经济优势，实现绿水青山与金山银山双向转化。

一、借助丰富的山林资源，推进"林业+"扶贫

赣州的山地丘陵面积有 32673 平方公里，占总面积的 82.89%，森林覆盖率达 76.23%，属于典型的丘陵山区地带。开展林业生态扶贫，是赣州走绿色发展之路、实现绿色减贫脱贫的优先选择，也是有效改善当地生态状况、提高贫困群众生产生活水平的优先选择。"十三五"以来，赣州依托林业资源优势，通过发展林业产业扶贫、抓好林业生态工程项目扶贫等措施，辐射带动贫困户 15.5 万户次、贫困人口 57.5 万人次。

（一）发展林业产业扶贫

赣州积极探索"专业合作社+农户""林地入股分红""五统一分"①"公司+基地+农户""国有林场+基地+农户"等多种经营模式，不断提高产业组织和利益联结的深度，推动产业扶贫提质增效。在突出抓好油茶产业的基础上，积极发展适合当地种植、市场需求旺盛、经济价值较高的森林药材、香精香料、森林食品、毛竹、苗木花卉、森林景观利用等林下经济产业。2016 年以来，赣州通过发展油茶、毛竹等林业产业，辐射带动 8 万余户 30 万余人次贫困人口实现增收。

1.突出油茶产业扶贫。油茶新造、油茶低改项目重点向贫困村和贫困户倾斜，加快建设油茶精准扶贫示范基地，打造了一批看得见、

---

① "五统一分"，指统一规划、统一整地、统一购苗、统一栽植、统一抚育和分户经营。

能效仿的高产稳产油茶精准扶贫示范基地。构筑立体化宣传网络，加大对"赣南茶油"等油茶产品品牌的推介营销支持力度。延伸油茶产业链，通过招商引资、引技，培育、引进和壮大一批覆盖面广、带动力强、品牌优势明显的战略投资者或投资商，入驻贫困乡（镇）进行茶油等产品的技术开发，把贫困乡（镇）建设成茶油等产品的供应基地，带动贫困林农致富。

2. 推进森林药材与香精香料产业扶贫。按照"市场主导、合理布局、规模培育、提升效益"的发展思路，积极引进并扶持上规模、有潜力、辐射带动能力强的龙头企业，在有条件的贫困地区发展森林药材与香精香料产业，形成"龙头企业（公司）＋基地＋农户"的经营格局，加快贫困地区脱贫致富。

3. 开发森林食品产业扶贫。大力推进森林野果、森林野菜、食用菌种植和林下家禽家畜及森林蜜源利用为主的森林食品产业，实现森林食品规模化、产业化、集约化发展。在有条件的贫困地区发展森林食品产业，林下养殖三黄鸡、牛、山羊、香猪。

4. 发展苗木花卉产业扶贫。扶持有一定基础条件的贫困村庄，建设苗木花卉生产基地。支持贫困地区加快发展优势乡土树种和"名、特、优、新"树种树苗，通过优选、改良、培育和引进等方式，积极发展能有效满足城乡需求的造林绿化苗木。

5. 实施森林景观利用产业扶贫。扶持贫困地区森林公园和国有林场林相改造以及基础建设，提升森林景观质量和配套服务水平，使森林景观利用成为促进森林旅游业发展，实现企业增效、群众增收的民生工程。鼓励贫困地区设立森林公园，创建省级示范森林公园，建设各类森林旅游目的地，建设森林体验与森林养生基地，改造森林风景资源林相，提高森林旅游综合收入。

深度链接

赣州创新"五统一分"经营模式，
促进林业产业扶贫

一、"五统一分"经营模式的主要做法

实行政府引导，以村、组为单位，由村委会牵头或由当地能人发起，组织成立油茶种植联合体，在林农（贫困户）自愿的基础上进行联合，把各自的林地统一整合起来，实行"五统一分"经营模式，集中连片开发。即：统一规划，就是由林业主管部门的专业技术人员到现场统一规划、设计，并进行技术培训；统一整地，就是使用机械按设计标准统一整地，提高工作效率；统一购苗，就是统一到江西省定点育苗单位采购高产品种优质苗木，确保使用良种壮苗造林；统一栽植，就是集中组织劳力统一整地后，施足基肥，组织农户或聘请专业队伍按栽植标准定植；统一抚育，就是栽植油茶以后，根据油茶幼林抚育技术规程，集中组织劳力，统一抚育；分户经营，就是栽植油茶后，分到各户经营管理。

二、主要成效

解决了统一规模经营问题。林权制度改革后，集体林权被分包到千家万户，林地碎片化问题突出，不利于相对连片集中经营。"五统一分"经营模式有效地将碎片化林地连片集中起来，实现了规模经营。

解决了集约经营问题。由于多数农民没有掌握油茶经营的科学技术，各家各户分散经营，难以将现成的油茶高产栽培技术推广普及到千家万户。实行"五统一分"经营模式，林业主

管部门派出技术人员实行统一技术培训，统一"手把手"地传授各环节高产技术，提高了油茶造林、抚育、施肥、修剪整形等环节的质量。

解决了基础设施建设难协调、难施工问题。林地分包到户后，占用林地在林区修建道路、灌溉设施等基础设施，需协调众多农户，十分困难。由于"五统一分"经营模式惠及千家万户农民，大家都期盼早日通路、通水，协调起来方便了许多。"五统一分"中的"五统"，不仅保障了开发、施工标准和质量，而且大大降低了开发、施工、采购、组织管理的成本，提高了经营油茶的经济效益。

解决了林农担心因林权流转而丢失林地的问题。因林地流转期限普遍较长，不少农民担心时间长林权可能丢失而不愿进行流转，导致林地流转难。"五统一分"经营模式中的林权不需流转，各家经营自家的地，给林农吃上了"定心丸"。

（二）抓好林业生态工程项目扶贫

支持贫困县、贫困村开展重点林业生态工程项目建设，帮助贫困人口增收。国家重点防护林、封山育林等林业生态工程任务和森林抚育等补助资金，优先安排到贫困县。低质低效林改造项目，优先安排贫困村、贫困户；鼓励造林大户、公司企业、国有林场按照自主自愿的原则承租贫困户林地，或贫困户以林地入股，使贫困户增加财产性收益；鼓励吸纳贫困户参与低质低效林改造的整地、造林、抚育、管护等工作，增加贫困户投工投劳收入，并将贫困户的参与比例纳入低质低效林改造考评内容。2018年以来，通过实施林业工程项目，辐射带动2.2万余名贫困人口增加了收入。

（三）实施林业科技扶贫

增强基层林业科技推广队伍的服务能力，进一步发挥林业科技人员在脱贫攻坚中的作用，选派林业技术人员组建林业科技扶贫特派团，与贫困村结对帮扶，深入开展扶贫产业技术指导与服务。通过组织技术培训、发放技术资料、手机短信、微信平台、现场入户宣讲等多种形式，帮助贫困户解决生产技术难题，激发贫困人员发展林业产业的信心和内生动力。开展速生丰产林造林和经营技术、彩化树种和珍贵阔叶树育苗及苗期管理、苗木花卉与森林药材栽培及管理、油茶修剪及稳产高产技术、森林病虫及灾害防控等林业实用技术的推广应用，增强林区贫困人员的技能，助推脱贫攻坚进程。

上犹县紫阳乡组织贫困户参加油茶低改现场培训

📋 **案　例** ————————

发展林下经济，助力精准扶贫

会昌县清溪乡特种菌种植专业合作社成立于 2016 年，主要从事林下灵芝种植、销售工作。2018 年，林下灵芝种植达 400 多亩，林下套种草珊瑚达 800 多亩。合作社通过带动贫困户入股林下种植、年底分红、雇佣贫困劳动力等形式，助力贫困群众脱贫致富。

一是带动入股合作社，让贫困群众变成股东。实行"合作社＋基地＋贫困户"模式，贫困户以土地、资金入股加入合作社，完善利益联结机制，实行林下产业扶贫，从根源上帮助贫困户走出贫困。2017—2019 年，合作社对接 19 户贫困户，以分红的形式给每户每年发放 600 元。

二是指导林下种植，让贫困群众翻身做老板。2018 年，带领周边 100 多户贫困户种植灵芝，进行全程技术指导，包教会种包销售，解决贫困户技术薄弱、销路窄等难题。贫困户种植出来的干灵芝收购价保持在每斤 100 元以上，使每户贫困户创收高达 2 万多元，让贫困户的钱袋子鼓起来，自己当上了老板。

三是雇佣贫困劳动力，让贫困群众在家门口就业。采取聘请贫困户务工的形式，为贫困户解决就业问题，使贫困户通过自食其力摆脱贫困，走上致富之路。2018 年，合作社林下套种草珊瑚共投入 60 万元，其中发放贫困群众务工工资 48 万余元。

二、依托良好的生态环境，开展乡村旅游扶贫

乡村旅游扶贫是基于精准扶贫背景的一种新的扶贫模式，旨在通过对乡村特色旅游资源及产业的开发，带动贫困群众脱贫。赣州依托良好的生态环境，把乡村旅游作为推动精准扶贫的重要抓手，稳步推进乡村旅游富民工程，积极打造特色乡村旅游品牌，努力为贫困人口创业、就业、增收提供平台。

（一）构建利益联结，实现合作共赢

赣州坚持共享旅游发展红利的基本原则，合理运用市场化办法，将景区、公司、村集体、协会（合作社）、基地、农户进行多种组合，形成了"村集体（合作社）+农户"、公司制、"公司+村集体+农户"、股份制、个体等多种模式。比如，于都县屏山旅游区建立了"政府+公司+合作社+贫困户"模式；上犹县园村走出了一条"生态整治、多业融合、全面帮扶"的整村推进新路；信丰县坪地山村通过"支部+公司+贫困户"的方式，建立起贫困户与公司的利益联结机制等。借助构建合理有效的利益联结机制，吸纳贫困群众参与旅游开发，让他们"抱团""抱大腿"发展，大大提高了自我发展能力和脱贫致富能力；同时，也为企业带来大量发展旅游所需要的土地、劳动力、文化资源以及和谐稳定的旅游社区，实现了企业与农户的互利共赢、乡村旅游与精准扶贫的无缝对接。

（二）乡贤能人引领，激发内生动力

赣州开展旅游扶贫工作，还特别注重利用情感纽带，充分发挥社会资本和乡贤能人的引领带动作用。例如，信丰县坪地山村在陈秋生的带领下，推进农村土地流转、入股旅游公司，盘活农村资源资产，激活农村生产要素，吸纳23户贫困户，实现帮扶全覆盖。寻乌县石

崅寨在邝林的带领下，建立"1+3+N"旅游扶贫工作机制，吸纳景区周边 7 个村的 33 户贫困户入股、就业，并提供 3 个旅游扶贫柜台，农户最高年收入达 5.75 万元以上。会昌县古坊村在邹土荣的带领下，成立富民生态农业合作社，利用"产业＋旅游业"的双向产业拉动，覆盖全村 60 户贫困户 316 名贫困人口。这些乡贤能人以家乡情怀和创业精神感染、感动着邻里乡亲，起到了明显的示范引领作用，大大激发了贫困村的内在发展动力，实现了扶贫"造血"功能。

（三）发挥乘数效应，扶贫成效凸显

乡村旅游将一二三产串联起来，让贫困户深度融入市场，参与产业链的高附加值分享，产生的效益是多重的，也是倍增的。赣州依托丰富的山水资源开展乡村生态旅游扶贫，为精准扶贫注入了新的活力和动力，取得了积极成效。

1.增加了就业机会。旅游开发不仅为村民提供了更多的就业岗位，也使他们获得了更多的创业致富机遇。赣州通过推进 3A 级以上乡村旅游点及大型观光农林业等旅游项目建设，为贫困人口提供直接就业和间接从业机会，拓宽贫困人口增收渠道。瑞金市有 2000 余名贫困人口依靠旅游产业增加收入，提前走上致富道路。其中，有 1200 余人通过直接就业或投劳方式带动增收，近千人通过为涉旅企业供应农副产品、获得种植技能培训等方式间接带动增收。石城县以旅游扶贫辐射贫困户 826 户，辐射贫困人口 1397 人。仅大畲示范点就实现旅游人数 150 余万人次，利用建设花海温泉和开放花乐园景区，解决贫困户就业 250 余人，并鼓励贫困户到县内旅游企业就业，吸收贫困户就业 1000 余人次。

2.拓宽了增收渠道。通过实施旅游扶贫战略，赣州各地农村居民的收入稳步提升。截至 2019 年年底，赣州乡村旅游扶贫覆盖贫困村 203 个，带动贫困户 13165 户，同时还吸引了大量农民工返乡创业。比如，龙南市建有乡村旅游扶贫项目5个，覆盖贫困村22个，旅游产业带动建档立卡贫困户增收致富4600余户，户均年增收5000多元。寻乌县通过发展旅游吸纳贫困户115户，带动460名贫困人口；其中，就业25户，入股67户，12户就业并入股，11户就业并流转土地。另外，通过景区销售农副产品、带动发展农家餐饮等措施，助推贫困户脱贫致富。于都县通过土地流转、林地流转、参与景区建设和管理以及运营农家旅馆，开农家餐馆，当服务员、保洁员、帮厨员，还有售卖特产小吃、旅游小商品、农产品等，实现户均年增收6300多元。

3.夯实了产业基础。在旅游扶贫的助推下，赣州相关产业在一定程度上实现了融合发展。通过"旅游+文化""旅游+农业""旅游+电商""旅游+工业"等方式，最大限度发挥旅游业的辐射带动作用，不仅为赣州旅游业发展拓展了空间，也给其他产业发展增添了巨大动能。例如，龙南市抓住乡村旅游特有的拉动力、整合力和提升力，以"旅游+"为手段，推动全产业融合发展，着力打造乡村旅游品牌，推出了客家山歌、客家婚俗、"太平堡"龙船会、香火龙等民俗文化旅游项目，打造了虔心小镇、渡江现代农业产业示范园等一批体验式乡村旅游项目，推出了杨村米酒、紫心番薯、虔山鸡、客家织带等一批特色鲜明的乡村旅游商品。上犹县依托生态休闲度假"百里长廊"的旅游资源，将引进项目落户在旅游扶贫村，招商落地旅游项目10亿元以上，吸引社会资本投资超过100亿元，通过土地竞拍筹集资金6000多万元，租赁农田约1000亩，有效提升了乡村闲置土地的使用率，带动了区域联动发展，促进了周边旅游扶贫工作，推动了贫困户生产就业，增加了农户经济收入。

4.提升了观念素质。旅游业的长足进步和发展，为赣州贫困地区带来了大量人流、物流、资金流、信息流，在思维方式、经营理念等

龙南市关西围景区

方面对当地群众产生了潜移默化的影响。贫困群众的思想观念得到改变，主动致富的愿望更加强烈。同时，各地积极强化对村民的培训，开展多层次、多渠道培训，强化服务意识、经营理念、卫生意识和法律意识，极大提升了贫困群众参与旅游发展的专业技能和服务水平。石城县扶贫对象子女就读旅游学校或旅游专业的，享受扶贫部门的"雨露计划"补助；县内景区景点免费为扶贫对象子女提供导游岗位培训，并提供有偿实习岗位。上犹县通过打造"十个铜钱"赣南客家美食旗舰店，组织有意愿开办农家乐的贫困户开展餐饮知识培训，提高他们经营农家乐的水平。

📋 **案　例** ————

大余县创新旅游扶贫新机制

大余县着力创新旅游扶贫机制，坚持一手抓旅游、一手抓扶贫，构建了依村兴旅、以旅助农、农旅一体、城乡互动的产业发展新格局。

一、"三级受益"机制：用美丽打开致富之门

大余县丫山景区的森林覆盖率高达92.6%，是国家4A级旅游景区。大余县依托丫山景区，用市场手段推进"三级受益"机制，探索出了一条依靠乡村旅游特色经营模式实施旅游扶贫的路子。

第一级受益机制，即大余章源生态旅游公司租用村民的房子、土地，村民仍可以在原地居住；无偿对民居进行改造或装饰装修，房屋的产权仍归村民所有。

第二级受益机制，即无论盈亏，大余章源生态旅游公司都给予原住村民每户民居600元/月的租金，并为每户60岁及以上老年人提供每月300元/人的赡养补贴；有劳动能力的原住村民可被优先录用进景区工作，根据岗位，每人可获得2000—3000元以上/月的工资报酬；另外，景区还给予迁出居住的原住村民免费回丫山住生态酒店30天/年/人的待遇。

第三级受益机制，即以"模块化经营，物业化管理"模式，将产业模块化分包经营，大余章源生态旅游公司只负责物业管理。在不同文化定位的乡村景点，村民可分包并经营不同的生态产业。在经营前期，该公司全力负责项目的创意、研发、包装、

宣传以及培训原住村民经营，并给原住村民提供景区包销、保本经营的福利。

二、"景区＋农民"机制：让村民既当股东又当员工

大余县充分发挥旅游业"带一接二连三"的作用，把乡村旅游与扶贫开发对接起来，让农民更多地共享产业发展红利。以丫山景区所在的大龙山村为例，增加农民收入的具体方法就有多种。

在土地流转收入方面，景区共流转大龙山村 16 户贫困户，以及周边的土地、林地 2 万多亩，每亩年收益 500 元左右，户均年增收 2000 元左右。

在景区建设施工收入方面，景区自开发以来，陆续打造了九成山舍、道源书院、A 哆乡村等景点工程，其施工、装修、维护等环节累计提供了近 600 个施工岗位，仅贫困户就有 200 多人参与建设，收入不低于 80 元／人／天。

在景区岗位收入方面，优先招聘贫困户为景区工作人员，月收入 2200 元左右。同时，随着景区的软硬件设施日益完善，每成功开发一个项目，就为贫困户带来就业的机会。例如：景区运营乡村水上乐园，为村民创造了 10 多个就业岗位；成立丫山民俗演艺团以来，为近 40 名原住村民提供了月均 300 元以上的演出费……

在农家旅馆收入方面，租用原住民的房子，免费帮村民改造升级房子，引导村民独立经营民宿旅馆。贫困户和其他农户共计 78 户，以每间每天 100 元的价格，长年提供整洁、干净的农家旅馆租给游客，户均年增收 1 万元以上。

在农家餐馆收入方面，引导村民独立经营农家餐馆。景区周边有农家餐馆 11 家，老板均为周边农户，并吸纳当地 70 多名农

户就业，其中贫困户 9 人，人均月收入 2200 元以上。

在农特产品销售收入方面，搭建富农平台，给农特产品提供精准的销售渠道。景区打造了九回头乡食街、糖坊、油坊等农商农艺特色街和手工坊，惠及周边 260 多户农民。农民可通过售卖农特产品，或为度假酒店和农家餐馆提供土产禽畜、生态青菜等农产品，多途径获得收入。

三、"全域化发展"机制：跑出旅游扶贫加速度

为推动旅游扶贫全域化发展，大余县将新农村建设、交通、水利、农业开发、产业扶持等各项涉农资金打包运作，共同用于旅游扶贫。目前，该县规划建设了牡丹亭文化公园、国家湿地公园等 12 个投资亿元以上的旅游扶贫大项目，打造旅游扶贫示范点 23 个，旅游扶贫产业基地 109 个，新发展农家旅馆 350 家、农家乐饭馆 586 家。2019 年，全县实现旅游观光人数 789.03 万人次，旅游总收入 51.21 亿元。

同时，大余县以路串点、以路联景，串联红色旅游文化带、特色农业产业带、生态养生度假基地和民俗文化廊道等"红、古、绿、黑"特色项目、特色景点，打造了"百里乡村旅游扶贫长廊"，因地制宜地采取"景区（公司）＋旅游合作社（协会）＋贫困户""旅游协会＋贫困户"等模式，带动 6115 多户贫困户获得自主经营、务工、土地流转等方面的稳定收入，户均年增收近 3 万元，有效斩断了"穷根"。

三、发展绿色循环经济，助力脱贫攻坚

（一）大力发展循环经济

开展畜禽养殖废弃物资源化利用，在江西全省率先推广"高床

养殖节水减污技术＋农业综合利用"模式，主推"猪—沼—果"立体种养农业循环利用。截至 2019 年年底，全市畜禽养殖废弃物资源化利用率达 88.9%。开展工业固废综合利用、生活垃圾资源化利用，2019 年，赣州各类工业固体废弃物总量为 1703 万吨，年综合利用率达 72%。推进赣州餐厨废弃物资源化利用和无害化处理项目列入国家试点，年处理餐厨废弃物总量为 7.3 万吨，上网发电量达 1013.5 万度。2019 年，赣州获批 5 个国家级绿色工厂、1 个国家级绿色园区、12 个省级循环经济试点园区，为推动资源循环利用、促进贫困地区经济社会发展打下坚实基础。

（二）大力发展绿色经济

按照产业生态化、生态产业化思路，一方面，推动稀土和钨、家具等传统产业转型升级，并加快布局新能源汽车及其配套、生物医药、电子信息、数字经济等战略性新兴产业，促进地方经济发展。此

于都县盘古山光伏扶贫示范点

外，把新能源扶贫作为创新精准扶贫方式的有效途径，积极探索实施光伏扶贫、风电扶贫等生态扶贫新机制，带动贫困户增收，助推脱贫攻坚，取得了积极成效。另一方面，按照"生态+"的理念，大力发展富硒绿色有机农业、健康养老、林下经济等生态绿色经济，着力将生态优势转化成产业优势。2019年，赣州新增绿色有机农产品60个，有效期"三品一标"达445个。

案 例

定南县深入实施畜禽粪污资源化利用改革，构建绿色生态循环农业

定南是生猪养殖大县，一边是环保压力，另一边是畜牧业的支柱地位，两难抉择一度让该县"谈猪色变"。直至2017年，该县引进赣州锐源生物科技有限公司建设了正合绿色生态农业循环园，畜禽粪污处理难题才得以有效破解。

"对畜禽粪污全量化、资源化综合处理，生产的沼气用于发电，沼渣、沼液转化成了农林产业'量身定制'的有机肥。"该县农业农村局负责人说，通过"变污为宝"，绿色农业循环产业闭合链也有效推进了油茶、蔬菜、脐橙等产业的优质、绿色发展，并带动了当地贫困群众脱贫增收。2019年，正合绿色生态农业循环园形成的"N2N+"区域生态循环农业模式，成为江西省农业农村厅主推的农业技术之一，并荣获中国沼气+创新创业挑战赛冠军。

第二节　完善利益联结机制，多途径
助力贫困群众分享生态红利

在推进生态扶贫过程中，赣州坚持生态惠民、生态利民、生态为民思想，结合当地实际先行先试、大胆探索，通过深化集体林权制度改革、健全生态保护补偿机制、实施"河权到户"试点、开发生态公益岗位等举措，建立完善生态利益联结机制，完善收益分配制度，让更多贫困群众参与到生态扶贫中来，共享绿水青山带来的生态红利。

一、深化集体林权制度改革，助力贫困群众增收

赣州的林地面积有 4586.6 万亩，森林覆盖率达 76.23%。林权是许多农民最为主要的资产，也是大部分贫困户最为关键的经济来源之一。深化集体林权制度改革，加强林权有序流转，推动林权抵押贷款，对盘活农村集体资产具有重大意义，对拓宽贫困林农资金来源渠道、有效促进贫困林农的生产积极性，同样具有重要意义。赣州通过创新林业投融资机制、创新林业经营办法，以及引入市场化资金和专业运营商等做法，全面深化集体林权制度改革，赋予贫困户承包经营山林的更多权益，使他们依托林地林木增加财产性、经营性收益。

（一）健全服务体系，促进林业规模经营

赣南森林资源丰富，但高度分散，林农对自有林地的处置方式也向多元化发展，以往的林业基层服务机构已难以满足林业经营者对"活用"森林资源的需求。同时，林权流转涉及法律、经济等各方面，程序烦琐，常年身处山区的林业经营者办理起来十分困难。为此，赣

州探索建立市、县、乡、村四级林权流转管理服务平台体系，将辖区范围内的商品林流转全部纳入林权流转管理服务平台，承担合同指导、鉴证及备案、流转合同纠纷调解等业务受理，以及原件核查与信息上传等职能。通过信息发布、交易和林权变更，实现林权流转信息化、网络化管理。林农取得林权证后，可依法采取转让、出租、入股、抵押或其他方式流转，为促进林业规模经营打下良好基础。截至2019年年底，赣州已完成17个县级林权流转管理服务中心、133个乡（镇）级和448个村级林权流转管理服务窗口建设，实现了市、县两级林权流转管理服务中心全覆盖，各县（市、区）至少完成1个示范乡和1个示范村建设。

（二）拓宽融资渠道，唤醒沉睡绿色资源

随着社会经济的多元化发展，林业经营者对流动资金的需求不断加大，林权抵押成了将资源变资金的最佳渠道。但由于林权资产存在评估难、监管难、风险处置难等问题，在缺乏有效担保的情况下，金融机构不愿对林业经营者发放贷款。加上金融机构本身不具备林地林木经营管理经验，遇到林权抵押贷款无法按合同约定偿还债务时，对抵押物（森林资源资产）的处置有难度，导致林权抵押贷款工作难以推进、推广。经过周密的调研策划，赣州出台实施意见，指导各县（市、区）依托国有林业经营实体，组建国有性质的林业收储中心，在林农、林业合作经济组织、林业龙头企业和银行业金融机构之间，搭建投融资担保服务平台，作为第三方为林权抵押贷款人提供贷款担保，打消银行业金融机构的放贷疑虑，对林权抵押贷款中逾期后未清偿债务的抵押物依法予以收储。自开展林权抵押贷款业务以来，极大增强了广大林农的发展积极性，为赣州林业发展注入了强心剂。截至2019年年底，累计林权抵押贷款面积达477.18万亩，贷款金额63.79亿元。在实践中，赣州还逐步构建了评估、担保、收储、流转、贷款"五位一体"的林业服务体系,部分县(市、区)进一步整合林木资源收储、流转交易、资产评估、抵押担保、信息沟通交流等服务职能,为林业经营者提供林权评估收储、抵押贷款、林权转让变更等"一站式服务、一窗口办理",有效解决了林木资源评估难、收储难、管护难、贷款难、处置难、经营难等问题。

(三)探索林地赎买机制,破解生态民生矛盾

赣州现有的生态布局,是在2001年根据当时的社会经济、交通状况、生态需求来区划界定的。党的十八大以来,社会经济快速发展,铁路、高速公路等交通网线更加完善,一大批山林被列入城镇周边、重点水土流失区、主要交通干线等重点生态区位。其中,多数商品林由林农个人投资造林,无法享受生态补偿;同时,还要按照有关政策规定接受强制性保护,无法充分进行开发利用。为破解生态民生矛盾,赣州坚持以"生态得保护,林农利益得维护"为目标,以自愿有偿、公开公平公正和生态优先为原则,积极探索林地赎买机制,实现了政府赎买林地的新突破。比如,寻乌县在不改变林地用途、补偿费不低于当地林地征用占用补偿标准、妥善安置被赎买林地农民的基础上,以赎买方式,一次性补偿后,将重点生态区位的废弃果园、低质低效林地转为生态公益林。同时,该县争取到上级非国有商品林赎买试点补助资金400万元,在重点生态区位实施政府赎买林地14744.2亩。

(四)建设"生态银行",打通青山变金山通道

在林改均山到户的背景下,单家独户经营成本高、收益低、见效慢。如何在保障林农利益的前提下,更好地将分散的森林资源进行整合,如何更好地实现资源变资产、变资本,是一个亟待解决的重大课题。2017—2019年,中央一号文件连续3年提到"资源变资产、资金变股金、农民变股东"。受此启发,赣州探索建设"生态银行",

即借鉴商业银行分散化输入和集中式输出的模式，建立自然资源管理、开发、运营平台，对碎片化的生态资源进行集中收储和规模化的整合优化，转换成连片优质高效的资源包，并委托运营商进行经营，实现生态环境保护前提下的资源、资产、资本三级转换，推动绿水青山转化为金山银山。同时，赣州鼓励和引导采取租赁、承租倒包、林地托管、林地股份合作、"企业＋合作组织＋农户（家庭林场）＋基地"等多种形式，推进林地流转。抓好林地适度规模经营财政奖补，对符合《江西省林地适度规模经营奖补办法》的林业合作社、家庭林场（专业大户），实行按上年净增的流转面积50元/亩的标准予以奖补：对林业合作社，每个最高奖补5万元；对家庭林场（专业大户），每个最高奖补3万元。

二、健全生态保护补偿机制，助力贫困群众增收

2016年4月，国务院办公厅印发《关于健全生态保护补偿机制的意见》。文件指出，生态保护补偿资金、国家重大生态工程项目和资金，按照精准扶贫、精准脱贫的要求向贫困地区倾斜，向建档立卡贫困人口倾斜。赣州是我国南方地区的重要生态屏障，全市18个县（市、区）有17个被列为国家重点生态功能区，生态地位十分重要，生态保护责任极为重大。为了既保护好绿水青山，又不让老百姓受穷，赣州积极争取上级支持，探索建立多元化生态保护补偿机制，通过生态保护补偿等政策增加转移性收入，着力解决贫困地区生态工程建设资金不足、贫困人口因保护生态环境收入不高等问题。

（一）强化森林生态补偿扶贫

赣州用足用好国家的林业生态补偿政策，不断增加林农参与生态保护建设的收益和获得感。在争取实施国家天然林保护工程过程中，

将贫困村天然起源的林分优先纳入国家天然林保护工程范畴，并在尊重群众意愿的基础上，对协议停止商业性采伐的天然林按国家有关政策给予补偿。2018 年，争取国家和江西省将生态公益林补偿及天然林管护补助标准由 20.5 元 / 亩提高到 21.5 元 / 亩，下达赣州公益林补偿和天然林管护补助资金共 4.5 亿元；2019 年，把位于国家级自然保护区内的生态公益林的补助标准提高至 26.5 元 / 亩。通过积极争取中央和江西省的生态公益补偿资金，切实加强生态公益林管护，辐射带动 10 万名以上贫困人口获得长期、稳定的收益。

（二）探索多层次流域生态补偿机制

1. 建立东江流域上下游横向生态补偿机制。2016 年 10 月，江西、广东两省签订《关于东江流域上下游横向生态补偿的协议》。赣州获得东江流域生态补偿资金 15 亿元，用于东江流域污染治理、生态修复、水源地保护、水土流失治理和环境监管能力建设等五大类生态建设工程，惠及会昌县、寻乌县、安远县、龙南县、定南县等 5 个县的群众。2019 年 12 月，在首轮试点取得良好成效的基础上，江西、广东两省签订《东江流域上下游横向生态补偿协议（2019—2021 年)》，启动实施第二轮东江流域生态补偿试点。

2. 与江西全省共建共享省域内生态补偿机制。为加快推进生态文明试验区建设，建立合理的生态补偿机制，加大流域水环境治理和生态保护力度，不断提升水环境质量，保障长江中下游水生态安全，江西省于 2015 年在全国率先建立流域生态补偿机制。其中，2016 年安排流域生态补偿资金 20.91 亿元，对水质改善较好、生态保护贡献大、节约用水多的县（市、区）加大补偿力度，调动保护生态环境的积极性。截至 2019 年年底，赣州获省域内流域生态补偿资金 42.27 亿元，主要用于生态保护、水环境治理、森林质量提升、森林资源保护、水资源节约保护、生态扶贫和民生改善等。

3.建立市域内上下游横向生态保护补偿机制。2019年5月，赣州市生态环境局、市财政局、市发改委、市水利局联合印发《赣州市建立市内流域上下游横向生态保护补偿机制实施方案》，计划到2020年年底，全市所有县（市、区）都建立流域上下游横向生态保护补偿机制，基本建立全流域上下统一、齐抓共管水生态环境保护和修复的制度体系，基本形成市内流域上下游联防联控、协同治理的工作格局，着力解决突出的环境问题，积极推进生态文明建设，促进形成绿色生产方式和生活方式。

📋 **案　例**

流域生态补偿，助推精准扶贫

寻乌县是东江流域源头县之一。2016—2018年，该县获东江流域生态补偿资金4.98亿元，将补偿资金重点用于生态移民、农村环境整治、稀土废弃矿山治理等方面，助推精准扶贫取得显著成效。

补偿资金用于生态移民，改善生产生活环境。2017年，安排补偿资金6400万元用于饮用水源保护区17个村民小组515户进行整体搬迁。按每人每年1000元连续5年发放产业发展补助资金，帮助移民户通过租用山林、土地发展产业，并开展"一对一"培训，确保有劳动能力的移民户实现就业，让群众"搬得出、稳得住、能致富"。

补偿资金用于环境整治，建设美丽宜居乡村。2018年，安排补偿资金1057万元用于农村生活污水和垃圾收集处理，推进城乡环卫全域一体化第三方治理，使农村的垃圾、生活污水、畜禽养殖污染得到有效治理，提高群众生活质量，改善农村生态环境。

补偿资金用于矿山治理，提高土地产出效益。在对废弃的稀土进行土壤改良后，采取整地挖穴、回填容土、下足基肥的方法，引导贫困群众在适宜地块种植柑橘、脐橙、油茶、百香果、竹柏等经济林木增加收入，提升综合治理效益，实现生态治理与脱贫攻坚双向共赢。

三、实施"河权到户"试点，助力贫困群众增收

赣州为赣江、东江"两江源头"，水系交错，河流众多，水资源丰富，山区性乡村河流面广量大。为充分发挥河流资源优势，既破解河道保洁和长效治理的资金难题，又为当地群众增加收入提供新路子，赣州学习借鉴浙江省丽水市"河权到户"改革先进经验，探索适合当地实际的河权制度改革，充分发挥河道绿色经济效益，助力赣州脱贫攻坚和国家生态文明示范区建设。

"河权到户"，即把河道经营权像承包田、承包山一样分段承包出去，承包人有权在河道经营特色渔业、乡村休闲旅游，同时负责河道的日常管护。考虑到赣州山区河流众多，"河权到户"关系千家万户，涉及政府多个部门，赣州采取先试点、后整体推进的方式进行，在2019年首批选取了会昌县、寻乌县、安远县3个县作为试点。其中，寻乌县选取马蹄河九曲湾水库大坝下游段作为试点，通过公开拍卖河权的方式面向社会择优选择承包人，开展"河权到户"改革试点。会昌县选取周田镇石坝河为试点，实施方案经县河长办会议讨论通过后，召开村民代表大会民主评议，确定试点河道经营权的承包方案、承包人。安远县选取欣山镇濂水部分河段作为试点，参考学习丽水的承包流程模式，探索"河权到户"改革。

实施"河权到户"改革试点后，承包人积极主动履行河道养护责任，创造河道生态收益，真正变"死水"为"活水"，实现了"以河养河"的目标。比如，寻乌县在 2019 年通过试点，当地政府获得 12.41 万元的承包收入，解决了试点河道周边 5 名贫困人口的就业问题。安远县通过改革试点节约河道保洁员工资 1.44 万元，实现当地贫困人口就业 16 人。会昌县的河道承包主体积极参与当地经济、文化活动，通过河道漂流项目，带动周田镇岗脑村、大坑村 22 名贫困劳动力实现稳定就业。

四、开发生态公益岗位，助力贫困群众增收

一方面，积极落实好国家生态公益岗位政策。自 2016 年国家林业局启动生态护林员项目以来，赣州积极争取国家和江西省在建档立卡贫困人口生态护林员指标安排上给予重点倾斜。2017—2019 年，国家、江西省连续 3 年增加赣州的生态护林员指标；其中，2019 年增加 3677 名。截至 2019 年年底，赣州生态护林员总数达 11165 名，按照每个生态护林员每年人均 1 万元的标准落实补助资金，直接辐射带动 3 万余名贫困人口增收脱贫，实现"一人护林，全家脱贫"。另一方面，结合实际大力开发一批生态公益岗位。为了把更多贫困群众联结到生态扶贫中来，各县（市、区）根据当地实际情况，有针对性地开发生态公益岗位，安排符合条件的贫困劳动力实现家门口就业。例如，上犹县创新提出开发"八员三工一干"生态扶贫就业专岗①，分

---

① "八员三工一干"生态扶贫就业专岗，指生态环境监察员、山林防火护林员、地质灾害安全员、河道水库管理员、乡风文明监督员、社会治安维稳员、农村气象信息员、食品安全监督员，卫生监督保洁工、乡村道路养护工、乡村中小学清洁工，以及农村就业扶贫专干。

别给予每人 200 元 / 月、600 元 / 月、1200 元 / 月的务工补贴，带动当地贫困群众走上稳定脱贫增收之路。

案 例

南康区大力推行生态护林员制度，助力脱贫攻坚

自当时的国家林业局在全国贫困县实施生态护林员制度以来，南康区积极沟通协调，争取在生态护林员名额安排上向该区倾斜，4 年来共争取到生态护林员名额 1750 人。从 2017 年 5 月起，每年安排 380 万元本级财政资金选聘生态护林员，3 年来共增加生态护林员公益性岗位 1140 个，全部安排给建档立卡贫困户。该做法得到了国家、江西省、赣州市林业部门的好评。

在实施生态护林员制度过程中，南康区严格遵循"公平、公正、公开、择优"的原则，认真做好生态护林员的选（续）聘工作；在生态护林员队伍的管理上，该区通过加强教育培训、明确管护责任、压实村"两委"监管责任、严格考核奖惩机制等方式，督促生态护林员常态化巡山护林，真正实现了生态扶贫和森林资源保护双收益的成效。

1 名生态护林员基本上可以带动 1 个贫困家庭脱贫。2016 至 2019 年，南康区依托中央财政并通过该区本级财政，共安排生态护林员资金 2890 万元，安排生态护林员公益性岗位 2890 个，安排贫困人员就业 2890 人次，带动了 1047 户贫困户先后脱贫，占全区贫困户的 4.3%。到目前为止，被选聘为生态护林员且已脱贫的 1047 户贫困户无一返贫，真正实现了"生态补偿脱贫一批"的目标，为南康区脱贫摘帽作出了积极贡献。

自实施生态护林员制度以来，南康区的森林资源管护成效也很明显，主要体现在森林火灾得到有效防控、林区秩序逐步好转、森林资源稳步增长。2018 年和 2019 年，该区零火灾记录；3 年来，该区森林覆盖率提高了 3.5%，林木活立木蓄积量增加了 171 万立方米。

第三节　加强生态保护修复，持续提升贫困群众的生产生活条件

习近平总书记指出："良好生态环境是最公平的公共产品，是最普惠的民生福祉。"[①] 保护生态环境，关系最广大人民的根本利益。赣州在推动绿水青山向金山银山转换、助力脱贫攻坚的同时，始终注重加强生态保护修复，坚持做到在保护中开发、在开发中保护，既让群众能够依靠生态走上脱贫致富路，实现"一方水土养一方人"，又避免因发展经济失去了群众赖以生存的绿水青山、蓝天白云。

一、大力实施山水林田湖草生态保护修复试点

2017 年，赣州被纳入国家首批山水林田湖草生态保护修复试点，也是全国首批 4 个试点地区中唯一的设区市。在实施试点过程中，赣州积极探索系统治理、齐抓共管的新方法、新路径，努力为生态文明建设创造一批典型经验和成熟模式。

---

① 《习近平关于全面建成小康社会论述摘编》，中央文献出版社 2016 年版，第 163 页。

（一）探索修复"三同治"模式，废弃矿山重现绿水青山

以"沃土壤、增绿量、提水质"为目标，坚持"山上山下、地上地下、流域上下游同治"的综合治理模式，曾经的"红色沙漠"，如今绿意如春、鸟唱蝉鸣。

——山上山下同治。山上开展地形整治、边坡修复、截水拦沙、

寻乌县废弃稀土矿山治理和生态修复前后对比图

（上图为治理前，下图为治理后）

植被复绿等治理措施；山下填筑沟壑、沉沙排水、兴建生态挡墙，消除矿山崩塌、滑坡、泥石流等地质灾害隐患，控制水土流失。

——地上地下同治。地上集中连片地块建光伏扶贫电站，零星分散地块通过外运客土、撒施石灰、增施有机肥等措施改良土壤，种植油茶、百香果等经济作物；坡面采取穴播、条播、撒播、喷播等多种形式恢复植被，同时，兴建排水沟，分流平面水流；地下采用截水墙、水泥搅拌桩、高压旋喷桩等技术工艺，拦截引流地下污水至地面生态水塘和人工湿地，进行生物削氮减污治理。

——流域上下游同治。上游通过稳沙固土、恢复植被，控制水土流失，实现稀土尾沙、水质氨氮源头减量；下游通过清淤疏浚、砌筑河沟生态护岸、建设梯级人工湿地、新增水终端处理设施等水质综合治理系统，实现水质末端控制。上下游治理目标系统、一致，确保全流域稳定、有效治理。

（二）探索水土流失治理"赣南模式"，叫崩岗披绿衣，让沙洲变良田

按照布局综合化、治理多样化、措施多元化、林草植被全覆盖的思路，根据不同类型崩岗的形态特点，因地制宜，采用生态开发型、生态旅游型、生态修复型等模式进行综合治理。曾经沟壑纵横、山体破碎的地貌，如今花草遍地、林果成行。

——生态开发型。对交通便利、靠近居民点的崩岗，采取山上带帽、山腰种果、山下穿靴的方法，将崩岗整治成水平梯田，在坡面铺设椰丝草毯，撒播草籽，并在田埂、外坡以及道路边坡种植林草复绿。平面整治后，形成可开发利用的土地，通过承包、租赁等形式，种植杨梅、脐橙等经果林，打造花果庄园。

——生态旅游型。对城镇周边、靠近旅游景点的崩岗，依托周边旅游资源，将崩岗治理与乡村旅游相结合，把崩岗、水系、农田、村

庄、道路作为一个有机整体,进行统一规划设计、综合治理,打造成集生态休闲、旅游观光、科普教育于一体的水保生态示范园。

——生态修复型。对交通不便、远离居民点的崩岗,采取上截下堵、中间削、内外绿化的方法,外沿挖避水沟、塌面削坡、建挡土墙,沟口修筑谷坊,并把沟外冲积扇修成平地种树植草,加快崩岗自然恢复进程。

(三)探索小流域治理"生态清洁型"模式,确保两江清水送南北

为保障东江一江清水向南流、赣江一江清水入鄱湖,按照小流域分区治理的思路,做好"保水护水"文章。

——生态化"疏河理水"。以小流域为单元,岸上进行植被修复,建生态护坡;岸下进行清淤疏浚,建梯级拦沙坝,为水生植物提供栖息场所。水上进行渔业整治、垃圾清理,水下进行增殖放流、人放天养,增加水体生物多样性,增强小流域水体自净能力。

——多元化"治污洁水"。根据南方农村单户独居、多户散居、片区聚居的人居环境特点,农村生活污水治理因地制宜,采用单户式一体化污水厌氧处理、分散性多户式氧化塘生化处理、片区式人工湿地归集处理等多种模式,有效收集处理农村生活污水,改善农村人居环境。

——生物化"消劣净水"。采用政府购买服务的方式,引进第三方治理小流域稀土尾水。企业依据流域不同特点,创新采用 BIONET 生物处理工艺、双级渗滤耦合技术等尾水处理技术,通过人工培养驯化的微生物群,在好氧与厌氧条件下,进行硝化反硝化,去除水中的氨氮和总氮,确保出境断面水质达标排放。

通过山水林田湖草生态保护修复试点,赣州在积极融入绿色发展、美丽中国建设的大局中,因势利导,扬优成势,助力绿色产业发展、

上犹县梅水河小流域治理项目

脱贫攻坚和乡村振兴，有效实现经济、社会、生态综合利益最大化。

生态保护修复助力绿色产业发展。寻乌县在推动废弃矿山环境恢复治理的过程中，开发建设工业园区用地7000亩，入驻企业50家，直接收益在5.12亿元以上，实现"变废为园"；建成2个光伏发电站，年发电量3875万千瓦时，年收入达3970万元，实现"变荒为电"；建设高标准农田1800多亩，种植油茶等经济作物1200多亩，实现"变沙为油"。南康区、全南县等县（区）实施农村土地整治，建设高标准农田1.91万亩，带动高品质蔬菜产业2462亩，通过规模种植和特色种植，实现增产增收。信丰县通过实施山水林田湖草生态保护修复项目，引进社会资本2亿多元，复垦修复灾毁土地，推行2.5万亩"水肥一体化"，打造脐橙特色小镇，发展现代农业产业园。

生态保护修复助力脱贫攻坚。将低质低效林改造、生态公益林补偿、天然林保护、林下经济发展与精准扶贫深度融合，引导工程造林大户吸纳贫困户务工投劳。例如，全南县吸纳贫困户 80 人参与造林、抚育等改造工作，务工收入为人均 800 元左右 / 月；与 394 户贫困户签订天然林停止商业性采伐协议，发放资金 31.1 万元，并聘请贫困户管护员 56 名，确保生态受保护、贫困户得实惠。寻乌县通过政府奖补、银行信贷、合作社和龙头企业等带动措施，带动全县 1557 户贫困户、辐射带动 5184 名贫困人口，开发种植龙脑樟、灵芝、铁皮石斛等特色产业，推动产业发展绿色转型，助力贫困户脱贫致富，实现生态保护修复与贫困户收入双提升。

生态保护修复助力乡村振兴。章贡区借助生态保护修复综合治理工程，打造了以火燃村为中心的翡源水土保持示范园、花田小镇生态体验园、火燃村水土流失综合治理工程、祺顺产业示范园和山水林田湖生态工程博览园为主的"五园"生态经济链，既治理了生态环境，又吸引了观光游客，带动当地经济社会发展，促进贫困群众增收。宁都县结合山水林田湖草生态保护修复工程，大力实施农村环境综合整治，打造集森林氧吧、运动健身、休闲观光、采摘美食为一体的生态体验园，建设特色运动小镇和乡村旅游村，开创了"生态治理＋现代农业发展＋集体经济增收"的可持续发展模式，探索了生态扶贫新路子。

📋 案　例

寻乌县实施山水林田湖草生态保护修复工程，实现废弃矿山向金山银山转变

寻乌县积极践行山水林田湖草生命共同体理念，先后投入 9.55 亿元开展废弃矿山综合治理与生态修复工程，有效破解了废

弃矿山系统治理、整体治理、常态治理难题，实现了生态优化、产业发展、群众致富的"三赢"。截至 2019 年年底，治理修复面积 14 平方公里，复绿 1.4 万亩。该做法被列入 2019 年全国省部级干部深入推动长江经济带发展专题研讨班培训教材、全国生态文明建设工作现场会和全国国土空间生态修复工作会议典型案例材料。

在废弃矿山治理中，该县积极践行"两山"理念，坚持"生态＋"治理模式，将生态修复、环境保护、产业发展、民生改善统筹考虑，因地制宜推进生态产业发展，助力当地贫困群众脱贫致富。

一是"生态＋工业"。将石排村连片稀土工矿废弃地打造成寻乌县工业用地，开发建设工业园区用地 7000 亩，为工业发展提供充足的用地保障。目前，该园区已入驻企业 50 家，新增就业岗位近万个，直接收益 5.12 亿元以上，实现"变废为园"。

二是"生态＋扶贫"。通过引进社会资本，在石排村、上甲村治理区投资建设爱康、诺通 2 个光伏发电站，装机容量达 35 兆瓦，年发电量 3875 万千瓦时，年收入达 3970 万元；综合治理开发矿区周边土地，建设高标准农田 1800 多亩，利用矿区整治土地，种植油茶、百香果、猕猴桃、龙脑樟等经济作物千余亩，既改善生态环境，又促进农民增收，实现"变荒为宝"。

三是"生态＋观光"。以矿区生态修复为依托、以美丽乡村建设为载体，改造提升 206 国道至稀土废弃矿区道路 7 公里，建设自行车赛道 14.5 公里，以及步行道 1.2 公里。统筹推进矿山遗迹、科普体验、休闲观光、自行车赛事等文旅项目建设，与青龙岩旅游风景区连为一体，着力打造旅游观光、体育健身胜地，促进生态效益和经济效益、社会效益的统一，逐步实现"变景为财"。

二、紧密结合脱贫攻坚，扎实推进农村人居环境整治

赣州深入贯彻落实习近平总书记关于脱贫攻坚和改善农村人居环境的重要指示精神，以建设"整洁美丽、和谐宜居"新农村为目标，以"四好农村路"①建设、农村"空心房"整治、生活垃圾治理、生活污水治理、"厕所革命"、农业生产废弃物资源化利用等为重点，与污染防治攻坚和脱贫攻坚紧密结合，大力推进农村人居环境整治。针对农村点多面广、点状分散分布的特点，赣州科学制定实施《赣州市农村人居环境整治三年行动实施方案（2018—2020 年)》，先点后面、先易后难，从试点示范到全面推开，分年度、分步骤推进村庄"七改三网"②项目实施，彻底改变农村面貌。习近平总书记在 2019 年 5 月 20 日视察赣州时，赞誉赣南农村气象新、面貌美、活力足、前景好。

（一）主要目标

坚持问题导向，将村庄划分为条件较好村、一般村、较差村等三类，分步分类推进实施，并提出到 2020 年，实现"有新房、有新村、有新貌"，村庄干净、整洁、有序，村民的环境与健康意识普遍增强，基本建成"整洁美丽、和谐宜居"新农村的目标。

——公路、铁路等重要通道沿线，城镇周边，交通便利、人口集中、发展条件较好的村庄，实现生活垃圾处置体系全覆盖，全面完成无害化卫生户厕改造，公厕布局合理、干净卫生，生活污水得到全面

---

① "四好农村路"，指建好、管好、护好、运营好农村公路，由中共中央总书记、国家主席、中央军委主席习近平在 2014 年 3 月 4 日提出。

② "七改三网"，指改路、改水、改厕、改房、改塘、改沟、改环境，以及电网建设、广电网络建设、电信宽带网络建设。

治理，村容村貌特色明显，长效管护机制健全。

——具备一定发展潜力、交通较为便利、人口相对集中、基础条件一般的村庄，生活垃圾基本得到处置，90%以上的农户完成无害化卫生户厕改造，公厕干净卫生，生活污水乱排乱放现象得到管控，村容村貌明显改善。

——规模小、较分散、基础条件较差的村庄，在优先保障农民基本生产生活条件的基础上，生活垃圾基本得到处置，无害化卫生户厕改造有较明显成效，村容村貌干净整洁。

（二）重点任务

1. 全面提升村容村貌。在实施"七改三网"项目的基础上，加快推进"四好农村路"建设，加大"空心房"整治力度，整治村内公共空间和农户庭院环境，提升农村建筑风貌，加强传统村落保护，推进村庄绿化，完善照明设施。到 2018 年年底，基本完成所有自然村通水泥路任务，村庄绿化、亮化、美化再上新台阶。到 2020 年，完成1.5 万个左右村点的建设任务，村容村貌得到根本改善。贫困县（市、区）在计划脱贫当年，提前完成"扫一遍"任务。

2. 深入推进农村生活垃圾治理。按照县域统筹、分类减量、清管结合的原则，不断完善农村生活垃圾收运处理模式，建立健全城乡环卫一体化长效机制，实现农村生活垃圾治理制度化、规范化、常态化。到 2018 年，全市 25 户以上自然村组的保洁覆盖面达到 100%，生活垃圾有效处理率和农民群众满意率达 90%以上。到 2020 年，农村生活垃圾得到全面治理，减量化收集、无害化处理、资源化利用水平得到明显提升。

3. 梯次开展农村生活污水治理。根据区位条件、村庄人口聚集度、污水产生量，因地制宜确定农村污水治理技术和治理模式，确保处理方式简便、适用、有效。到 2019 年，农村生活污水管控水平明显提升，具备条件的村庄建成集中或分散的污水处理设施；到2020年，农村生活污水乱排乱放现象得到有效管控。

4.加快推进农村"厕所革命"。合理选择农村改厕模式，改造农村户厕，加强农村公厕建设，同步实施厕所粪污无害化治理、资源化利用。到2020年，每年新建或改造1000个左右农村公厕，全市农村卫生厕所普及率达到100%。

5.推进农业生产废弃物资源化利用。围绕农业面源污染治理，着力解决畜禽粪污、农作物秸秆、废旧农膜和农药包装物等废弃物处理问题，以能量循环、综合利用为主线，构建农业生产废弃物资源化利用的有效治理模式。

6.加强村庄规划管理。全面完成县域乡村建设规划（农村全域规划）编制，与县乡土地利用总体规划、村庄土地利用规划等充分衔

全南县干净整洁的农村新貌

接，鼓励推行"多规合一"。继续加大农村建房管控力度，严格执行村庄规划，注重农房建设风貌引导和塑造，推广农村民居新户型，引导农民按照经济适用原则和实际需求理性建房。

7.完善建设长效管护机制。坚持"政府主导、分级负担，集体补充、群众参与，社会支持、多元筹集"的原则，加强村庄基础设施及服务场所的长效管护。到2020年，基本建立有制度、有标准、有队伍、有经费、有督查的村庄人居环境管护长效机制。健全民主议事、建房管理、购买服务、管护责任、考核奖惩等制度，确定管护人员，明确管护范围职责、内容标准、考核奖惩办法。

📋 **案 例** ————

乡村处处皆美景

——全南县推进农村人居环境整治显成效

随处可见干净整洁的大街小巷、精致典雅的农村小广场、瓜果飘香的乡间小菜园、清新利落的农家院落……来到江西省赣州市全南县，清新亮丽的乡村美景尽收眼底。近年来，该县以推进江西省首批美丽宜居试点县、江西省农村人居环境整治试点县建设为契机，按照"一览无余、一尘不染、一眼尽绿"的要求，坚持全域铺开、补齐短板、突出特色、建管并举，着力打造"整洁美丽、和谐宜居"的农村人居环境，得到当地百姓一致好评。

一、树立新理念，规划衔接全域旅游

全南县在改善农村人居环境过程中，注重与实施乡村建设规划、发展全域旅游有机结合。在科学制定全县乡村建设规划、路域规划和村点规划基础上，做到了"不规划不设计、不设计不开工"。规划编制充分听取村民意见，注重乡愁乡土味道，并与全域旅游规划相衔接，实现规划一张图、建设一盘棋。

在规划实施过程中，全县2个核心景区和11个乡村旅游点建设呼应融合、一体推进，做到建设一个景点，联动一个片区。南迳镇把环境整治与芳香小镇一体规划、融合推进，突出梅、兰、竹、菊等芳香产业特色，建设芳香乡村；龙源坝镇以雅溪古村落开发保护为样板，进行村庄环境整治、道路水系改造和房屋修缮，较好实现了环境提升与乡村规划相衔接、与旅游发展相促进。

二、开辟新路径，补齐短板助力脱贫

全南县集中物力财力，把路、水、电、网等短板补长、弱项补强，使人居环境整治成为农村补短板、促脱贫的重要抓手。启动了980个新农村建设点改水、改厕、改路、改沟、改房等基础设施建设，实施82处农村生活污水处理设施建设，新建改建户厕4758座、公厕156座，推进"四好农村路"建设，完成106公里国省道改造、380公里县乡道扩改建、508.7公里村组道路硬化，农村人居环境整治全面铺开。

全南县还下大决心拆除农村"空心房"和危旧土坯房378万平方米，利用拆除后的场地建设小菜园、小果园、小花园，同时，推进土地增减挂钩和农村宅基地改革试点，引导农民进圩镇、进县城。着力整治超高超大建房，大力拆除城乡铁皮棚、蓝皮棚19.08万平方米；全力推进"六清二改一管护"村庄清洁行动，出动机械5000多台次，清理垃圾、废弃物4万多吨，柴草堆、杂物堆1.8万处，实现村庄内外、庭院内外、家里家外干干净净、清清爽爽。

三、探索新模式，政企发力上下联动

全南县突出政府在整体规划、资源整合、必要投入、统筹协调等方面的作用，以行政村为基本单元，由党员领导干部、村"两委"干部、理事会成员、社会贤达"四带头"，打开工作突破口，着力推动人居环境整治有序开展。成立理事会，吸纳说话有人听、做事有人跟的老退休干部、老党员、老教师、老先进模范担任理事，发动群众、组织群众；逐村开好户主会，宣传规划、宣传政策、收集意见、统一认识；定期召开乡村干部和理事会成员碰头会，会商群众各种诉求，解决具体问题。引进北控水务集团实施城乡环卫一体化作业，对圩镇环卫保洁、村级垃圾收集进行服务外包，将精细化管理的触角延伸至乡镇，做到了"户分类、村收集、乡转运、县处理"，实现城乡垃圾"一扫到底"、处理到位。

第四节　启示与思考

生态扶贫作为"五个一批"工程之一，在促进贫困群众脱贫增收、提高贫困村生产力等方面发挥着重要作用。赣州依托良好的生态环境、丰富的山水资源大力实施生态扶贫，取得了实实在在的脱贫效果和惠民成果，走出了一条生态与民生、增绿与增收互促双赢的生态脱贫之路。概括起来，赣州推进生态扶贫主要有以下几点启示。

一、开展生态扶贫，要坚持保护为先、适度开发、永续利用的理念

习近平总书记指出："保护生态环境就是保护生产力，改善生态

环境就是发展生产力。"①扶贫开发要遵循自然规律，决不能以牺牲生态环境为代价换取经济的一时发展，否则就会遭到自然的报复。实践证明，协调好扶贫开发与生态保护的关系至关重要，要把尊重自然、顺应自然、保护自然融入生态扶贫工作全过程。现实中，有的地区脱离自然条件搞开发，竭泽而渔，导致生态环境遭到破坏、发展基础丧失殆尽，虽然经济暂时上去了，但很快又会再次返贫。在推进生态扶贫过程中，赣州始终秉持生态保护和扶贫开发、生态恢复和脱贫致富相辅相成、相互促进的理念，坚持做到在发展中抓保护、在保护中求发展，实现了脱贫减贫和生态保护双赢的良性循环。

二、开展生态扶贫，要坚持实事求是、因地制宜、分类施策的原则

每个贫困地区的生态环境和资源条件都不尽相同，生态扶贫实施过程中不能搞"一刀切"，要根据贫困地区不同的生态特点，有针对性地制定和实施生态扶贫政策措施，科学合理地发展生态农业、生态工业、生态旅游业。比如，赣州坚持"宜林则林、宜耕则耕、宜工则工、宜水则水"的原则推进生态扶贫，针对林业资源丰富的地方，引导贫困群众大力发展林业产业；针对生态环境优美、山水资源丰富的地方，因地制宜发展乡村旅游、生态产业；针对生态保护任务重的地方，通过健全生态保护补偿机制增加转移性收入。实践证明，在生态扶贫工作中只有坚持因地制宜、分类施策，才能确保贫困群众找到科学、有效的途径脱贫致富。

---

① 《习近平关于全面建成小康社会论述摘编》，中央文献出版社 2016 年版，第 163 页。

三、开展生态扶贫，要坚持政府引导、群众主体、社会参与的思路

贫困群众既是扶贫开发的主体，也是生态保护的主体。一方面，要加大宣传教育力度，引导贫困群众提高生态保护意识；另一方面，要建立多形式的生态利益联结机制，充分激发贫困群众参与生态扶贫的积极性、主动性。同时，要创新体制机制，广泛动员各方面力量共同参与，拓宽社会力量扶贫渠道，形成社会合力，这样才能使生态扶贫持续推进。比如，赣州在推进生态扶贫过程中，注重财政、土地、金融、税收等政策引导，探索通过政府购买服务等方式，鼓励和吸引社会资本参与生态建设及生态扶贫，取得了积极成效。

第 九 章

打造民生保障坚实盾牌，
扎实推进兜底扶贫

习近平总书记指出："要把社会保障兜底扶贫作为基本防线，加大重点人群救助力度，用社会保障兜住失去劳动能力人口的基本生活。"[①]为全面贯彻落实习近平总书记关于"聚焦脱贫攻坚、聚焦特殊群体、聚焦群众关切"的重要指示精神，着力解决"两不愁三保障"突出问题，赣州统筹做好社会救助政策与脱贫攻坚政策有效衔接，通过加强农村低保管理、健全特困人员供养制度、加大临时救助力度等保障性扶贫措施，有效兜准、兜实、兜牢城乡贫困群众"两不愁"民生底线，为同步实现全面小康奠定坚实基础。

第一节　加强农村低保规范管理，
确保困难群众应保尽保

农村低保制度，是对家庭人均收入低于最低生活保障标准的农村贫困人口，按最低生活标准进行差额救助的制度。农村低保的目标是

---

① 《习近平关于社会主义社会建设论述摘编》，中央文献出版社 2017 年版，第 95 页。

维持贫困人口的最低生活水平，保障贫困群众的基本生活权利，促进社会公平正义，实现农村经济社会协调发展。赣州充分用好农村低保制度，通过精准识别对象、提升保障标准、加强动态管理、开展专项整治等措施，推进农村低保制度与扶贫开发政策有效衔接，真正做到"应保尽保、应扶尽扶"，让农村困难群众一个不落、一个不少地同步进入小康。

一、精准识别对象

农村低保工作以农村家庭年人均纯收入低于当地最低生活保障标准的全部贫困人口为对象，主要是因病残、年老体弱、丧失劳动能力以及生存条件恶劣等原因造成常年困难的农村贫困人口。随着农村居民收入来源多元化、刚性支出多样化，农村低保对象的审核及兜底保障对象的精准识别难度不断加大。比如，有的家庭虽然因为患慢性病、教育等刚性支出较大，但由于家庭收入较高不能纳入低保，就使这部分群众尽管生活困难，但是享受不到政策保障。因此，如何更好地精准识别保障对象，是实现"应保尽保"的首要前提。为此，赣州做好"三个结合"，严把农村低保准入关。

（一）坚持线上核与入户查相结合

按照申请对象的申请书、身份证、户口本、授权书、委托书等五要素要求，将申请对象直系三代的证件材料、授权委托等信息全部录入"数字民政"系统进行线上核对。对经核对明显不符合条件的申请不进入评议环节，不予审批。同时，所有申请对象必须由县、乡、村、驻村干部或第三方机构入户核查，对申请人的家庭经济状况和实际生活情况逐一进行调查核实，提出审核意见。

（二）坚持看收入与算支出相结合

为更加精准地识别低保对象，赣州在原有政策基础上，综合考虑家庭成员的重残、重病、教育等刚性支出因素，细化家庭收入核算范围和计算方法，综合评估家庭贫困状况和救助需求，区分收入型与支出型贫困。比如，针对家庭发生重大支出、实际生活水平低于低保标准的支出型家庭，对其家庭成员因残疾、患重病等增加的刚性支出和必要的就业成本等，在核算家庭收入时可按规定适当扣减，符合条件的及时纳入低保范围。

（三）坚持群众评与政府审相结合

家庭经济状况调查结束后，由所在乡镇于 5 个工作日内，以村为单位召开听证会，对申请人家庭经济状况调查结果的客观性、真实性进行民主听证评议。听证会由村党组织和村委会成员、熟悉村民情况的党员代表、村民代表等参加，原则上不得少于 15 人。听证评议结束后，再由乡镇人民政府、县级民政部门逐层审批，对符合审批条件的进行张榜公示；对不符合审批条件的，书面向申请人说明理由。

二、提升保障标准

为切实保障和改善特殊困难群体的基本生活，赣州认真做好低保提补提标工作，通过实施分类施保、适时提标，全面落实困难群众提标提补政策。截至 2019 年年底，赣州共有农村低保对象 16.42 万户 32.95 万人，全年累计发放低保金 12.18 亿元，并在 2018 年基础上进一步提高了城乡困难群众的社会救助标准，农村低保平均标准提高到每人每月 385 元，月人均补差水平提高到 285 元。

表 9-1　赣州市 2016—2019 年农村低保保障标准

年份	国家扶贫标准 （元 / 人 / 年）	赣州市农村低保标准 （元 / 人 / 年）
2016	3146	3240
2017	3335	3660
2018	3535	4080
2019	3747	4620

数据来源：根据赣州市相关资料整理。

（一）实施分类施保政策

将老弱病残等靠自身努力无法改变基本生活状况的困难家庭列为常补对象，予以重点保障，按照保障标准实行全额补助；将有一定劳动能力，只是生活遇到短期困难的人员列为非常补对象，实行差额救助；逐年提高常补对象占低保对象的比例。同时，对获得低保后生活仍有困难的老年人、未成年人、重度残疾人和重病患者等特殊困难人群，根据规定适当增发低保金。

（二）采取适时提标政策

2019 年 4 月，赣州市民政局、市财政局联合下发《关于做好赣州市 2019 年城乡困难群众提标提补工作的通知》，明确继续提高城乡困难群众基本生活保障标准，惠及困难群众 50 余万人。为做好新冠肺炎疫情防控期间困难群众兜底保障工作，从 2020 年 3 月起，赣州按新标准提高困难群众基本生活保障水平，重点对已纳入低保范围的未脱贫建档立卡贫困户、低保整户保家庭、常补对象，以及纳入低保范围的重度残疾人、贫困老年人、困境儿童等特殊情况家庭，全面提高保障标准和补差水平。

三、加强动态管理

为确保实现"应保尽保、应退尽退"的目标，赣州持续加强动态管理，力纠低保偏差，力促低保精准，着力提升低保规范化管理水平，形成保障对象有进有出、补助水平有升有降的动态管理机制，真正让最需要、最困难的群众享受到政策的保障。

（一）加密复核频次

对共同生活的家庭成员收入基本无变化的常补对象家庭，每年复核一次；对共同生活的家庭成员和收入状况相对稳定的非常补对象家庭，每半年复核一次；对共同生活的家庭成员有在法定就业年龄内且有劳动能力尚未就业或灵活就业，收入可变性大的家庭，每季度复核一次。

（二）加大清退力度

严格按照要求，对不符合条件的，有大额存款、消费型车辆、多套房产，以及公职人员及其近亲属、领取社保等对象坚决予以清退。同时，要求符合条件的公职人员及其近亲属享受低保的，必须向组织、纪检监察、审计等部门做好备案工作。

（三）加强信息管理

为更加全面、系统、高效掌握居民家庭经济收入状况，赣州建立市级居民家庭经济状况核对平台，着力加强保障对象信息数据管理。目前，该平台已与13个市直部门、江西全省135家金融机构和江西省"数字民政"系统互联互通，并同步研发了社会救助"一网通办"APP移动客户端，成为江西省连接部门最多、信息整合最全、核查效率最高的市级核对系统。截至2019年年底，已通过该平台核对20.3万余户次、72.3万余人次申请对象的个人信息，核对出疑似问题线索8.94万条，清退不符合条件的低保对象10.5万余人。

四、开展专项整治

深入开展农村低保专项治理，是保障农村低保兜底脱贫的重要举措。为有效遏制"关系保""人情保"，切实减少"漏保""错保"等现象，赣州大力开展农村低保专项整治，通过盯紧关键环节、强化监督检查、层层压实责任、完善工作机制等措施，推动主体责任落实，坚决查处农村低保经办服务中的腐败和作风问题。同时，将专项治理与整治村民自治领域涉黑涉恶问题，推进移风易俗、婚丧从简，解决形式主义突出问题，为基层减负等工作协调联动、共同推进，不断深化专项治理成果，巩固脱贫攻坚成效。

🔍 **深度链接**

铁心硬手抓整治，合力守护保民生

——赣州精准落实扶贫低保政策

赣州深入贯彻习近平总书记对民政工作的重要批示精神，多措并举织牢编密民生兜底保障网，抓细抓实农村低保专项治理。2017—2019 年，赣州共清退、调整不符合条件的低保对象 8.92 万人，新增符合条件的低保对象 2.12 万人，取得了积极成效。

一、提高政治站位，压茬推进专项治理

坚持把农村低保专项治理作为脱贫攻坚的重大政治任务和民政系统党风廉政建设的重要内容抓紧抓实抓好，建立"市县负总责、乡村抓落实"的工作机制，并将农村低保专项治理与中央巡视反馈问题整改、扫黑除恶专项斗争和整治漠视侵害群众利益问

题等结合起来，统筹实施，压茬推进。

（一）围绕中央巡视反馈问题整改，推进专项治理

针对中央脱贫攻坚专题巡视反馈的问题，举一反三，立即在赣州范围内立行立改，重点开展对"四类对象"的清理整治。截至2019年年底，赣州共清退、调整不符合条件的低保对象8.92万人，"过度保"现象得到有效纠治，保障对象更准、更实，兜底能力更强、更好。

（二）围绕低保领域扫黑除恶专项斗争，推进专项治理

下发《关于组织开展农村低保领域扫黑除恶专项斗争的实施方案》，严肃查处向社会救助资金打歪主意、下黑手、虚报冒领、截留挪用等违规违纪违法行为，全面治理农村低保经办中吃拿卡要、盘剥克扣等乱象。截至2019年年底，赣州共收到社会救助领域信访举报件21件，全部进行了调查核实，并得到了有效解决。

（三）围绕漠视侵害群众利益问题整改，推进专项治理

主动梳理贫困老年人、残疾人、儿童等特殊群体的诉求，重点整治"三类对象"的漏保问题。坚持把"三类对象"统一纳入脱贫攻坚贫困边缘户范围，建立台账和档案，进行动态监控，确保全面小康一个不少、一户不漏。赣州共将2.64万户7.97万残疾对象和0.77万户1.84万独居老人，纳入动态监控范围。

二、聚焦突出问题，抓细抓实专项治理

坚持问题导向，聚焦低保保不准、保不足和保不好等突出问题，对标"全员复核、应保尽保、应退尽退、规范管理"的目标，扎实推进农村低保专项治理工作。

（一）贯彻精准要求，全面排查比对

按照"凡进必核、在保必核"的要求，将赣州截至2018年年底的39万名在保对象全部提交线上核对，确保户户过筛、人

人过关；对 1.6 万余名村（居）委会干部和乡镇经办人员进行排查，复核了 243 名在保的备案人员本人和家庭成员的家境状况。

（二）聚焦特殊群众，大力纠治漏保

把重度残疾人和重病患者作为重点，一户不漏地进行甄别，对符合条件的及时落实各项政策。对获得低保后生活仍有困难的重度残疾人和重病患者等重点对象，在春节前再增发一个月的低保金，提高他们的救助水平。同时，将近两年来提交申请但审批未通过的家庭、动态管理中已清退的家庭进行重新识别，纳入低保对象 1.22 万户 2.12 万人，有效解决了漏保问题。

（三）回应群众关切，提高救助时效

利用核对系统开展社会救助综合改革试点，通过社会救助流程再造，由 8 个步骤优化为 5 个步骤，加大核对比对频率，做到乡镇当月受理、当月评议、当月上报，县级按月抽查、按月审批、按月发放。积极推行社会救助网上办理"一站式"服务，打通救助申请"最后一公里"。

三、严肃正风肃纪，长效推进专项治理

把低保领域腐败和作风问题专项治理作为一项常态化工作，严厉打击违法乱纪、优亲厚友、吃拿卡要等"微腐败"行为，以震慑效应倒逼责任意识、纪律意识的落实。

（一）严格程序手段，打造规范低保

严格低保经办程序，落实审核审批责任。从严要求入户调查，对申请对象百分之百进行入户调查，扶贫专干、驻村干部及第一书记参与并签字背书，共同承担调查责任。从严审核审批，乡镇拟报批的救助对象，必须经乡镇党政联席会或乡镇长办公会逐户逐人研究审核，由主要负责人签署审核意见并加盖公章，正式行文报县级民政部门审批。

（二）全面公开公示，打造阳光低保

完善市、县、乡、村四级低保公示体系，县级民政部门统一公示内容，对所有在保和清退的低保、特困救助对象，以喷绘打印的方式在村组公示栏中进行长期公示。与此同时，在村务、镇务工作群或县级政府网上进行长期公开，确保公示公开不留盲区死角。

（三）查处腐败案件，打造廉洁低保

加强对低保受理、审核、审批的全过程监管。2018年以来，共收到社会救助领域的问题线索87条，涉及干部65人，查证属实44条，立案调查44件，问责干部（含村干部）62人，全部在赣州纪检监察网上通报曝光。同时，创新了骗保责任追究机制，通过发放追缴通知书和律师函的形式，加大了对违规享受低保资金的追缴力度，使虚报冒领人员得到应有的惩戒。2019年以来，共追缴违规骗保资金66.1万元。

五、推进农村低保制度与扶贫开发政策有效衔接

2016年2月，江西省政府印发《关于加强农村低保与扶贫开发制度衔接实施方案的通知》，对"十三五"期间江西省农村低保制度与扶贫开发政策衔接工作作出了具体规划，明确了在保障标准、对象确定、帮扶政策、工作机制等4个方面的衔接内容。上述两项制度有效衔接是打赢脱贫攻坚战的重要保障，是贫困人口早日脱贫的现实需要，也是完善农村低保制度的重要契机。2016年10月，赣州出台《关于加强农村低保与扶贫开发制度衔接的实施方案》，提出强化农村低保标准与扶贫标准的统筹协调，加大农村低保对象与扶贫对象的

衔接力度，实现农村低保制度和扶贫开发政策对农村贫困人口的全面覆盖。

在深入推进农村低保制度与扶贫开发政策有效衔接的同时，赣州坚持实事求是的原则，做到应纳尽纳，既不人为抬高指标"虚衔接"，也坚决纠治"错保"和"过度保"等"假衔接"，做到动态管理有序、政策与管理衔接精准高效。赣州的低保常补对象比例由 2017 年的 11.89％提高到 2018 年的 19.82％，低保和扶贫两项制度衔接率为 88.20％，位居江西省第一，做到低保对象和特困人员应保尽保、应扶尽扶、应退则退，保证低保对象基本在建档立卡贫困户中产生，确保对困难对象精准兜底。

（一）落实标准衔接

完善社会救助保障标准自然增长机制及与物价上涨联动机制，足额落实社会救助配套资金，不断提高保障水平，实现在 2020 年农村低保标准高于同期全国扶贫标准 40％的目标。

（二）加强对象衔接

加大民政部门和扶贫部门衔接力度，每半年同步开展一次台账比对工作，将符合建档立卡条件的农村低保对象纳入扶贫建档立卡范围，将符合农村低保条件的建档立卡贫困人口纳入农村低保予以保障，做到应保尽保、应扶尽扶。

（三）强化政策衔接

积极为农村低保对象落实同等享受各项扶贫开发帮扶政策，推动产业、教育、就业、金融、健康等帮扶措施同步惠及广大农村低保对象，全面提高农村低保对象的脱贫致富能力。在脱贫攻坚期内，纳入农村低保的建档立卡贫困户人均收入超过当地低保标准后，给予 3—6 个月的渐退期，使其脱贫后暂时不脱政策，实现稳定脱贫后再退出低保范围。

第二节　健全特困人员救助供养制度，实现分类施策全面覆盖

2016 年 2 月，国务院印发《关于进一步健全特困人员救助供养制度的意见》。文件指出，保障城乡特困人员基本生活，是完善社会救助体系、编密织牢民生安全网的重要举措，是打赢脱贫攻坚战、全面建成小康社会的必然要求。赣州认真落实上级决策部署，以解决城乡特困人员突出困难、满足城乡特困人员基本需求为目标，坚持政府主导，发挥社会力量，建立健全城乡统筹、政策衔接、运行规范、与经济社会发展水平相适应的特困人员救助供养制度，将无劳动能力、无生活来源、无法定赡养抚养扶养义务人，或者其法定义务人无履行义务能力的城乡老年人、残疾人以及未满 16 周岁的未成年人，全部纳入救助供养范围，并根据不同的人群制定不同的救助政策，实现分类施策全覆盖。

一、做好贫困老人供养

随着脱贫攻坚期间"贫"的问题的解决，"困"的问题将越来越突出。"困"并非简单的经济维度的贫富问题，它更强调的是个体作为社会成员的基本生活需求是否得到满足，这种基本生活需求的内容与个体的生理特征相关。"三留守"人群居多是当前农村地区的普遍现象，农村老人作为弱劳动能力者或者无劳动能力者，依附于自身劳动或家庭供给而生存。但在快速城镇化的环境中，年轻劳动力外出务工，家庭为老人提供的经济支持和生活照料有限，农村老人容易成为后扶贫时代的易贫群体。针对这一现象，赣州多措并举，通过探索引

兴国县夕阳红老年公寓

进社会资本参与社区居家养老、建立社区日间照料中心和农村互助养老服务设施、开展农村特困失能老人集中照护等措施，着力解决失能、半失能老人生活照料问题。同时，鼓励基层医疗服务机构和人员与社区日间照料中心合作，探索医养结合的模式，既缓解农村老人缺乏照料的困境，也增加基层医疗机构的服务内容和收入来源。

深度链接

兴国县积极探索农村特困养护新模式，破解农村失能老人集中照护难题

近年来，兴国县坚持以人民为中心的发展思想，顺应老龄化需求，不断加强改革创新和实践探索，形成了政府主导、机构参

与、行业管理的失能老人长期集中照护新模式，破解农村失能老人集中照护难题，着力构建养老、敬老、孝老的和谐社会环境。该做法得到民政部充分肯定，并入选中组部《贯彻落实习近平新时代中国特色社会主义思想、在改革发展稳定中攻坚克难案例》。

一、政府搭台、企业唱戏，夯实集中照护保障基础

发挥政府主导和机构主体的作用，扎实推进集中供养体系建设，守住失能老年人的安全线、基准线、保障线，让养老服务工作更专业、更高效、更优质。一是精准摸排特困失能对象。将农村特困养护体系建设作为民生领域改革的突破口，制定《特困老年人集中供养方案》，结合精准扶贫入户帮扶和对贫困户进行健康体检，组织干部全覆盖上户摸排，对摸排发现的失能、半失能对象，提交当地乡镇卫生院认定后公示，再由乡镇统一报县民政局审批，确保识别精准、不漏一人。二是探索公建民营运营模式。整合政策资金、基础设施等资源，撬动社会资本参与，投资1.3亿元，建设田庄上养老服务中心、夕阳红老年公寓（民政项目园）两个集中养老点。打破体制机制障碍，率先在江西全省实行公建民营运营模式，引进两个有专业资质的企业运营的养老机构，填补政府机构护理基础条件不达标、护理人员不专业等问题短板，提供更高效、更专业的养老服务，有效节约政府投资成本。三是合力保障集中供养机构。打破由政府一手包办的特困养护常规，充分利用养老机构有专业人员和护理设备的优势，通过购买服务，将105名失能、半失能特困人员集中到夕阳红、田庄上两个场所进行集中照护。将农村特困老年人的供养经费、经济困难的失能老年人的养老护理补贴等经费，直接转为集中供养护理费用，并采取以奖代补形式，给予每个床位每年600元经费补贴，有力保障了养老机构健康运营。

二、集中供养、医养结合，提升失能老人服务质量

为满足失能老人对精准生活照料和及时优质医疗环境的需求，打破乡镇敬老院的传统供养模式，推进专业化、全方位社会健康养老服务。一是完善监护基础保障。人员方面，按照失能1∶3、半失能1∶6的比例配备护理员，同时按要求配备医护人员和勤杂人员，专门负责对应的失能老年人的日常照护工作。设施方面，配备宾馆式床铺、过道安全扶手、空调、便民超市及外出活动辅助工具等生活设施，为老人的生活提供便利。二是规范护理服务。根据照料内容，实行专业化、标准化、分等级护理服务，对失能老年人实行特级护理。此外，在充分满足老年人营养需求的同时，专门为每位特困老年人拟定食疗计划。在政府的引导下，优质的服务让更多群众认可社会化养老模式，养老机构的经济效益逐步显现，兴国县养老机构入住的老人从10余人达到目前的675人。三是推进医养结合。着力探索医养结合最优配置，将生活照料和康复护理功能整合在一起，在夕阳红老年公寓内设谐和医院，在田庄上养老服务中心内设慧博源医院，为入住的老年人提供全方位医疗服务。养老机构对新入住的老年人先进行体检，建立健康档案。老人入住后，医院安排医护人员监测巡诊，及时关注入住老人的身体健康情况，真正实现"小病、慢性病不出养老院"的目标，为准确、快捷救助创造条件。

三、以人为本、人文关怀，保障失能老人生命尊严

把失能老年人的精神需求与医养结合放在同等重要的位置来抓，加强人文关怀，给予失能老人更多的关心、关怀。一是注重精神慰藉。为失能老年人提供专门的文娱活动场所，每月定期为过生日的老年人送上生日蛋糕、举办集体生日仪式；逢端午、中秋、重阳、国庆等重大节日和纪念日，开展集中活动，丰富老年

人日常生活。二是鼓励社会交往。鼓励引导社会工作者和志愿者积极介入失能老年人的精神世界，开展丰富多彩的慰问活动，并对他们进行心理疏导。仅 2019 年，企事业单位、社会组织、慈善机构就在养老机构开展公益活动 40 多场次，捐款捐物达 500 多万元。三是实施临终关怀。对身患绝症的老年人，养老机构和医护人员单独制定疗养方案，并按照"照护为主、适度治疗、全面关心"的原则，为老年人实行临终关怀，及时为他们排遣肉体和精神上的折磨，让他们安详地走完人生最后一程。

四、完善制度、强化监管，建立集中照护长效机制

为确保集中照护体系有序运行，兴国县在梳理各地经验做法的基础上，全面落实职责权限、行业标准、考核奖惩，从制度层面完善管理，建立了一套农村特困养老集中照护长效机制。一是充分履职尽责。坚持政府主导、机构运作、规范运营的原则，全面落实政策补助资金，优化合作方式与合作程序，推动公建民营模式健康、有序发展。启动养老院综合责任保险试点，按照每年每床 160 元的缴费标准共投保 1299 床，实现全县养老院综合责任保险全覆盖。对城乡困难群众补助提标，2019 年，失能特困人员照料护理补助标准提高到每人每月 1200 元，部分失能特困人员每人每月 300 元。二是严守行业标准。民政、就业、卫健等部门按行业标准，严格执行《养老机构服务质量基本规范》《养老机构等级划分与评定》等标准，特别是要求养老机构在养老服务政策标准实施、食品药品安全、护理人员配比、从业人员资格及老年人权益保障等方面，严格遵照执行。三是建立奖惩机制。严格奖优罚劣。田庄上养老服务中心、夕阳红老年公寓这两个集中供养机构的所有权归政府，机构与政府签订租赁经营合同，约定租赁年限及租金。对通过考核评估的，可对租金予以减免。对

考核评估不合格及存在严重失信、失职行为的养老服务机构和从业人员，按规定给予处罚，最大限度激发了养老机构的活力和积极性。

二、加强困境儿童关爱

困境儿童是当前社会长期存在且最需要关注的特殊群体之一，做好困境儿童保障工作是民生领域特别是扶贫工作的一个重点事项。赣州始终秉持困境儿童保障工作的政治自觉与行动自觉，形成政府统一领导，民政部门牵头、协调、督促、救助，相关部门配合，一级抓一级、层层抓落实的工作格局，构筑了一张从上到下"全方位、立体式"的关爱保护网。截至 2019 年年底，赣州共有困境儿童 10476 人。

（一）加强保障队伍建设

建立以市救助管理站为中心、县（市、区）救助管理站为主体、乡镇（街道）临时救助点为辅助、村落社区救助咨询引导点为补充的四级联动救助网络服务体系。组建"儿童督导员""儿童主任"队伍，由民政所干部兼任"儿童督导员"，由思想品德好、责任心强、有善心和爱心的村（居）干部或留守妇女、爱心人士担任"儿童主任"。同时，建立持证上岗、长效培训机制，提升关爱、服务能力。

（二）打好保障"组合拳"

开展"合力监护、相伴成长"关爱保护专项行动，由公安机关对无人监护对象的父母进行训诫，村（居）委会负责委托监护确认，确保监护责任人的责任落实到位。积极落实相关文件规定的孤儿基本生活费提标工作，保障孤残儿童的基本生活权益。2019 年，赣州社会散居孤儿的基本生活费标准为每人每月 950 元，集中供养孤儿的基本生活费标准为每人每月 1350 元。

（三）形成保障工作合力

针对困境儿童的特点和需求，赣州探索通过政府购买服务形式，启动社工介入困境儿童保障服务项目，重点为困境儿童及其家庭提供政策咨询、心理咨询、行为矫治、监护指导、危机介入、早期干预和源头预防等工作。比如，章贡区通过政府购买服务方式引入专业社会工作者对困境儿童开展关爱帮扶，建立个案跟踪帮扶机制，对重点对象实行"一对一"管理，每月至少开展 2 次以上谈心活动，及时跟踪掌握重点对象的各类情况。

三、加大残疾群体关注

习近平总书记指出："残疾人是一个特殊困难的群体，需要格外关心、格外关注。"[①] 截至 2019 年，赣州共有各类别残疾人 70.97 万人，占总人口的 7.22%。可以说，没有残疾人的小康，就不是真正意义上的全面小康。为此，赣州紧紧围绕打赢脱贫攻坚战的总体部署，重点聚焦残疾人"两不愁、三保障、两扩面"[②] 完善政策体系，取得了明显的社会助残成效。

（一）落实各项政策扶持，健全残疾人社会保障体系

筑牢贫困残疾人社会保障系统，完善困难残疾人生活补贴和重度残疾人护理补贴制度，及时提高补贴标准，实现城乡标准统一。大力整合行业部门力量，采取下乡入户方式，集中办理残疾证和慢性病认定证明，变群众上跑办理为主动下沉办结，有效解决残疾群众"办证

---

① 《习近平关于全面建成小康社会论述摘编》，中央文献出版社 2016 年版，第 142 页。
② "两不愁、三保障、两扩面"，指不愁吃、不愁穿，基本医疗、义务教育、住房安全有保障和扩大基本康复服务、家庭无障碍覆盖面。

难"问题。

（二）加强基础设施建设，提高残疾人康复服务水平

一方面，加大硬件建设力度。大力实施残疾人精准康复、市政府民生工程残疾人项目，扩大残疾人基本康复服务、家庭无障碍改造覆盖面。充分利用乡村养老机构、福利设施、医疗机构、农村集体闲置资源和住房，通过政府补贴、购买服务、设置公益性岗位等综合措施，为有需求的贫困重度残疾人提供集中托养、日间照料服务。另一方面，提升软件服务能力。创新建设"智慧残联"，全面、真实掌握残疾人基本服务状况和需求，建立健全大数据收集录入、分析研判、应用转化机制，完善残疾人人口基础数据库和残疾人服务资源信息库，建立动态更新长效机制。

（三）加大就业扶持力度，激发残疾人脱贫内生动力

通过举办残疾人专场招聘会、提供公益性岗位、兴建扶贫基地等途径，促进残疾人多形式就业。加大对残疾人特殊教育和职业教育的

宁都县"励志园"成员讨论网店设计方案

支持力度，依托"互联网+"、创业就业孵化基地等，扶持残疾人就业，推动残疾人投身大众创业、万众创新，着力提高残疾人的自我脱贫解困能力。2019年，组织开展残疾人职业技能培训班26期，培训残疾人1461人次；为残疾人提供713个公益性岗位和2153个农家书屋管理员岗位，有效增加残疾人家庭收入。

（四）拓展社会化方式，建立完善协同推进残疾人事业的工作机制

健全政府购买助残服务的政策措施，扩大购买服务规模、放大购买服务效应，引导社会各方面力量参与和支持残疾人事业发展。引领社会组织有序开发助残服务功能，服务对象向残疾人延伸，服务项目从传统康复服务向教育培训、托养照料、家庭无障碍改造、文化体育、法律援助、就业援助拓展。实施"阳光家园计划——居家托养"、日间照料等项目，2019年，通过政府购买服务的方式，共有900多名智力、精神和重度残疾人接受托养服务。

📋 案 例

折翼少年展"翅"高飞

——宁都县残疾青年廖竹生的创业脱贫故事

廖竹生，1997年出生在宁都县对坊乡半迳村一个农民家庭，先天性残疾导致双手不灵活，拿不起重物，从小在艰难中长大。但他不甘向命运屈服，在当地政府电商扶贫资金、技能培训政策等多种扶持帮助下，凭借自身努力，成为残疾人创业的"领头雁"、脱贫致富的先进典型。

2015年，他参加宁都县免费电商培训班学习后，在政府的

帮扶下开了一家布鞋分销网店，获得人生"第一桶金"；2016年，借助15万元贴息贷款，着手组建"励志园"，开始组团创业。如今，由廖竹生等12名残疾人组成的"励志园"电商创业团队，成立了2家电子商务公司，联合120亩脐橙和柚子园、50亩茶园、500亩生态种养基地成立产业联盟，通过销售肉丸、脐橙、白莲等农副产品，年销售利润达30万元以上，为每人每月增加近3000元的收入。他们从连累家人的"拖油瓶"，摇身一变成为创业致富的"顶梁柱"。同时，公司采取"电商团队＋种养基地＋农户"的模式，解决了周边贫困群众的农产品销售难题，带领周边群众增收致富。

2017年9月，"励志园"的事迹，被中央网信办称为"全国8500万残疾人创业典型"，列入中央"砥砺奋进的五年"成果展。廖竹生先后获评2018年度江西全省脱贫攻坚奖奋进奖、2019年全国自强模范、2019年全国脱贫攻坚奖奋进奖等。

第三节　加大临时救助保障力度，编密织牢社会救助安全网

2014年10月，国务院印发《关于全面建立临时救助制度的通知》。文件指出，建立临时救助制度是填补社会救助体系空白、提升社会救助综合效益、确保社会救助安全网网底不破的必然要求，对预防群众致贫返贫、促进社会公平正义、全面建成小康社会具有重要意义。赣州认真贯彻落实上级部署，以有效解决城乡群众突发性、紧迫性、临时性基本生活困难为目标，加快形成救助及时、标准科学、方式多样、管理规范的临时救助工作格局，切实维护人民群众基本生活权益。

一、完善临时救助制度体系

赣州先后出台《关于进一步加大临时救助力度切实提高兜底保障扶贫质量的通知》《关于进一步加强和改进临时救助工作的实施意见》等文件，精准识别救助对象，简化救助审核程序，不断提高临时救助水平。赣州各地认真按照上级要求部署，结合当地实际建立健全临时救助制度体系。以石城县为例，该县相继出台《石城县"救急难"工作操作规程》《石城县城乡困难居民临时救助制度实施细则》《石城县民政局关于转发〈江西省临时救助操作规程〉的通知》等文件，对临时救助的救助原则、对象认定、申请程序、救助方式等作了明确规定。以上一系列政策的出台，对因突发事件造成临时困难的家庭起到了较好的救急、救难作用，使突遇不测、因病因灾陷入生存困境的群众得到有效救助，提高了贫困群众抵御突发风险的能力。

二、加大临时救助资金投入

赣州全面落实乡镇（街道）临时救助备用金制度，并对农村建档立卡贫困户的临时救助标准按照不低于5%的比例上浮；各县（市、区）按照各乡镇（街道）人口基数、上年临时救助任务等情况，预拨不少于全年40%的临时救助资金到乡镇（街道）作为备用金。2019年，赣州临时救助人次与发放资金稳步提升，其中，"救急难"、特别救助、支出型临时救助投入均相应增加，有效缓解了贫困户因病、因残、因灾返贫问题。2020年3月，为更好解决新冠肺炎疫情防控期间部分群众面临的突发性、紧迫性、临时性生活困难，赣州对新冠肺炎确诊对象和因疫情遇到生活困难的群众发放临时救助金 49.49 万元。

三、提高临时救助资金发放效率

积极开展"先行救助"，对困难群众的突发性、紧迫性、临时性基本生活困难和救助需求，或救助金额较小的申请，直接委托乡镇（街道）审批发放。根据实际情况，出台《关于进一步加强和改进临时救助工作的实施意见》，明确 3000 元及以下的救助资金由乡镇直接审批发放，进一步提高了突发意外事故的救助效率。

🔍 深 度 链 接

赣州开展"救急难"综合试点

为让突遇不测、因病因灾陷入生存困境的居民得到及时救助，有效保障困难群众基本生存权利，民政部决定在全国开展"救急难"工作试点。2015 年，赣州被列入首批"救急难"试点。试点工作开展以来，赣州市根据"托底线、救急难、可持续、促公平"的原则，在社会救助制度体系框架内，有效保障困难群众的基本生存权益，构筑基本民生安全网，防止群众因突发意外而致贫返贫。2016 年，开展临时救助 23844 户次，发放救助资金（含实物折合）4128.81 万元；2017 年，开展临时救助 35964 人次，发放救助资金（含实物折合）4092.39 万元；2018 年，开展临时救助 51072 人次，发放救助资金（含实物折合）3394.4 万元；2019 年，开展临时救助 47959 人次，发放救助资金（含实物折合）3893.3 万元。

一、主动发现甄别，夯实"救急难"工作基础

摸清救助对象底数。在赣州20个县（市、区）开展低保对象家庭基本信息全面调查，结合精准扶贫工作，对"急难"对象进行精准识别、精准帮扶、精准管理，完善困难群体分类台账，建立城乡低保户、特困供养对象、重度残疾对象、支出型贫困低收入家庭等易造成"急难"问题的对象数据库，掌握"救急难"对象底数。

构建主动发现网络。以村（居）组织为责任主体，以乡镇（街道）、驻村（社区）干部和村（居）工作人员为具体责任人，建立网格化管理机制，定期巡查，主动发现需要救助的对象。同时，赣州各乡（镇）全面开通"12349"社会救助热线（现已合并为"12345"热线），拓宽求助渠道，做到早发现、早救助、早干预，提高救助时效。

建立居民家庭经济状况信息平台。建立民政、公安交警、市场监管、税务、教育、住房、人社等跨部门、多层次的居民家庭经济状况信息核对机制，提高救助对象的准确性和救助工作的公平性。

二、快速规范救助，提升"救急难"工作实效

抓好平台建设。赣州各乡（镇）依托便民服务中心，按照"十有"标准统一设立规范的社会救助受理窗口；在村（居）委会按照"六有"标准设立社会救助工作站。乡、村两级受理平台的建设，为群众就近求助提供了便利，增强了救急救难的时效性。

建立首问责任制。各地明确规定，接到急难求助报告的乡镇（街道）救助受理窗口、村（居）工作站受理人员、热线服务人员为"救急难"首问责任人，对职责范围内的救助申请及时履行

受理登记、调查核实、上报审批等程序，在限时办结的期限内，确保群众的求救事项得到妥善解决。

抓好转介服务。规范"一门受理、协同办理"的工作流程，提高救助效率。对需要其他部门办理的救助申请或急难事项需要多个部门联合救助的，完善部门间分办转接流程，实现救助申请人与相关救助部门有效对接，使转介服务落到实处。

抓好跟踪服务。建立健全"救急难"责任体系，明确专职受理工作人员和首问责任人的责任。首问责任人参与和掌握急难救助的全过程，及时与求助对象沟通，告知救助办理进展情况，并对办理结果进行登记存档。

三、引导社会力量参与，形成"救急难"工作合力

强化组织保障。市、县两级成立"救急难"试点工作领导小组，建立由民政、卫健、教育、扶贫、住建、人社等部门组成的联席会议制度，整合生活、医疗、教育、住房、就业、慈善等方面的救助资源，形成救助工作合力，及时解决开展"救急难"试点工作的重大问题，保证"救急难"工作有效开展。

完善救助工作平台。县、乡、村三级全面启动，县（市、区）成立"救急难"工作办公室，乡镇（街道）组建"救急难"受理窗口，村（居）成立工作站，工作人员实行 AB 岗制度，并建立网格管理员和聘请协理员代办制度，全力推进"救急难"试点工作。

引导社会力量参与。在主要街道、基层便民服务窗口、公园广场、村（社区）公示栏等公众场所，利用报刊等媒体，通过发放宣传资料、悬挂和粉刷永久性宣传标语、张贴宣传海报、发放"救急难"联系卡等手段，开展形式多样的"救急难"工作宣传，引导社会力量参与"救急难"工作，方便群众

知晓"救急难"工作。同时，加强政府救助与慈善救助的有效衔接，在确保政府救助公平、公正实施的同时，充分发挥慈善救助方法灵活、形式多样、一案一策的特点，鼓励、引导、支持社会组织、企事业单位和爱心人士等针对急难个案开展慈善救助。

第四节　统筹城镇群众脱贫解困，不让一个贫困人口掉队

城镇困难群体被喻为"霓虹灯下的贫困"，如果这部分困难群体没有摆脱贫困，建成全面小康社会的目标就实现不了。为确保城镇贫困群众同步进入全面小康社会，赣州在打赢打好农村脱贫攻坚战的同时，始终把加快城镇贫困群众脱贫解困作为一项重大民生工程，按照"托底保障、精准帮扶、动态管理、系统集成、社会参与"的原则，建立健全党委和政府统一领导、各部门协同配合、全社会共同参与的工作机制，切实帮助城镇贫困群众解决基本生活、就业、医疗、教育、社保、住房等实际困难，稳定实现"两不愁三保障"，确保小康路上一个都不掉队。

一、精准识别贫困对象

2018 至 2020 年，分别以当年城镇最低生活保障标准为城镇贫困群众贫困线，将需要脱贫解困的城镇贫困群众，界定为城镇特困人员、城镇最低生活保障对象、支出型贫困低收入家庭三大类别。

（一）统一认定标准

坚持以家庭为单位，以共同生活的家庭成员为对象，以家庭收入、家庭财产状况为基础，结合家庭刚性支出的原则，做到实事求是，不自行提高标准，不随意降低要求，坚持在现行标准下，对城镇贫困群众应进则进、应扶尽扶。

（二）严格认定程序

识别认定过程中主要依据"四要素"①，并遵循"一个不予受理"②"四个从严认定"③"七个不予认定"④的原则，把好城镇贫困群众对象准入关，精准区分对象类别，统一对象识别标准体系，规范工作

---

① "四要素"，指申请人及其家庭成员具有当地户籍，而且家庭收入和家庭财产符合相关规定，因刚性支出较大造成生活困难。其中，具有当地户籍，是指申请人及其家庭成员具有当地城镇户籍，或持有1年以上当地居住证。家庭收入，是指申请人家庭人均月收入应在当地城市居民最低生活保障标准的1.5倍之内。家庭财产，是指申请人的家庭财产状况应符合当地城市居民最低生活保障相关规定。家庭刚性支出较大，是指因刚性支出明显超出家庭收入水平和经济承受能力而导致实际生活困难。申请人及其家庭成员同时符合以上"四要素"的，可被认定为城镇支出型贫困低收入家庭。

② "一个不予受理"，指申请人及其家庭成员提出申请后不提供有效证件证明，以及不授权有关部门进行核对的，不予受理。

③ "四个从严认定"，指申请人或其家庭成员属于村（居）委会基层干部或亲属的，在国家机关、事业单位、社会团体，或国有企业和大中型民营企业工作，收入相对稳定的，获得养老金（含商业养老保险）的，其他有相对稳定收入来源的，予以从严把握。

④ "七个不予认定"，指申请人及其家庭成员有下列情形之一的，不予认定：（1）不如实申报或隐瞒家庭真实收入和财产，提供虚假证明，或故意放弃、转移生活权益和财产的；（2）拥有私家汽车或大型农用、经营性车辆（小型农用车辆除外）等非基本生活必需品的；（3）在收费明显高于当地公办幼儿园的民办幼儿园入托，在中小学自费择校就读，自费出国留学的；（4）拥有两套及以上住房，且人均建筑面积明显高于统计部门公布的上年度当地人均住房建筑面积的；（5）名下有商铺、办公楼、厂房等非居住类房屋，或者雇佣他人从事各种经营性活动的；（6）为获取支出型贫困低收入家庭资格，故意采取拆分户口、合并户口等弄虚作假行为的；（7）人均金融资产超过当地月最低生活保障标准24倍的。

流程程序，做到公平公正公开。

（三）开展全面摸排

充分发动街道、社区、社会组织、志愿者、楼栋长、网格员、物业公司等力量，对辖区内所有居民基本情况进行全面摸底排查，对符合条件的城镇贫困群众全部纳入帮扶范围，确保不落一户、不漏一人。

（四）实行动态管理

精准区分对象类别，建立台账，运用大数据进行动态管理，提高贫困对象精准识别的准确性、科学性。建立科学的城镇贫困群众脱贫解困延退机制，对已经脱贫解困的，给予一定的延退期，让其在一定时期内继续享受相关政策，防止出现边脱贫解困、边返贫返困的现象。

二、精准制定帮扶措施

借鉴农村脱贫攻坚经验，从贫困群众生活、发展最急需的方面切入，重点制定落实好"四个一批"帮扶措施。

（一）强化基本生活保障兜底一批

稳步提高城镇最低生活保障标准、特困人员救助供养标准，城镇最低生活保障标准和人均补差标准每年分别按照10%和9%左右的增幅提高，城镇特困人员救助供养标准每年按照不低于当年城镇最低生活保障标准的1.3倍提高，失能、半失能特困人员照料护理经费分别按照每月不低于当地最低工资标准的80%和20%安排。

（二）拓宽就业创业渠道致富一批

鼓励和扶持城镇贫困群众通过就业创业实现脱贫解困，享受与农村建档立卡贫困户同等的奖励扶持政策。针对通过市场渠道难以就业的贫困群众和零就业家庭人员，通过有针对性地提供就业培训、创业指导和跟踪服务，公益性岗位优先安排，确保有就业能力和就业愿望的零就业家庭至少有 1 人就业。

（三）加强服务保障精准解困一批

加大财政投入，加强医疗、教育、住房等方面的帮扶力度。例如，将城镇贫困群众全部纳入"四道医疗保障线"救助范围；城镇贫困群众家庭上学子女比照农村建档立卡贫困户家庭标准，纳入国家"奖、助、贷、勤、减、免"学生资助政策体系范畴；加大公租房保障力度，采取实物保障与租赁补贴并举的方式，解决城镇贫困群众住房困难。

（四）实施临时救助保障覆盖一批

对城镇贫困群众遭遇困难而其他制度暂时无法覆盖，或经过帮扶之后基本生活仍有严重困难的，按规定予以临时救助帮扶。针对这类群体，探索建立了主动发现、快速响应、及时救助的工作机制，全方位编密织牢社会救助保障安全网。

三、精准开展结对帮扶

建立城镇贫困群众结对帮扶机制，实现帮扶全覆盖。通过 3 年脱贫解困，帮助城镇贫困群众解决基本生活、就业、医疗、教育、社保、住房等实际困难，稳定实现"两不愁三保障"。

（一）城区实行网格化结对帮扶

结合城市网格化管理特点，在综治、创文、创卫网格的基础上，统筹安排结对帮扶责任单位和帮扶干部。由帮扶责任单位负责安排本单位党员干部，对网格内的城镇贫困群众采取"一对一"或"一对多"的方式结对帮扶。对公租房、廉租房小区等重点区域加强结对帮扶工作力量，分栋安排或分单元安排帮扶责任单位，确保城镇贫困群众帮扶全覆盖、无死角、无盲区。

（二）非城区实行因地制宜结对帮扶

一是在现有的农村建档立卡贫困户帮扶基础上，延伸到城镇贫困群众的结对帮扶。二是根据城镇贫困群众数量，统筹安排结对帮扶。原则上，城镇贫困群众在 50 人及以下的，由当地乡镇、社区党员干部结对帮扶；城镇贫困群众在 50 人以上的，安排不少于 1 个县直单位参与，共同做好结对帮扶工作。

（三）探索政府购买专业社工帮扶

积极探索政府购买社会工作服务的形式，重点对贫困群众集聚的公租房小区、廉租房小区开展专业社工帮扶，为城镇贫困群众提供情感支持、心理疏导、精神慰藉、能力提升、资源链接等专业服务，增强脱贫解困帮扶工作的专业性、针对性和实效性。

（四）推动社会力量参与帮扶

开展社会组织结对帮扶，积极动员引导社会组织发挥优势，开展对口帮扶及助医、助教、助学、助残等脱贫解困活动。广泛动员引导志愿服务组织和志愿者，开展脱贫解困志愿服务活动。动员引导慈善组织对遭遇突发事件、意外伤害、重大疾病或其他特殊原因导致基本生活陷入困境的城镇贫困家庭，开展慈善帮扶。大力弘扬邻里友爱、诚信崇德、团结亲善、守望相助的中华传统美德，开展邻里互助帮扶。

四、激发贫困对象内生动力

城镇贫困群众既是脱贫解困的对象，也是脱贫解困的主体。一方面，坚持"输血"与"造血"相结合。坚持"扶贫不扶懒、扶干不扶看、扶志不扶靠"，坚持保障基本生活与扶志、扶勤、扶智、扶德并举，消除贫困群众的"等靠要"思想，实现"输血式"向"造血式"

转变，为脱贫致富提供最根本的保证、最持久的动力。另一方面，坚持惩戒教育与宣传引导相结合。深入推进社会公德、家庭美德、个人品德和社会信用体系建设，依法惩治不尽赡养义务、骗取低保资金等失德失信行为，大力宣扬自立自强的先进典型，树立劳动光荣的舆论导向，通过培育文明新风巩固脱贫解困工作成效。对有劳动能力但未就业的城镇低保对象及支出型贫困低收入家庭成员，无正当理由连续3次拒不参加脱贫解困就业项目的，适当降低或暂停其享受的相关政策待遇，避免出现"养懒汉"现象，营造城镇贫困群众人人重实干、个个求脱贫、户户争小康的浓厚氛围。

案　例

农村脱贫、城镇解困"一肩挑"，
石城县 363 名扶贫干部"打两份工"

每周五、周六是农村扶贫工作日，与小松镇许坊村 5 户贫困户同吃、同住、同劳动，继续巩固脱贫成效；每月第一个星期三是城镇脱贫解困日，去城南居委会 2 户解困户家中走访，帮助解决实际困难……石城县总工会干部李虹娇的工作日程安排上，扶贫工作占了很大篇幅。在当地，像李虹娇这样既参与农村脱贫攻坚，又参与城镇脱贫解困，"打两份工"的扶贫干部有 363 名。

2018 年，石城县通过国家考核验收，实现脱贫摘帽。在向农村群众承诺"脱贫不脱政策、脱贫不脱帮扶"的同时，该县深挖细查扶贫工作中的盲区、死角，将城镇困难群众脱贫解困，作为巩固提升脱贫成效、夯实全面小康基础的一项重要工作。

该县派出 23 个工作队 789 名帮扶干部对接城镇贫困群众，其中近半数是有农村脱贫攻坚经验的干部，并在每个帮扶社区选定一名责任心强、政策水平高、经验丰富、年富力强的干部担任工作队长；建立健全城镇困难群众结对帮扶制度，进一步完善乡镇、社区结对帮扶，推行"四个全覆盖"，即县、乡（镇）、社区三级帮扶责任全覆盖，每个乡（镇）和社区帮扶工作队全覆盖，城镇贫困群众结对帮扶单位全覆盖，城镇贫困群众结对帮扶干部全覆盖。

该县有农村脱贫攻坚经验的干部以老带新，充分发挥懂政策、善沟通、点子多的优势，在城镇脱贫解困工作中冲锋陷阵。农村贫困户可享受的基本生活保障、医疗、教育、住房优惠政策，根据实际情况覆盖至城镇困难群众；爱心超市勤劳兑奖和道德模范、身边好人、好学上进星、勤劳致富星评选等参与度高、效果好的活动，在各个社区铺开；符合群众需求的各种创业就业培训，也如火如荼地开展起来。目前，石城县 1111 户 2121 名城镇贫困群众全部得到对接帮扶，城镇特困人员、城镇低保对象实现应保尽保，并举办创业就业培训 12 场，培训 500 多人次，120 多名城镇贫困群众实现自主创业就业，40 名特困家庭和零就业家庭人员被安置到公益性岗位就业。

第五节　启示与思考

习近平总书记在中央扶贫开发工作会议上提出"社会兜底保障一批"，要求对贫困人口中完全或部分丧失劳动能力的人，由社会保障来兜底。兜底扶贫作为"五个一批"工程之一，在脱贫攻坚中发挥着不可替代的作用。赣州在推进兜底扶贫的过程中，坚持多措并举、分类施策，切实做到贫困群众"应保尽保、应扶尽扶"。概括起来，赣州推进兜底扶贫有以下几点启示。

一、兜底扶贫要聚焦重点人群，找准发力方向，结合实际情况精准施策

兜底保障是国家对特殊困难群众给予救助的一种社会救助政策，属于特惠性而非普惠性政策。要使社会救助发挥最大效益，首先，对兜底对象一定要识别精准。同时，要根据不同人群制定不同的政策，防止"一刀切""一兜了之"。比如，赣州在推进城镇贫困群众脱贫解困工作中，对因病、因子女上学、因无住房导致生活困难的帮扶对象，积极实施医疗保障、教育救助、住房救助等政策予以帮扶；对就业困难的帮扶对象，以服务就业意愿为导向开展就业培训、就业指导和跟踪服务；对遭遇困难而其他制度暂时无法保障，或经帮扶后基本生活仍有困难的帮扶对象，予以临时救助帮扶。实践证明，只有找准"最贫困"的群众、制定"最精准"的政策，才能实现"最有效"的帮扶。

二、兜底扶贫要坚持动态管理，确保公平公正，做到一把尺子量到底

困难群体不是一成不变的，随时有人因各种原因致贫加入，也有人因家庭境况改善而不再符合救助标准。因此，在兜底扶贫过程中，一定要坚持加强动态管理，将符合条件的及时纳入救助，对不符合条

件的第一时间调整退出。同时，兜底保障也要防止"养懒汉"，不能助长"等靠要"思想，要大力引导困难群众在能力范围内依靠自己的双手脱贫致富。比如，赣州市在落实好残疾人各项保障政策的同时，着力加强思想引导，注重激发他们自身脱贫的内生动力，通过组织开展电商、手工和种养殖业等技能培训，有效提升残疾人自身的就业创业能力。

三、兜底扶贫要注重各方联动，加强政策引导，形成全社会参与的强大合力

在推进兜底扶贫过程中，要建立多部门沟通参与的协作机制，切实加大财政投入，建立起以农村最低保障制度为主体，以特困供养、临时救助为补充的民政兜底扶贫体系，强化兜底效果，确保贫困对象"困有所扶、难有所助、弱有所帮"。同时，要完善政策机制，弘扬互帮互助、奉献爱心的优良传统，引导社会各界共同参与脱贫攻坚。比如，石城县将中国社会扶贫网线上资源与线下建设爱心超市相结合，推行积分兑换爱心物品模式，动员社会爱心人士参与扶贫；章贡区在推进居家养老服务方面，在江西全省率先试点采用 PPP 模式引入社会资本参与，取得了明显成效。

第 十 章

促进贫困群众稳定增收，
扎实推进消费扶贫

    2018 年 12 月，国务院办公厅印发《关于深入开展消费扶贫助力打赢脱贫攻坚战的指导意见》。文件指出，消费扶贫是社会各界通过消费来自贫困地区和贫困人口的产品与服务，帮助贫困人口增收脱贫的一种扶贫方式，是社会力量参与脱贫攻坚的重要途径。全国消费扶

2019 年 9 月 7 日，全国消费扶贫现场观摩暨培训班在安远县举办

贫工作启动后，赣州结合农业优势产业发展，把消费扶贫作为推动产业扶贫、增加贫困群众收入、助推乡村振兴的重要支点来抓，着力开发消费扶贫产品、构建消费扶贫平台、拓展消费扶贫渠道、创新消费扶贫模式，消费扶贫工作取得积极成效。2019 年 9 月 7 日，全国消费扶贫现场观摩暨培训班在赣州市安远县举办。

第一节　搭建线上线下双平台，拓宽消费扶贫产品营销网络

为有效建立消费者与贫困户的沟通联系机制，进一步拓宽消费扶贫产品销售渠道，着力破解贫困户"不知产品去哪儿卖、卖给谁"和消费者"想买好产品，却不知到哪儿买"的困惑，赣州坚持一手抓线上、一手抓线下，双向发力搭建"双线"平台，打通消费扶贫上行渠道，实现供需有效对接。

一、依托"互联网 +"，搭建线上销售平台

赣南是典型的山区，交通不便、信息不畅是阻碍当地农特产品外销的主要因素之一。长期以来，农户种植的农特产品，除人工挑到当地圩镇销售一些外，大部分自己消费。2014 年，国家启动第一批电子商务进农村综合示范试点。赣州抓住机遇，先后争取 17 个县（市、区）列入试点，同时争取并获批第二批国家电子商务示范城市。以此为契机，赣州积极推动电子商务进农村、兴农业、富农民，充分发挥"互联网 +"优势，搭建线上展销平台，推动扶贫产品"触电""上网"。

（一）利用电商开展消费扶贫

2020年4月20日，习近平总书记在陕西考察时指出，电商作为新兴业态，既可以推销农副产品、帮助群众脱贫致富，又可以推动乡村振兴，是大有可为的。赣州积极探索开展电商扶贫，先后与阿里巴巴、京东、顺丰、苏宁易购等电商平台合作开展网络营销，引导阿里巴巴农村淘宝、邮政农村e邮、京东帮服务站等村级网点建设运营商，利用"万村千乡"农家店、农村小卖部、农家书屋、村民活动中心等建设村级服务站，不断拓宽赣南脐橙、油茶、南康家具等本土知名品牌的市场销路。

1.坚持高位推动。赣州市委、市政府高度重视电商产业扶贫工作，专门成立市电子商务产业发展工作领导小组和市电商扶贫工作领导小组，分别由市政府主要领导和市政府分管领导担任组长，负责统筹协调和组织领导赣州电商扶贫工作，先后出台了一系列政策文件，签约阿里巴巴、京东、顺丰、苏宁云商等知名电商企业和平台，举办了全国性农村电商系列峰会、节庆活动，并多次召开电商扶贫调度会、重点项目推进会，推进电商扶贫工作有序开展。

2.夯实服务体系。健全县、乡、村三级公共服务体系，赣州共建有各类孵化园22个、县级运营中心31个、乡镇服务中心65个、村级服务站557个（含贫困村250个），并打造了国家、省、市级电子商务示范基地和示范企业及电商扶贫示范镇、村137个。同时，引入品牌快递16个，建有快递末端网点1353个，乡镇快递网点实现100%覆盖，年处理快递量1.3亿件左右，有效满足了城乡电商物流需求，农村电商新业态全面开启。

3.强化人才培育。依托电子商务集聚区的孵化带动，为一大批县域人才提供免费电商培训，并帮助他们就业创业。2015年以来，累计开展免费电商培训3100余场18.1万余人次，县域电商形成良性生态循环，孵化了一批创业典型。

4.筑牢产业支撑。赣州持续推动电商扶贫产业发展，先后培育网销产品 679 个，形成了脐橙、茶油、白莲、蜂蜜、橘柚、紫山药、红蜜薯、咸鸭蛋和辣椒酱等一批电商扶贫产业带。赣南脐橙更是因"网"得势，由以往的"难卖"变成如今的脱销，品牌价值达到 675 亿元，连续 6 年居全国地理标志产品水果类品牌第一，脐橙产业真正成为赣州助农扶贫、兴业富民的支柱产业。南康区先后与阿里巴巴、京东等平台合作，走出了一条"电商＋家具生产企业＋家具产业集群"的新型工业化之路，南康家具成为江西省网络零售唯一超 100 亿元的网销品牌。2019 年，赣州网络零售额达 326.3 亿元，同比增长 24.9％，约占江西省的 28％，在江西省排名第二。

宁都县组织开展免费电商培训

案 例

安远县探索农家书屋与电商联姻开展消费扶贫

安远县先行先试，积极探索"农家书屋＋电商"模式开展消费扶贫，取得积极成效。该县结合中宣部"百县万村"综合文化服务中心示范工程建设，按照"八个一"标准（即完善一个办公场所、建立一个公共文化场所、开通一个网上交易平台、设置一块电子显示屏、设立一处图片阅览室、购置一批货品展示柜、安排一名信息管理员、购置一台数字借阅机），对现有的农家书屋进行改造升级，达到国家基本公共文化服务保障实施标准和全国电子商务进农村综合示范县创建标准。目前，全县已建设"农家书屋＋电商"服务站点81个。其中，孔田镇上魏村"农家书屋＋电商"服务站作为全国消费扶贫现场观摩点，得到与会人员高度肯定。

孔田镇上魏村"农家书屋＋电商"服务站创建于2016年4月，占地面积6800平方米，建有读书屋、宣讲屋、便民屋、致富屋、幸福屋"五个屋"，设有电商扶贫培训、合作社联营、快递物流、产品展示、创业办公等功能区，建立了村物流仓储配送中心、创业办公大厅等，已入驻电商运营团队168个。

该服务站围绕电商团队，带动贫困户及农产品网上销售推广实施消费扶贫工程。一方面，电商企业与贫困户签订帮扶协议，通过入股分红、劳务用工、订单回购等形式，把贫困户嵌到产业链中，引导种植户和贫困户学习种植技术，带动种植户和贫困户进行规模化种植与订单化销售，实现抱团发展。在该服务站的带动下，孔田镇先后建立了赣南脐橙、百香果、红蜜薯、鹰嘴桃等扶贫产业基地，促进了农产品标准化生产，完善了消费扶贫产品供应链，一批优质的富硒农产品走出大山。另一方面，通过开展电商技术培训，向贫困户传授网站运营技巧，实行货源共享，培养了一批新型农民和电商合伙人，帮助贫困户在家门口轻松圆了自主电商创业致富梦想，走上致富道路，实现了从"输血式"扶贫到"造血式"扶贫的有效转变。

2016年以来，该服务站共组织开展电商扶贫培训2000余人次，与26家扶贫合作社建立了利益联结机制，带动电商从业人员700余人，带动帮助126名贫困户走上电商创业脱贫致富路。该服务站培育的趣优鲜农产品旗舰店创业团队，多次在京东商城、天猫等线上平台获得全国农产品网销单季第一。《人民日报》、《经济日报》、央视《新闻联播》节目等，对孔田镇电商扶贫特色做法进行了报道。

（二）利用网络平台开展消费扶贫

除了与知名电商平台合作开展网络营销外，赣州还通过中国社会扶贫网、贫困地区农副产品网络销售平台，以及与市场主体合作开发消费扶贫平台等途径，广泛动员全社会力量，利用线上对接、众筹帮扶、线下捐助等形式，共同发力推动消费扶贫。比如，安远县率先与"新华99"服务乡村振兴行动项目组合作，开发集单位集采、扶贫优选、社区团购、社群分享等功能于一体的消费扶贫网络平台，让农户变网商、农产品变网货商品。2019年4月，赣州11个贫困县（市、区）与新华社签署"新华99"服务乡村振兴行动消费扶贫战略合作协议，实现产品、服务与消费行为的有效对接。联合赣南日报社开通赣南电商扶贫商城，借助新媒体引流销售扶贫产品。上犹县引进市场主体创建"去扶贫"手机 APP 平台，帮助贫困户在线销售农特产品。石城县结合中国社会扶贫网电商扶贫板块，优化与公司、合作社以及物流体系的融合，切实解决贫困户的产品销路问题。

安远县鹤子镇"新华 99"服务乡村振兴行动运营中心

案　例

上犹县创建"去扶贫"手机 APP 平台，打造消费扶贫新模式

近年来，上犹县引进市场主体创建"去扶贫"手机 APP 平台，帮助贫困户在线销售农特产品，率全国之先开展社会化商业扶贫，用商业化手段推动脱贫攻坚，建立每户"一项主导产业、一个爱心团队、一条脱贫路径"的保障体系，实现贫困户持续稳

定增收，在实践中探索出以消费促脱贫的新模式。

一、主要特点

以商品认购为载体。该平台以电商扶贫为切入点，版面设置了"扶贫集市""扶贫合作社""一村一品""拼团""体验""守护"等栏目。贫困户将自家农特产品"晒"在网上，线上客户直接在手机 APP 中下单，即可购买来自贫困户家中的农特产品，从而促进贫困户增收。

以消费扶贫为主题。该平台区别于一般电商平台和简单的捐款慰问，而是采取等价交换或溢价认购的方式，购买贫困户的农特产品或农家服务，在商品交换中传递爱心，增强客户与贫困户双方的获得感、成就感。同时，设定客户购买量越多、获得爱心积分就越多，积分达到一定数额可分配给低保户、五保户等特困群体，实现鼓励多劳多得和扶贫济困的双赢。

以互联网技术为支撑。该平台由专业互联网科技公司研发而成，集合采用最新互联网、大数据、区块链技术，不仅支持拼团、团购、会员等最新电商功能模式，还提供亲友圈、社区、扶贫荣誉等社交体系，技术成熟、使用简单、功能完备，可以满足线下大量贫困户和线上众多客户的各类需求。

二、价值意义

解决了农村小生产与城市大市场连接不畅通的难题。农村特色农副产品不是没有市场，而是缺乏"最初一公里"直连"最后一公里"的赋能者、扶持者。"去扶贫"平台正好解决了这一难题。一方面，实行按需生产。线上客户通过在线下达订单，让贫困户提前生产产销对路的绿色食品、生态产品，实行"一对一"的生产和销售，有效降低市场风险。另一方面，实行在线销售。贫困户已经成熟的农产品通过平台在线销售，产品单价按约定上浮 10%左右，最大限度让利，提高贫困户的劳动收益。

解决了部分贫困户社会地位低、内生动力弱的难题。针对有的深度贫困群体缺乏人文关怀、内生动力不足以及由此产生的社会地位偏低问题，"去扶贫"平台融入亲情社交扶贫理念，同步开展扶志行动。一是实行结对认亲。在线发布贫困户家庭简介、致贫原因、农产品供应等信息，创造条件让贫困户与城市人群互相结对子、认亲戚，在此基础上建立农产品交易行为，从而改变简单给钱给物的帮扶方式。二是开展农事体验。强化对贫困户的宣传培训和农技指导，提高贫困群众的自我发展能力，从而引导"去扶贫"平台线上客户到贫困户家中开展农事体验或乡村旅游，"一对一"改变贫困户的生产生活面貌。三是传递人文关怀。对智力残疾、长年重病、鳏寡孤独等特困群体，"去扶贫"平台通过亲友团聊天、亲情守护、NV1 团购等措施，引导爱心人士、企业家、志愿者、义工开展爱心帮扶，帮助他们解决生活保障难题，为他们送上社会人文关怀。

创建农产品上行渠道，改变农村传统生产经营模式，形成线上交易、订单生产、物流集散、智能增收新业态。"去扶贫"平台通过扩大线上影响力、打通线下流通环节，在地域上缩短农村与城市之间的距离，在情感上消除市民与农民之间的隔阂，构建千家万户农产品直接向城市售卖的互联网运营体系，不仅深度改变农村传统生产经营观念，而且能有效解决城市生态食品短缺、社区亲情淡化、捐助信息不畅等问题，从而推动区域协调发展和农村产业兴旺。

创建爱心人士帮扶模式，运用商业手段解决社会问题，形成亲情社交、拼团义购、消费积分等社会扶贫新机制。"去扶贫"平台利用互联网的强大功能，突出消费扶贫主题，借助商品认购载体，让消费者在收获物质商品的同时传递爱心，让爱心有迹可循。同时，采用实名认证、质量检测、消费者评价等诚信约束机制，引入现实生活和理性交友的理念，动态管理消费者与贫困户，建立社会化、商业化、自动化扶贫新机制。

（三）利用社会扶贫网开展消费扶贫

把社会扶贫网作为脱贫攻坚工作的重要显性载体来抓，充分挖掘社会扶贫网平台潜力，破除"定点""结对"帮扶制度的瓶颈和区域障碍，搭建起社会资本进入扶贫领域的桥梁，凝聚了社会各方面力量参与脱贫攻坚的强大合力。截至2020年5月，赣州全市累计在中国社会扶贫网注册爱心人士102.9万人，注册贫困户37.3万人，发布物品需求66.2万件（次），完成物品对接57.67万件（次），发布资金需求4444.1万元，物品对接成功率为87.11%、资金对接成功率达52.98%，各项指标总量均列江西省第一，物品对接成功率、资金对接成功率等主要指标超过江西全省平均水平。

1.以网为媒，构建互动推广载体。高规格成立市、县、乡三级社会扶贫网工作领导小组，党政主要领导和分管领导亲自部署调度、跟踪督办社会扶贫网的运行，不定期对工作落后的县、乡主要领导下发督办函，层层传导工作压力。建立了社会扶贫网联席会议机制，定期召开联席会协调各级各部门齐抓共管，对乡（镇）、村（社区）及时跟踪调度每日进度，确保运转高效有序。县、乡、村配齐配强了9091名网络管理员，着力开拓传媒合作渠道，有机结合扶贫形象大使等活动开展新媒体和传统媒体系列宣传推介活动，提高群众对社会扶贫网的知晓度，成功注册102.9万爱心人士。结合"百企帮百村""扶贫日""扶贫一日捐"等重大节日和扶贫品牌，不定期集中组织各方面力量参与对接，切实提高爱心需求及扶贫众筹的对接成功率。组建由 52 名宣传骨干组成的网络宣传员队伍，负责社会扶贫信息采集、编写、上报、评价反馈等工作，分层建立起县、乡（镇）、村级网络管理员微信群，全天候解决社会扶贫网运行过程中出现的难题，实现运转快捷、高效。目前，已建成石城县、瑞金市、安远县等 3 个县级社会扶贫网示范管理中心，赣州全市建立了 400 多个村级社会扶贫网工作室，搭建线上线下推广交汇载体。

2. 以网兴业，破解产业就业瓶颈。紧紧扭住"互联网＋"社会扶贫这个核心，抓住赣州被列入第二批国家电子商务示范城市的契机，大力推进电子商务进农村综合试点全覆盖，极大完善了县、乡（镇）、村三级农村电商服务网络。赣州全市已建成电商孵化园 22 个、县级电商运营中心 31 个、乡镇电商服务中心 65 个、村级电商服务站 557 个，拉动了全市农村电商的快速发展。2019 年，全市网络零售额为 326.3 亿元，同比增长 24.9%，带动 5.69 万余贫困群众通过电商及产业链创业就业，贫困户年均增收 2308 元。一是壮大了南康家具产业。南康区推动家具产业打造 23 家扶贫车间，建立各类电商服务站 59 个，电商精准扶贫站点覆盖 5 个贫困村。2019 年，电子商务交易额突破 506.3 亿元，解决了 30%以上贫困劳动力的就业难题。二是成就了"一乡一业""一村一品"。比如，赣县区通过互联网，销售田村黄元米果、韩坊百香果、茶油、酸枣糕、大埠蜂蜜、蜂蜡、蜂巢等农副产品，2019 年的交易总值达 49 亿元。石城县在 2017 年通过特色产品 O2O 馆，网上销售白莲约 185.6 万元、蜂蜜约 6.7 万元、山茶油约 3.7 万元，还通过电商企业销售蜂蜜 400 万元。三是培育了瑞金蛋鸭产业。瑞金市建成 64 个农村电商站点，6000 多名贫困对象直接或间接参与电商产业，上线销售农产品 100 余种，实现农产品销售额超 8 亿元。知名的廖奶奶咸鸭蛋专业合作社，通过电商销售平台，原本市面上只能卖 1.8 元一个的咸鸭蛋，现在卖到 4 元一个。合作社实现月均纯利润18万元，带动贫困户社员户年均增收4000余元，目前已入驻社会扶贫网电商平台进行销售。

3. 以网转型，推动传统产业升级。积极探索电商扶贫模式，形成品牌化、规模化效应。通过不断努力，2019年，赣南脐橙的品牌价值超过600亿元，连续5年居中国农产品品牌价值榜榜首。赣南脐橙从果农手里的收购价由几毛钱一斤，涨到三块多一斤；农夫山泉打造17.5°橙，价格卖到十几块钱一斤；2019年果季，赣南脐橙通过电商销售约36万吨，约占总产量的30%。2019年11月11日当天，南康区电商成交额达12.1亿元，同比增长157.4%。此次网络交易平台，主要为天猫、京东、拼多多、苏宁易购等B2C大型综合交易平台。其中，实木家具销量在南康家具类目中占比79.3%，交易总额为9.6亿元，刷新了线上交易纪录，再一次用数据证实了南康实木家具的强大实力。值得一提的是，由残疾人组建的赣州维纳斯电子商务有限公司在2019年11月11日当日，接到500多个订单，销售额超50万元，比2018年翻了一番。

4. 以网聚力，着力补齐民生短板。积极创新线上与线下的融合渠道，通过中国社会扶贫网，成功运作了瑞金市2.3万个扶贫药箱、浙江传化集团捐资3000万元新建150所村级卫生服务室、中国工程院院士孙颖浩建立赣南扶贫工作站、中国志愿医生赣南扶贫行等一批重大扶贫公益项目。南康区开展"百企帮百村、千企扶万户、万企公益行"的社会扶贫"百千万工程"，按照"村企共建，实现双赢"原则，选派6个商会、协会和58家企业，通过社会扶贫网，实现对"十二五""十三五"贫困村结对帮扶全覆盖，共筹集社会扶贫资金4800万元，帮助贫困村发展产业、改善基础设施、提升村集体经济水平；引导家具企业、爱心人士以"一对一""一对多"方式，结对帮扶贫困学生2458名。大余县发动各企业和个体工商户通过社会扶贫网，出资修路 3000 余米，修桥 15 座，修建文体场所 30 余处，捐款助学 1000 余人，发放慰问金 10 余万元。信丰县动员 20 家民营企业共实施帮扶项目 58 个，产业帮扶 380.5 万元，就业帮扶 444.3 万元，公益帮扶 41.4 万元，技能帮扶 31 万元；帮扶贫困人口 3986 人，营造了"人人参与，共献爱心"的社会氛围。

案 例

石城县奏好"四部曲"，努力构建大扶贫格局
——石城县推广中国社会扶贫网工作的主要做法

近年来，石城县坚持把中国社会扶贫网作为"三位一体"扶贫中的重要支撑，努力奏好"四部曲"，构建大扶贫格局，取得了明显成效。截至 2020 年 5 月，全县爱心人士注册突破 4.5 万人，对接贫困户需求 55468 个，对接成功率近 94.5%。2018 年 6 月，全国"互联网+"社会扶贫现场会在石城县召开。

一、汇聚社会爱心力量，奏好"注册使用曲"

按照"帮扶干部和村级管理员率先注册、贫困群众一对一指导注册、社会人员现场注册"的原则，推进结对帮扶干部、村级管理员、贫困户在短时间内全部注册到位。同时，通过现场会、圩镇设点、车间发动、商店宣传、景区扫码等方式，举办 200 余场（次）推广活动，吸引县内外包括企业家、创业致富带头人、农技人员、教育人员等社会人员，注册成为爱心人士 45154 人，为对接贫困户的方方面面需求奠定了基础。

二、聚焦帮扶关键环节，奏好"爱心对接曲"

聚焦扩大帮扶对接面，建立"企业家""创业致富带头人""医

护人员""教育人员""农技人员"等爱心人士微信群，由管理员定期梳理贫困户需求，精准推送对接，扩大信息知晓面；成立志愿者队伍143支1296人，发挥志愿者牵线搭桥的作用，帮助协调爱心人士与贫困户之间双向精准对接；动员商会、在外乡贤和其他石城籍知名人士的广泛资源，加大力度宣传推广使用中国社会扶贫网。比如，丰山乡邀请热心公益的乡贤担任9个行政村的"名誉村长"，线上积极对接贫困群众需求，线下捐资60余万元助力脱贫攻坚；依托"百企帮百村"平台，引导企业关注、对接爱心需求，目前已有140余家企业参与需求对接，筹集的资金、物品合计3500余万元。

三、依托电商扶贫平台，奏好"效益提升曲"

结合中国社会扶贫网的电商扶贫板块，优化与公司、合作社以及物流体系的融合，切实解决贫困户产品卖难问题。一是优化公司合作。与电商运营基础扎实、资质齐全、贫困群众参与度高的石城县赣江源农发公司、江西圈圈网络科技有限公司合作上线，专业化运作，打开电商扶贫局面。二是优化合作社引导。积极鼓励农民专业合作社加入电商销售，帮助带动贫困群众发展产业、增加收入。例如，引导石城县宝园种养专业合作社在中国社会扶贫网开设"宝利源农业"店铺，专销土鸡和土鸡蛋，带动287户贫困户增收。三是优化物流体系。引进一线物流公司，整合资源建立县至村的双向物流体系。特别是强化与邮政公司的合作，确保当日进（出）县的物品当日送达（出），有效打通了产业发展"最后一公里"。

四、整合线上线下资源，奏好"志智双扶曲"

探索将中国社会扶贫网的线上扶贫资源与线下建设爱心超市相结合，推行积分兑换爱心物品模式，实现扶贫与扶志、扶智双提升。一方面，提高线上资源效益，激发内生动力。积极引导爱心企业和个人针对贫困户发布的普遍性需求，批量捐赠物品给爱心超市，常态化保障爱心超市货品供应。制定《爱心超市积分考评评分细则》，建立"以奖代补、多劳多得"的百分制考评积分奖励机制，努力形成各方参与、社会协同、百姓受益的良性互动局面。另一方面，完善日常管理制度，确保规范运作。健全工作台账，按月或按季度通过村务公开栏、村务微信群等公示积分评定结果和物品兑换情况，使群众心里有数，从心底认可、支持。同时，加强爱心超市日常管理，从农村老党员干部和驻村工作队中选聘监督管理员，定期开展监督检查；县乡扶贫部门、纪委监委不定期抽查复核，确保款物使用公开公平公正。截至2020年5月，石城全县已建成爱心超市132个，实现村村全覆盖，募集的资金、物品折合人民币600余万元，开展积分评比1300余次，累计2.6万人次兑换爱心物品。

二、创新模式，全方位打通线下销售渠道

在充分发挥"互联网＋"优势、搭建线上展销平台的同时，赣州积极开展扶贫产品线下实体展销活动，进一步拓宽农产品流通和销售渠道，通过区域展销、"六进"①直供、旅游带动等形式，加大推介力度，降低交易费用，提升品牌影响，助推消费扶贫。

（一）全力推广区域展销模式

动员大型实体店设立扶贫产品专区，在进商场、进超市时给予特殊通道、优惠或免除相关费用。发挥对口支援、定点扶贫、战略合作

---

① "六进"，指农产品进机关、进社区、进医院、进企业、进学校、进市场。

等优势，主动对接中央国家机关和企业，让农特产品在更高、更大平台得到展现。支持高速公路服务区、旅游景区、宾馆酒店等设立扶贫产品展销专区，积极举办电商扶贫产品全网推介会。引导贫困地区贫困群众的农产品参加农博会、农贸会、展销会等活动，与有大宗产品需求的省份、城市、企业进行直接对接，建立直售渠道。2019年10月，在南昌绿地国际博览中心消费扶贫展销会上，来自赣州13个县（市、区）的510种产品进行展销，实现销售额166多万元，订单金额达800多万元。

（二）创新实行"六进"直供模式

除增加对外销售渠道促进消费扶贫外，赣州还创新推出"六进"直供模式，从当地内部消化农产品，为消费扶贫助力。安远县整合学校营养餐配送、机关和企事业单位食堂食材供应等资源，组建以"六进"为主要业务的县属企业，采取"统一采购、统一检测、统一加工、统一配送"的消费扶贫产品直供模式，与26家合作社、232户贫困户建立合作关系。2019年，采购约2500万元农产品（其中，贫困户的农产品约1500万元），为158所学校、11个机关单位、27家企业和3家医院提供餐食服务，并为县城两大农贸市场、近百家商户提供农产品货源，打造从田头到餐桌的供应链条。大余县每年举办1—2次全县性扶贫产品展销会，以乡镇为单位举办消费扶贫对接会，组织各村与定点帮扶的机关、社区、企业、院校、食堂及超市签订协议，落实扶贫产品订单，营造消费扶贫新格局。

（三）探索旅游消费扶贫新模式

建立"旅游＋企业＋合作社＋贫困户"机制，推进农副产品特别是贫困户的农产品转换为旅游商品。通过"江西赣州文旅"官方微博、微信公众号等新媒体，对贫困地区的乡村文化和旅游产品、赣州特色农产品等旅游商品进行宣传和推介；在旅游景区、乡村旅游点等设置旅游扶贫摊位，供贫困户售卖农副产品；在上犹县、龙南市、大余县等地开设旅游扶贫超市，为贫困户的农副产品提供销售渠道。开展宣传节庆活动，组织开展龙南第四届旅游文化节、崇义县阳明文化旅游节等活动。安远县孔田镇策应三百山国际旅游节，举办南乡大堂美食节暨首届"村嫂厨秀"大赛，展出60余种带有浓厚客家特色的美食，打造"南乡大堂美食一桌菜"品牌，带动当地鹰嘴桃、红蜜薯销售和乡村旅游产业发展，促进乡村旅游消费。

（四）加快中科同创消费扶贫生活馆建设

积极与中科同创网络科技股份有限公司对接，动员信丰、安远、上犹、石城等4个县主动申报消费扶贫生活馆。目前，信丰县已与中科同创网络科技股份有限公司签订合作协议，并落实场地，有望成为江西省首家开馆的中科同创消费扶贫生活馆，建成集扶贫产品展示、体验、消费功能为一体的线下实体场馆，为当地联盟企业提供品牌宣传、企业咨询、产品展示、产品体验和产品销售等服务。

第二节　完善基础设施配套，打通消费扶贫"最后一公里"

电商最大的特点就是方便、高效。如果线上产品跑火热卖，而线下物流配送不畅，电商便捷的优势就会消失殆尽。特别是相较于其他产品，农产品对仓储保鲜、配送时效等要求更高。针对农特产品流通不畅、物流成本偏高、宽带网络覆盖不全等影响消费扶贫的突出问题，赣州坚持把畅通交通网络、完善流通基础设施、推进农村宽带网络建设作为推进消费扶贫的先导工程来抓，全力打通制约消费扶贫的"最后一公里"。

一、全力畅通农村交通网络

近年来，赣州在打好"六大攻坚战"过程中，把农村公路升级改造作为基础设施攻坚战的一项重要工作来抓。在大力实施农村公路建设三年行动计划的基础上，于 2020 年提出，按照"一个中心、两个提升、三个突破"的工作思路，进一步推进"四好农村路"建设，全面改善赣州农村公路状况，加快建成外通内联、通村畅乡、班车到村、安全便捷的农村交通运输网络，充分发挥农村公路在消费扶贫中的先行保障作用。

（一）围绕"一个中心"

以高质量发展为中心，满足新时代人民群众对便捷交通的需要，以新发展理念为引领，从规模速度型向质量效益型转变，充分发挥农村交通在服务农业产业发展、优化农业农村布局、支撑农业农村现代化建设等方面的先行保障作用。

（二）抓好"两个提升"

加快推进以双车道建设为主的县乡道改造，逐步提升县道三级及以上等级比例，并逐步提升乡道双车道比例。预计 2020—2021 年，在完成《关于加快推进"四好农村路"建设的实施意见》剩余建设任务——县道升级改造 700 公里、乡道双车道改造 925 公里、通建制村窄路面拓宽改造 700 公里的基础上，新增完成县道升级改造 245 公里。到 2020 年年底，赣州全市所有具备条件的乡镇、3A 级以上旅游景点通三级以上公路；到 2021 年年底，县道三级及以上等级比例、乡道双车道比例分别达到 55%、40%，逐步形成以双车道以上为主的县乡道网络。加大县乡道路面改造建设力度，两年实施 950 公里。结合美丽乡村建设，高标准打造 500 公里"畅安舒美"县道乡道村道农村公路，建设宜居、宜业、宜游的美丽生态文明农村路。

（三）实现"三个突破"

在支撑农村产业发展、路网联通、民生事业三个方面取得突破，建设一批旅游路、资源路、产业路、公益事业路、路网联通路。

1.农村产业支撑能力取得突破。进一步强化农村公路对乡村产业发展的支撑能力，积极推进以双车道以上公路为主的旅游路、资源路、产业路建设，支持连通国家级和省级现代农业示范（产业）园、乡村旅游点、特色小镇、特色村庄、田园综合体、乡村森林公园、森林小镇等道路建设，为地方旅游、特色加工、矿物开发、商贸物流等产业落地、发展创造条件。

2.农村公路路网联通水平取得突破。在覆盖乡镇、建制村节点的基础上，强化农村公路与干线公路、城镇道路、交通枢纽的互联互通，鼓励各地结合村镇布局，经济、人口分布，城镇化发展需求，编

安远县干净整洁美丽的"四好农村路"

制完善农村公路网规划，有序推进农村公路联网建设，构建层次清晰、功能完备的农村公路网络，发挥农村公路的整体效益。

3.农村公路保障、服务民生事业取得突破。支持服务农村养老、医疗、教育、殡葬、移民搬迁安置和连接机场、客运站、火车站道路等公益事业路建设，支持农村集镇路段等交通拥堵节点道路改建。力争在 2021 年使建制村通客车率达 100%，建成通村畅乡、班车到村、安全便捷的农村交通运输网络。

📋 **案 例**

安远县建设"四好农村路"助力脱贫攻坚

安远县抢抓交通运输部对口支援的机遇，以"四好农村路"建设为抓手，全力推进联网路、旅游路、产业路、民生路建设，全县形成了外通内畅、北上南下、东延西进的综合交通网络，为乡村振兴和脱贫攻坚提供了强有力的外部支撑。2017 年，该县先后荣膺江西省、全国首批"四好农村路"示范县。

一、通村通户通民心

合头村是安远县最北端的一个"边界村"，与赣县区相邻，距离安远县城 92 公里。过去，道路泥泞不堪，路面坑坑洼洼，去趟县城得颠簸 4 个多小时。"村民就是有钱也不敢买小车。记得有回领导来村里调研，汽车轮子陷进泥坑，最后不得不叫我们几个去帮忙推车。"回忆起当时的情况，该村党支部书记刘崇良感慨不已。

随着宁定高速安远北部高速互通的开通，省道沙龙线龙布至合头二级路、沙石至合头等公路的改造贯通，以及 20 户以上通组公路全面实现硬化，合头村的交通面貌发生了巨大变化，不仅到安远县城的车程缩短至 1 个多小时，还从一个边远山村成为赣州"后花园"。

2015—2017 年，安远县集聚县、乡（镇）、村三级的人力、物力、财力，自筹资金 15.6 亿元推进"四好农村路"建设，新（改）建农村公路 1702 公里，其中县乡道 670 公里，新建 20 户以上自然村水泥路 1032 公里，实现了进村主干道提质扩面、20 户以上通组路、公路管护有效、电商物流进村、路域环境提升"五个全覆盖"。

二、管好护好利村民

农村公路三分靠建设，七分靠管养。安远县创造性地将农村公路管养工作与脱贫攻坚相结合，设立农村公路养护员公益性岗位，安排 200 名贫困户从事公路养护工作，实现了"扶持一岗、脱贫一户"的目标。同时，创新实行县、乡（镇）、村三级路产路权保护模式，成立治超综合执法队伍，建立车辆超限超载监测站，构建起"源头管、路面查、追踪罚"的全程治超体系，车辆超限超载率稳定控制在 1% 以内。

此外，在各乡（镇）建立交通管理站及"路长制"，设立村级路政信息员，畅通农村公路路况信息；将农村公路养护经费全部纳入县财政预算，建立了养护经费增长机制，每年按 10% 的比例增加养护资金；实行"五定一包"养护模式，对农村公路定路段、定人员、定责任、定标准、定报酬，包养护质量，建立养护考核"八无标准"、"36 字诀"养护标准、桥梁管养二维码，实现农村公路管养常态化、规范化、精细化。目前，安远全县 2323 公里农村公路（含通组公路）全部列入管养范围，公路列养率达 100%、好路率达 90.8%，打造农村公路养护生态示范路 58 条 303 公里。

三、用好公路百业兴

"前不久，一个电商创客下了'大单'，要 1000 多公斤酸粉。这几天，我都忙得不可开交。"重石乡重石村村民赖文才高兴地说道。酸粉，是当地特色小吃。过去受道路交通等因素制约，酸粉靠批发零售，不仅价钱低廉，销量也低。随着"四好农村路"建设的推进，打通了物流进村的"最后一公里"，"农家书屋＋电商"服务站应运而生。风味独特的酸粉通过文化创意营销，得到全国各地消费者的青睐。仅2017年，通过电商物流出售的酸粉就有5万多公斤，重石村也成为远近闻名的"酸粉村"。

如何运营好农村公路，这是安远县推进"四好农村路"建设的重点。为使农村公路与脱贫攻坚、物流电商、美丽乡村建设等工作相互融合，该县充分做好"交通＋"文章，通过"交通＋物流""交通＋电商""交通＋旅游"模式，推进以路兴产、以产拓路、路产融合，不断释放交通综合效益。

2017年，依托"四好农村路"建设，安远县催生生态观光果园20万亩、特色产业合作社200多家，发展起淘宝网店1800多家，涌现了"红薯村""山药村""蜂蜜村"等50多个独具特色的产业新村；2015—2017年，全县旅游接待人次年均增长32％，旅游综合收入年均增长28％；全县贫困发生率由2014年的16.9％下降到2019年的0.07％。

二、健全农村物流配送体系

为加快推进农村物流产业发展，畅通农村脱贫致富"血液"，实现农产品"货畅其流"，赣州结合农村地区产业发展需求，推进"快递向下"服务拓展工程，鼓励各大快递企业下沉乡村布点，引导邮政物流牵头整合其他物流资源，搭建完善的县乡村物流服务体系。

（一）突出打好物流项目建设攻坚战

重点推动赣州毅德商贸物流园、赣州综合物流园区、赣州国际港、江西红土地物流园、赣县公路港等 5 个一级配送基地的建设运营和功能升级。推进县级配送中心、物流园、冷链智能配送中心、乡级配送驿站网点和村级配送服务网点建设，打通线下"最后一公里"，为消费扶贫插上腾飞的"翅膀"。

（二）积极发展现代物流新业态新模式

重点培育发展冷链物流、多式联运、快递物流、物流金融等新业态，促进现代供应链创新和应用。探索无人机物流平台，引进顺丰速运有限公司在赣州兴建无人机产学研基地，流转土地 2000 亩建设综合化测试场，新增 2 条试飞测试航线，打造空中智慧物流生态圈。

（三）全方位促进物流业降本增效

研究制定并出台促进物流业转型升级政策，提高物流运行效率。推动业态创新，促进产业大融合。赣州规划建设了 24 个县级电商产业园，建成多个农资连锁配送中心和顺丰、中通两个快递分拨中心。大力整合邮政、供销、"万村千乡市场工程"农家店、快递企业等运力资源，着力解决物流成本高、配送时效慢等问题，赣州物流降本增效、电商年销售额均创下历史新高。比如，安远县 2019 年的平均物流成本比 2013 年降低了 30% 左右，一箱 3 公斤脐橙寄往江浙沪地区的快递费，由 15 元降到 3.8 元。2019 年，安远县电商产品网络交易额突破 18 亿元，快递单量突破 1500 万单，分别比 2013 年各增长 15 倍。

表 10-1　安远县电商扶贫变化量

年份	网络交易额（万元）	快递单量（万单）
2013	1100	92
2019	180000	1500

数据来源：根据安远县相关资料整理。

寻乌县广寻现代物流园

案 例

寻乌县大力发展第四方物流，
打造"共享物流"新模式助推脱贫攻坚

　　物流业是链接供给侧和需求侧的基础纽带。近年来，寻乌县牢固树立"共享"理念，借助赣州创建国家级物流枢纽以及作为全国首批、江西唯一现代物流创新发展试点城市的契机，以发展第四方物流为切入点，全力打造"共享物流"发展新模式，高质量推动物流业降本增效，既让农村群众以更低成本购进生产生活物资，又让贫困群众的农产品更好更快地销往各地。

一、创新方式推进共享资源

针对物流贵、物流企业"散、乱、小"的问题，寻乌县积极推动物流产业资源整合。一是"一站"服务。按照高效、集约、综合的理念，由政府牵头、企业作为主体，规划建设了第四方现代物流园区——广寻现代物流园，将原先分散的商品流、信息流、物流合而为一，一站式解决物流运输、城乡配送、智能分拣、快递分拨、冷链仓储、金融结算、信息共享、车辆检测和住宿餐饮等现代物流需求。同时，将生活费用代收、普惠金融、电影票和旅游门票代卖、车险及寿险代理等便民服务功能纳入园区配套，完善了现代综合园区功能。二是"三网"合一。由县供销电子商务有限公司牵头，按照收购和保留股份的方式，整合供销e家电子商务服务网点、供销社乡村网点、快递运营服务网点三套网络，实现"三网"合一。截至2019年年底，广寻现代物流园内共入驻物流快递企业68家，并与县内80%的工业企业、农业企业签订了物流运输协议，集聚度占全县物流产业总量的90%以上。三是"五统"经营。采取统一货物进园、统一货物出园、统一货物分拣、统一货物配送、统一按股份比例分配利润的"五统"经营模式进行园区运作，集成式管理，进一步降低管理成本、提升园区效率。通过搭建平台，寻乌县有效解决了县内快递企业各自为战、重复投入大、运营成本高、服务质量差的问题。2019年，全县70%的脐橙、百香果等农产品通过该平台发往全国各地，全县物流运营成本直接下降20%，快递价格下调15%。

二、全域覆盖打造共享网络

针对物流配送体系不完善、配送效率不高的问题，寻乌县加大空白区域物流体系的投建力度，组建了一个全域覆盖、全链共赢的物流综合体。一是供应端"最前一公里集货"。在全县各乡（镇）、各村全覆盖建设多站合一的快递物流站点，安装便民服务终端设备，实现了快递服务下沉到村一级。一方面帮助村民不出门就购买生活生产用品；另一方面将农产品通过站点进行统一包装与销售，打通了工业品下乡、农产品进城的渠道。二是运输端"全程一链式运转"。建立了以县现代物流园为中心，辐射乡（镇）网点，连接村级服务站的县、乡（镇）、村三级物流网络体系，通过三轮车、面包车、新能源车及县域物流班列等多种运输方式畅通城乡物流配送。三是配送端"最后一公里配送"。针对整合后货量大增的情况，开通寻乌至南昌、南京、上海、杭州、深圳、广州等23条直发专线，减少中转环节的装卸货成本，避免农产品和日用品混装不能享受高速路"绿色通道"免费政策的现象。通过完善县域内外物流配送网络，农村快递送达时效由过去的7—15天缩短为现在的2—3天，县内快递实现了"发件当天出港、派件当天签收"，外发件实现9省（广东、江西、浙江、江苏、上海、安徽、湖南、湖北、福建）今发1—2天可达，除偏远地区外，其他省区市基本上3天可达。

三、数据互联实现共享信息

针对物流业信息孤立、"信息孤岛"等问题，以广寻现代物流园为载体，借力"吉集号"平台为园区赋予互联网、大数据两个"翅膀"，打造智慧物流网络。一是建立大数据平台。在广寻现代物流园内布局建设大数据平台和仓储中心、配送中心、金融结算中心、后勤服务中心"四大中心"，以大数据平台为"大脑"，智能指挥"四大中心"运行，进行集成管理、指挥调度、资源分配。二是建立大数据网络。由吉集号科技有限公司、寻乌县政府、广寻现代物流园三方合力打造江西省内首个县级物流公共信息平台，推动线上平台交易数据与政府相关职能部门的统计数据进行串联互通，率先实现政企数据共享，打破"信息孤岛"，构建起政府数据、企业信息、产品动态、车辆场所等高效连接的"产品卖全国"的大数据网络。三是建立大数据资源库。建立寻乌物流交易大数据、货源大数据、果蔬产业大数据三大板块资源数据库，借助"吉集号"服务中心、企业、零担专线及认证司机等资源，进行大数据收集，实时分析线上物流动态指数，为政府提供蔬菜、脐橙、百香果等产业发展的决策依据。

三、加强农村宽带网络建设

赣州充分抓住国家电子商务进农村综合示范试点契机，以推进通信基础设施建设为重点，加快推进贫困县宽带网络建设，推进有线和无线宽带网络入乡进村，有效降低贫困地区信息入户门槛和使用成本，提高贫困地区互联网普及率，为开展消费扶贫、打好精准脱贫攻坚战提供坚实的通信基础设施支撑。

（一）加大农村移动网络建设力度

加强农村及偏远地区移动网络覆盖，向贫困村重点倾斜，在项目实施中重点加强对贫困村项目建设的指导，优先保障贫困村网络覆盖。鼓励基础电信企业加大投资，进一步完善城区和乡镇深度覆盖、重要交通道路连续覆盖，以及贫困村、自然村覆盖。做广、做深、做厚4G网络，截至2019年年底，25户以上自然村4G网络覆盖率达到95%。

（二）加强宽带网络覆盖和宽带提速建设

加快农村宽带光纤化改造和建设步伐，优先安排用于贫困村光纤宽带网络建设，确保任务按时按质完成。截至2019年年底，赣州贫困村村委会所在地的光纤宽带网络速率达到 50 兆，25 户以上自然村光纤宽带网络覆盖率达到 75%，自然村的光纤宽带网络速率达到 20 兆。

（三）推广优惠通信资费

加强与通信运营商的沟通联系，做好政策落实和推广工作，引导通信运营商加大面向贫困地区和建档立卡贫困户的优惠力度，出台针对建档立卡贫困用户的 5 折优惠套餐，鼓励推广扶贫专属资费优惠，大大减轻贫困群众的宽带网络使用负担。

第三节　做强质量和品牌，提升消费扶贫产品市场竞争力

一个门店要想有"回头客"，必须为顾客提供高质量的产品和优质的服务。消费扶贫也是如此，要想吸引更多的人参与进来，首先，提供的农特产品必须"自身过硬"才行。为此，赣州坚持把产品质量作为消费扶贫的"生命线"，深入推进农业供给侧结构性改革，全力破解农产品在生产、产量、质量等方面的难题，实现消费扶贫产品的优质供给。

一、推行订单化种植

基于电商平台的大数据分析，结合线上订单数量，对消费者喜爱的产品进行预测分析，在发展壮大优势特色农业的基础上，科学引导农户特别是贫困户种植当地能生产、技术容易学、满足消费者喜好的"短平快"农产品。根据大数据分析结果，按照"消费者需要什么就

生产什么、消费者需要多少就生产多少"的模式，推进消费产业基地规模化、集约化、标准化建设，实现精准种植。安远县在精准种植方面取得了较好成效，目前，该县建有赣南脐橙、有机蔬菜、猕猴桃、紫山药、红蜜薯等规模产业基地近百个，面积达到35万亩，打造了春瓜、夏桃、秋薯、冬橙4个生鲜主力产品。

二、开展组织化生产

推动县、乡（镇）、村三级合作组织采取"统一流转土地、统一供种、统一标准、统一品牌"的"四统一"模式，按照"选准一个产业、打造一个龙头、建立一套利益联结机制、扶持一笔资金、培育一套服务体系"的产业扶贫"五个一"机制，推动农产品生产由"单打独斗"向"抱团取暖"转变。采取"龙头企业＋贫困户""大户带小户、社员互相帮""基地委托农户代管"等形式，引导贫困户以土地、资金、劳力等方式，入股参与产业基地种植经营。近3年来，分别新增合作社6389家、家庭农场5660家、农业产业化国家重点龙头企业2家，全市累计培育新型农业主体4.03万家，为消费扶贫深入开展提供了丰富的货源。

三、打造特色化产品

着力构建"一县一品""一乡一品"产业格局，推进各地特色产业规范化、规模化、品牌化发展，培育适合网络销售的产品。深入推进十大产业工程，各县（市、区）结合当地实际，重点发展脐橙、蔬菜、油茶、黄鸡、食用菌等区域特色产业，全市共认定国家级扶贫产品439种。例如，于都县在梓山镇建设富硒蔬菜产业园，开展"吃农家菜、住农家屋、购农家物"活动，销售富硒蔬菜 1500 多万元。安远县建立从田头到发货全过程的条形码或二维码溯源原始数据链，将采茶文化、源头文化、客家文化等特色文化元素，融入到农产品品牌创建中，打响了"三百山"系列品牌。"三百山"商标荣膺江西省著名商标，"三百山"赣南脐橙、安远百香果被纳入央视"国家品牌计划——广告精准扶贫"项目。

四、加强品牌化宣传

联合江西日报社江西新闻客户端，开展为期 6 个月的"消费扶贫·公益品牌计划"，通过开设"赣南扶贫纪实""赣南农特优产品推荐""第一书记代言扶贫产品""美丽乡村""赣南扶贫产品年货节"等栏目，加大扶贫产品宣传。结合"扶贫日"、"百企帮百村"、精准扶贫"月捐计划"等重大节日和扶贫品牌，借助赣县樱花节、龙南南

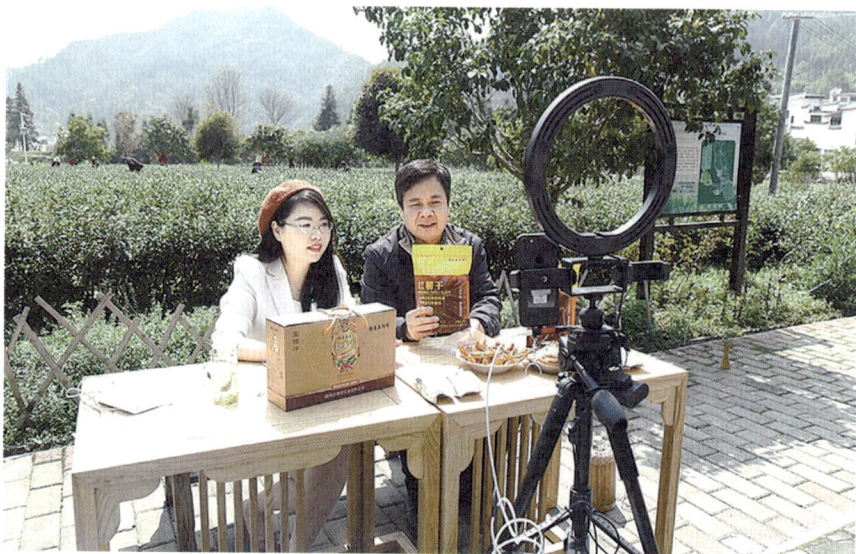

上犹县将直播间设在茶园里

武当桃花节、虔心小镇虔茶开园大典、石城花朝节、大余丫山春笋节、信丰三月三乌饭节、中国·上犹长绿国际猎鲈大奖赛、上犹茶香旅游季等丰富多彩的乡村旅游节庆活动，积极开展特色扶贫产品宣传推介。此外，积极利用家具产业博览会、赣南脐橙网络博览会等各类平台，加大产品宣传力度。比如，寻乌县借助阿里巴巴"村播"平台，连续举办寻乌特色农产品宣传活动。县委常委米雅娜为百香果等产品站台，2个半小时就销售2万多斤百香果。

五、开展扶贫产品认定

依托国务院扶贫办消费扶贫工作系统，通过网上申请、审核、复核、公示，精心组织认定一批带贫益贫能力强的扶贫产品。截至2020年5月，赣州已有254家企业的1089种产品入选《国家级贫困县重点扶贫产品供应商名录（第一批）》，有140家企业的547种产品入选《全国扶贫产品名单》，对于扩大赣州扶贫产品销售、确保贫困群众受益、促进贫困群众产业稳定增收，具有重要意义。

深度链接

花式带货，助力消费扶贫

——赣州通过电商平台做好农产品品牌宣传

最高流量24.6万人次在线、总销售金额18万余元，这是2020年3月15日瑞金市副市长宋平荣在淘宝直播间的带货成绩。

简明扼要地介绍瑞金市情、农产品特色以及农产品销售受新冠肺炎疫情影响的情况后，宋平荣直入主题地开始推介产品。播到廖奶奶咸鸭蛋，他切开咸鸭蛋展示蛋黄流油的画面；播富硒青辣椒时，则重点解答富硒蔬菜的优良特性；到了抽奖环节，截屏5位网友送出咸鸭蛋礼盒……整场直播，宋平荣侃侃而谈、游刃有余，俨然一位带货"网红"。5000多份青辣椒、600多份廖奶奶咸鸭蛋礼盒，以及其他12个品种的千余份农产品被销售出去。

加强产品宣传，电商是重要渠道，这已成为赣州各地的共识。而在淘宝、抖音等平台直播日益发达的当下，赣州各地纷纷加强对直播等电商新形式的探索。同样是淘宝直播，瑞金把农产品带入直播间，上犹则直接将直播间设在茶园里。2020年3月15日，一场淘宝直播在上犹县梅水乡园村的犹江绿月生态茶园举行。县人大领导做客直播间，为农产品打call；茶农、茶艺师现场讲解种茶、泡茶的知识；大厨现场烹饪石鱼……在带货的同时，更通过直播平台推介上犹农产品的特色，宣传上犹的生态环境和农村风貌，实现"产宣销"一体全覆盖。越来越多的县领导、乡镇干部开启了自己的"网红"生涯，通过做客直播间甚至经营自己的抖音号等形式加大当地扶贫产品的宣传力，助力农产品销售。

第四节　广泛宣传动员，凝聚消费扶贫社会多元参与合力

　　赣州坚持政府引导、市场主导、社会参与、互利共赢的原则，通过加大政策激励、预留采购份额、建立消费扶贫光荣榜、加强品牌宣传营销等措施，引领带动社会各界积极广泛参与消费扶贫。

一、大力推动各级机关、国有企事业单位、高校等发挥示范带头作用

结合政府采购，要求市直单位预留一定采购比例购买扶贫产品或服务，建立台账实施动态管理。探索将消费扶贫纳入市直单位年度绩效考评机制，鼓励驻村工作分管领导、第一书记、帮扶干部通过购买扶贫产品增加贫困群众收入。为降低新冠肺炎疫情影响，动员各工会成员单位拿出当年三分之一的工会福利费采购扶贫产品发给工会会员，将消费扶贫列入脱贫攻坚挂牌督战工作重点内容，推动各级机关、企事业单位带头落实用工会福利费购买扶贫农产品政策措施，助推滞销积压扶贫产品清零。截至2020年5月，赣州20个县（市、区）总工会、90个市直单位工会、31个市直属基层工会、16万职工，购买农产品6612.6万元，在"扶贫832"平台销售扶贫产品2562.6万

赣州市委政研室（改革办）用工会福利费采购挂点扶贫村贫困农户的蔬菜

元。同时，用好中央国家机关及有关单位对口支援赣南老区振兴发展优势，积极争取对口支援单位的支持。比如，自然资源部组织赣州4个定点扶贫县的农产品在部机关展示，现场发动机关干部购买扶贫产品10万余元，并协调这4个县在京东商城开设扶贫产品展销馆。

二、鼓励引导民营企业、社会团体和爱心人士积极参与消费扶贫

邀请民营企业家、社会爱心人士等代表召开消费扶贫座谈会，组织他们与贫困村、贫困户结成帮扶对子，采取扶贫基地认购、扶贫产业认购等方式，帮助贫困地区销售农产品，推进扶贫与扶志"双扶"。开展"百企帮百村"活动，鼓励企业采取保底回购、统种统收等模式开展消费扶贫。例如，寻乌县羊角园果蔬有限公司以辣椒种植、收购、加工、销售为主线，为周边1378户贫困户免费供应种苗和技术指导，实行产品保底回购。将消费扶贫纳入"百企帮百村"精准扶贫行动，鼓励民营企业采取以购代捐、以买代帮等方式采购贫困地区的产品和服务，帮助贫困人口增收脱贫。同时，发挥行业协会、商会、慈善机构等社会组织的作用，组织动员爱心企业、爱心人士等社会力量参与消费扶贫。截至2019年年底，赣州社会爱心人士共购买扶贫产品2919.77万元。

📋 案 例

干部带头"吃鸡"，化解滞销产品

2020年春节，新冠肺炎疫情发生后，于都县部分农户及合

作社出现了农产品滞销问题。据不完全统计，2月初，共滞销鸡66.1万羽、鸭2.4万羽、鸽子3.6万羽、蔬菜20.1万斤，农产品销售面临严峻挑战。对此，于都县结合实际创新消费扶贫方式，组织干部职工带头"吃鸡"，联合各方、多措并举，化解滞销农产品。

工会组织助销。充分发挥工会的组织优势，利用工会福利政策支持，由县总工会发出倡议书，动员全县各级工会组织及广大工会干部，采取以买代帮的形式，按工会福利费三分之一的标准购买滞销农产品，并具体细化为每名干部职工3只鸡、1只鸭子、2只鸽子、20斤蔬菜，落实到每一个工会组织和对接的农户（合作社、企业），着力搭建工农牵手互助桥梁，减轻疫情间农产品销售压力。截至2020年2月底，各工会组织踊跃参与互助，有序结对采购滞销农产品，消化家禽6万羽、蔬菜17万斤。

食堂对接承销。鼓励机关、企事业单位的食堂采购滞销农产品。该县利用"邮乐网""特色于都""老区直供"等线上平台搭建农产品供需对接平台，由县机关事务管理局牵头全县机关食堂采购计划，县工信局和工业园区管委会牵头负责企业食堂，引导各食堂根据用餐人数制定采购计划，优先选用当地农副产品，建立供需双方长期定向采购合作机制。据统计，仅元宵节前后就促成了5万斤蔬菜的销售。

帮扶干部代销。组织各帮扶单位摸排挂点村贫困户的农产品滞销情况，对于零散滞销农产品，充分发挥帮扶队伍思路宽、交际广、渠道多的优势，树立"买贫困地区产品，献扶贫济困爱心"的理念，为贫困群众代销果蔬，推动化解滞销农产品。帮扶干部自发组建了"买菜扶贫群""农产品对接群"等各种消费群，每天在群里实时发布农产品销售信息；此外，主动联系城市社区统计需求，呼吁身边亲朋好友发动"朋友圈攻势"代销农产品。

商场超市直销。广泛开展"买产品、献爱心、促脱贫"消费扶贫活动，推动滞销农产品进超市、农产品批发市场、农贸市场等经营场所，鼓励各餐饮协会等社会组织优先购买当地滞销农产品。各大超市立即响应号召，充分发挥企业的社会责任，积极对接合作社和生产大户，主动采取专车"包接包送"农产品，并且低价在商场投放，全力保障市场供应、稳定经营。

线上拓展营销。依托国家级电子商务进农村综合示范县项目资源，整合贫困村、建档立卡贫困户的农产品和农村制品等产品资源，利用"京东直播助农""拼多多""于都电商"等大型平台组织活动，推销贫困村的产品，多渠道开拓县外消费市场，仅一周时间就卖出 20 万斤冬瓜、2 万斤马蹄、1.2 万只肉鸡、4 万斤青菜。同时为于都本土企业和农商大户搭建品牌推广、产品营销平台，助力于都滞销、难卖农产品走向全国，拓宽农产品销售致富渠道，带动农民致富增收。

第五节　启示与思考

大力实施消费扶贫，有利于动员社会各界扩大贫困地区产品和服务消费，调动贫困人口依靠自身努力实现脱贫致富的积极性，促进贫困人口稳定脱贫和贫困地区产业持续发展。在推进消费扶贫方面，赣州充分依托农业特色产业优势，以建设国家电子商务示范城市和推进国家电子商务进农村综合示范试点为抓手，大胆探索、先行先试，创造了一些好经验、好做法。

一、完善配套设施、搭建购销平台，是开展消费扶贫的重要保障

习近平总书记指出，我国社会不缺少扶贫济困的爱心和力量，缺的是有效可信的平台和参与渠道。部分消费扶贫实践很难成为一种可持续的市场行为，很重要的一点就在于贫困户和消费群体之间没有建立起常态化、规模化、便利化、规范化的交易机制。因此，为广大消费者和贫困户搭建起便捷高效的交易、服务平台，是做好消费扶贫的重要保障。在这方面，赣州坚持线上线下双向发力，积极构建扶贫产品线上"互联网＋"销售平台和线下"企业＋农户"等各种展销平台，推动形成互联互通的消费生态系统，营造了良好的消费扶贫环境。

二、坚持政府引导、市场运作机制，是做好消费扶贫的关键所在

消费扶贫，虽然带有公益性质，但终究是市场行为；初期需要政府"有形之手"推一把，但始终还是要发挥市场力量、遵守市场规则。同时，要认识到，社会力量是消费扶贫的主力军，要想办法动员最广泛的社会力量自觉自愿参与进来。比如，可以对在贫困地区从事农产品加工、仓储物流和休闲农业、乡村旅游的企业，在金融、土地等方面给予政策倾斜；对参与消费扶贫有突出贡献的企业、社会组织和个人，采取适当方式给予奖励、激励，营造全社会参与消费扶贫的良好氛围。

三、提升产品质量、打造特色品牌，是推进消费扶贫的长效之举

消费扶贫是市场行为，要想使扶贫产品得到消费者的青睐、在市场上有竞争力，就必须不断提升产品的供给水平和质量，打造有地域特色的农业品牌，这样才能使消费扶贫走得稳、走得远。与此同时，要提升农产品规模化供给水平，可通过鼓励龙头企业、农产品批发市场、电商企业、大型超市采取"农户＋合作社＋企业"等模式，在贫困地区建立生产基地，大力发展订单农业，提高农产品供给的规模化、组织化水平，增强农产品持续供给能力。此外，还应根据市场的供需情况，科学合理指导贫困户调整产业结构、丰富种植品种，做到产销对路。

第十一章

走好新时代长征路，加强全面脱贫与乡村振兴有效衔接

2019年5月20日，习近平总书记在赣州视察时指出，现在是新的长征，我们要重新再出发！对广大农村而言，脱贫攻坚已取得决定性胜利，下一步要把工作重心逐步转移到乡村振兴上来，奋力走好新时代乡村振兴的长征路。赣州坚决贯彻落实习近平总书记关于"接续推进全面脱贫与乡村振兴有效衔接"①的重要指示精神，提前谋划、主动作为，积极探索推进脱贫攻坚与乡村振兴相衔接，进一步巩固提升脱贫成果，扎实推进农业农村现代化，全力做好乡村振兴这篇大文章，确保到2025年即"十四五"规划收官之年，全市脱贫攻坚成果全面巩固，乡村振兴走在前列；到2035年即全国基本实现社会主义现代化这个时间节点，全市乡村全面实现振兴，与全国同步基本实现社会主义现代化。

---

① 习近平：《在决战决胜脱贫攻坚座谈会上的讲话》，人民出版社2020年版，第12页。

第一节　促进体制机制衔接，构建合力 实施乡村振兴战略工作格局

赣州在打赢脱贫攻坚战过程中，面对城乡发展不协调，乡村发展不充分，农村经济、政治、文化、社会和生态文明建设不平衡等问题，高度重视脱贫攻坚与实施乡村振兴战略的体制机制衔接，积极破解农业农村发展中的矛盾，用乡村振兴成效巩固脱贫攻坚成果，推动群众生产生活持续改善，加快形成城乡融合发展新格局。

一、落实乡村振兴责任制

衔接脱贫攻坚责任制，乡村振兴继续按照中央统筹、省负总责、市县抓落实的工作机制，压实市、县、乡、村四级党组织书记抓乡村振兴战略工作责任。坚持农业农村优先发展，在干部配备上优先考虑，在要素配置上优先满足，在资金投入上优先保障，在公共服务上优先安排，推进乡村振兴战略任务贯彻落实。建立实施乡村振兴战略实绩考核制度，将考核结果作为选拔任用干部的重要依据。完善实施乡村振兴战略工作推进机制和报告制度，各县（市、区）党委、政府每年向市委、市政府报告乡村振兴战略实施情况，市、县实施乡村振兴战略工作领导小组成员单位按年度向本级实施乡村振兴战略工作领导小组报告乡村振兴战略推进情况。

二、建立实施乡村振兴战略协调推进工作机制

建立实施乡村振兴战略协调推进工作机制，强化实施乡村振兴战略工作领导小组组织机构及其组成人员，领导小组下设产业振兴、生态振兴、文化振兴、组织振兴、人才振兴、乡村治理、脱贫提升等7个专项推进小组，分别由相关市领导任组长，市直牵头单位主要负责同志任副组长。加强市实施乡村振兴战略工作领导小组办公室工作力量，从相关县（市、区）、市直单位抽调人员集中办公。

三、加大工作力量衔接力度

延续并加强驻村帮扶和结对帮扶，继续落实单位帮扶联系村、工作队驻村帮扶、干部结对帮扶，以及市领导联系县（市、区）、县（市、区）领导挂点乡镇、乡镇领导包村工作责任制。在稳定实现"两不愁三保障"基础上，把各级帮扶力量的主要精力逐步转到乡村振兴上来，实行基层脱贫攻坚和乡村振兴工作力量有效衔接，推动帮扶干部从扶贫尖兵转变为振兴先锋。

四、强化行业部门统筹协调

各级行业部门分别制定行业支持乡村振兴实施方案，细化工作目标，强化推进措施。市、县两级建立行业支持乡村振兴联席会议制度，及时掌握工作推进情况，协调落实各项工作。各级行业部门每季度向本级实施乡村振兴战略工作领导小组报告本行业支持乡村振兴进展情况。

第二节 促进政策保障衔接，建立从特惠向普惠转变的政策体系

脱贫攻坚过程中制定和落实了众多惠及贫困家庭的政策，主要体现为各种减免、补助、救助等政策措施，激发了贫困群众的内生动力，在给贫困家庭"输血"的同时，也增添了"造血"功能。进入全面实施乡村振兴战略时期，赣州更加注重加强乡村振兴、脱贫攻坚和农村综合改革的政策统筹，分类确定需要取消的、接续的、完善的政策，研究现行倾斜性支持政策的延续时限与脱钩方法，转变政策供给方式，促进相关政策向常规性、普惠性和长效性转变，强化脱贫攻坚政策与农村社会保障政策的衔接。

对乡村而言，脱贫摘帽后，乡村内部发展的差异仍将存在。赣州积极探索构建解决相对贫困的监测帮扶机制，创新开发"精准防贫保险"，建立防贫返贫预警监测机制，开展相对贫困扶持发展工作，推动高质量可持续脱贫。

一、创新开发"精准防贫保险"

赣州在脱贫攻坚实践中发现，处于贫困边缘的农村低收入户（以下简称"非贫低收入户"）和人均收入不高不稳的脱贫户（以下简称"非高标准脱贫户"）两类人群容易返贫致贫，极有可能成为"贫困增量"。为巩固提升脱贫成效，赣州创新开发"精准防贫保险"，对非贫低收入户和非高标准脱贫户中因病、因学、因灾（含意外事故）、因赔偿责任、因生产资料损失等五大因素致贫或返贫人员，提供每人

最高 20 万元的防贫保障金额，为巩固提升脱贫成果加上"保险阀"。至 2020 年 5 月，全市 20 个县（市、区）均已开展了防贫保险工作，购买保险金额 2816.35 万元，惠及 134.19 万人，保险理赔 622 人，理赔金额 222.95 万元，相关做法在江西省推广。

（一）明确防贫保险对象

防贫保险对象不事前确定，不事先识别，主要为非贫

赣州市精准扶贫攻坚战领导小组办公室

赣市扶攻办字〔2020〕14 号

关于印发《赣州市 2020 年城乡精准防贫保险工作实施方案》的通知

各县（市、区）精准扶贫攻坚战领导小组、市精准扶贫攻坚战领导小组各成员单位：

经精准扶贫攻坚战领导小组办公室研究，现将《赣州市 2020 年城乡精准防贫保险工作实施方案》印发给你们，请各地结合实际，认真抓好贯彻落实。

赣州市精准扶贫攻坚战领导小组办公室
2020 年 7 月 3 日

赣州市印发的精准防贫保险工作实施方案

低收入户和非高标准脱贫户两类临贫易贫重点人群，原则上按照防贫对象年人均可支配收入低于上年度国家贫困线 1.5 倍的标准进行框定。比如，2019 年的脱贫标准为 3747 元 / 年，1.5 倍即 5620.5 元；2020 年的脱贫标准为 4000 元 / 年，1.5 倍即 6000 元。

（二）明确投保人及保险人

防贫保险以全市农村人口的 10% 左右作为保险人员的参保比例，按照一定的标准进行投保，保费由县级财政全额缴付。投保人为市、县扶贫办公室，保险人为中国人民财产保险股份有限公司赣州市分公司及其分支机构。

（三）明确分类对象发放标准

1.因病防贫保险金。属于非高标准脱贫户的，按照自付医疗费用（通过城乡居民基本医疗保险、大病保险、疾病医疗商业补充保险、医疗救助、众筹等各类补偿后仍需个人支付的费用，下同）0.5 万元设置预警线，纳入监测范围。经查勘认定符合条件的，自付费用扣除

0.5万元起付线，剩余费用在1万元以下的，按照50%比例发放；1万元（含）至3万元的，按照60%比例发放；3万元及以上的，按照70%比例发放。

属于非贫低收入户的，按照自付医疗费用2万元设置预警线，纳入监测范围。经查勘认定符合条件的，自付费用扣除2万元起付线，剩余费用在2万元以下的，按照50%比例发放；2万元（含）至4万元的，按照60%比例发放；4万元及以上的，按照70%比例发放。

因疾病丧失劳动能力的，按每人最高1万元标准发放。

2.因学防贫保险金。具有全日制学历教育、注册正式学籍的非贫低收入户子女在校接受高等教育（包括顶岗实习）期间，以及非高标准脱贫户子女在江西省内独立学院和江西省外普通高校接受高等教育（包括顶岗实习）期间，包括义务教育之外、高等教育以下学生在校就读期间，以年支付学费、住宿费、教科书费0.5万元为监测线。对经核实可能致贫或返贫的，相应费用超出部分在0.3万元以内的，按100%比例发放；0.3万元（含）至0.5万元的，按80%比例发放；0.5万元及以上的，按60%比例发放。

3.因灾（含意外事故）防贫保险金。自然灾害类。以1万元为预警线。家庭财产损失在1万元以上的，扣除1万元起付线，超出部分在1万元以下的，按40%比例发放；1万元（含）至3万元的，按60%比例发放；3万元及以上的，按80%比例发放，每户最高不超过3万元。

意外事故类。对无法找到责任人，或即使找到责任人但经司法等程序未得到相应赔偿，或已得到赔偿但需要长期医治等，可能导致生活处于贫困线以下的家庭，分以下两种情况发放防贫保险金：一是因财产损失过重可能返贫或致贫的，参照自然灾害类防贫保险金标准发放；二是因医疗花费过高可能返贫或致贫的，参照因病防贫保险金标准发放，但交通类意外事故医疗费用最高限额每人不超过 5 万元。

因意外事故造成人员死亡的，按每人 3 万元的标准发放；导致伤残丧失劳动能力的，按每人最高 1 万元发放。

4. 因个人主要责任无法对第三方赔偿防贫保险金。非主观意愿造成第三方财产损失及人身伤害后，因赔偿责任导致返贫或致贫的，以 0.5 万元为监测线。相应费用超出部分在 0.3 万元以内的，按 100% 比例发放；0.3 万元（含）至 0.5 万元的，按 80% 比例发放；0.5 万元及以上的，按 60% 比例发放。

5. 因生产资料损失防贫保险金。因非主观意愿造成生产资料（包括生产工具、运输设备、原材料等）损失，无法进行正常生产或劳动经营导致返贫或致贫的，发放防贫保险金，以供购买相应生产资料用于恢复生产。以 1 万元为监测线，相应费用超出部分在 0.3 万元以内的，按 100% 比例发放；0.3 万元（含）至 0.5 万元的，按 80% 比例发放；0.5 万元及以上的，按 60% 比例发放。

（四）明确核查时效和支付流程

1. 保险人接到投保人的转办任务后，立即开展核查工作，对被核查人的房屋、家庭收入、重大开支等情况进行调查取证，县内 3 个工作日、县外 10 个工作日内完成，并出具核查报告，相关结果反馈至投保人所在乡镇。如遇特殊情况可适当延长核查时间，做到每单必查。

2. 所在乡镇、村评议公示无异议的，通知保险人按标准发放防贫保险金，并将有关凭证汇总上报所在乡镇、县（市、区）扶贫办存档备案。

3. 保险人应于接到发放通知后 10 个工作日内，将防贫保险赔付金转账至防贫对象提供的银行账户，如遇特殊情况可适当延长时间，但最长不超过 20 个工作日。

二、开展相对贫困监测帮扶工作

认真贯彻落实党的十九届四中全会提出的"坚决打赢脱贫攻坚战，建立解决相对贫困的长效机制"精神，探索开展相对贫困监测帮扶工作，有效防止致贫返贫。

（一）工作原则

1.按户认定，总量控制。认定相对贫困户（含贫困边缘户、脱贫监测户）时，以户为单元，以县为单位，结合当地实际情况，总量控制在建档立卡贫困人口的5%左右。

2.因户施策，循因帮扶。聚焦相对贫困致贫主因，采取"缺什么补什么、有什么困难帮助解决什么困难"的办法，精准施策，精准帮扶。先政策帮扶，后防贫保险兜底。

3.开发为主，保障为辅。帮扶政策由原来的直接可得向申请可及转变，主要通过产业奖补、金融扶持、技能培训、以工代赈等方式，鼓励相对贫困户消除意识贫困、增强勤劳致富信心，引导其发展产业、创业就业，激发脱贫致富内生动力。同时，对无劳力户和特殊困难人群实行保障扶贫。

4.适度激励，反向约束。对相对贫困户实行动态管理，签订承诺书，履行相关法定义务和诚信承诺，并在享受帮扶政策期间不得有购买商品房、小轿车等高消费行为，在致贫主因消除后要主动退出帮扶范畴，不再享受相关扶持政策。

（二）对象识别

1.预警监测。

监测对象。主要监测年人均可支配收入低于国家扶贫标准1.5倍左右，及具有以下10种典型特征中的一种或以上、有致贫返贫风险的脱贫不稳定户和贫困边缘户。

（1）转移性收入占比超过40%的家庭。

（2）家庭劳动力系数≤0.5的家庭（家中无劳动力或只有一个弱劳力、半劳力）。

（3）家里有1个以上劳动力，但由于客观原因无产业覆盖、零就业的家庭。

（4）家中有1个或以上大病病人，导致年度自付医疗费用负担过重或丧失主要劳动力的家庭。

赣州市精准扶贫攻坚战领导小组文件

赣市扶攻字〔2020〕4 号

关于印发《关于开展相对贫困监测帮扶工作实施方案（试行）》的通知

各县（市、区）精准扶贫攻坚战领导小组，市精准扶贫攻坚战领导小组成员单位：

经研究，现将《关于开展相对贫困监测帮扶工作实施方案（试行）》印发给你们，请结合实际认真贯彻落实。

赣州市精准扶贫攻坚战领导小组
2020 年 3 月 6 日

赣州市印发的相对贫困监测帮扶工作实施方案

（5）家中有2个或以上孩子在非义务教育学段就学的家庭。

（6）现居住唯一住房是土坯房的农户。

（7）因不可抗因素发展产业失败的农户。

（8）因灾、因事故突发、因新冠肺炎疫情影响，导致家庭主要劳动力丧失、致残或造成重大支出、收入大幅缩减的农户。

（9）16周岁以下且无法定监护人、60周岁以上且无法定赡养人的农户。

（10）其他特殊原因造成特殊困难的农户。

监测内容。监测对象收入水平及结构变化情况，适龄儿童、少年义务教育阶段除身体原因不能上学的失学辍学情况，住房安全、饮水安全达标情况，基本医疗保障及相关健康扶贫政策享受情况。

监测方式。依托全国扶贫开发信息系统、大数据技术等信息化手段，通过农户申报，乡村干部、驻村干部和结对帮扶干部日常排查，相关行业部门预警筛查等方式，全面掌握监测对象致贫返贫风险点，为精准识别提供真实、准确的依据和数据支撑。

2.识别退出。

（1）识别认定。按照农户申请、村级核实、村内公示、乡镇复核、县级审批的程序，将预警监测发现的符合条件对象正式纳入相对贫困户范畴，并录入全国扶贫开发信息系统进行帮扶。对已经录入系统的，不再重新履行程序。

（2）退出帮扶。对已识别认定的相对贫困户实行"一村一册、一户一表"台账管理，动态进退，每季度集中研判一次。在相对贫困户致贫主因消除后，及时召开村民代表大会，进行投票表决，在村委会进行公示公告，及时告知农户本人，公示无异议后在系统内进行标注并保留信息，不再进行帮扶。

（三）帮扶措施

对已经识别认定的相对贫困户实施分类管理、因户施策，制定帮扶措施。原则上在批准认定后次月开始享受有关政策，上级有明确调整周期的政策遵循上级规定。

1.扶持产业就业发展。对有劳动能力、有发展意愿的相对贫困户给予资金、技术等帮扶。

（1）给予产业扶贫贷款扶持。对有农业产业发展意愿和能力且具备贷款条件的相对贫困户，纳入"农业产业振兴信贷通"贷款对象，可安排各级财政专项扶贫资金给予风险缓释金和贴息支持。

（2）给予产业奖补政策扶持。按照鼓励小农户发展产业致富的政策，对发展适度规模产业的相对贫困户给予政策奖补，由精准到人发展至精准到业。支持扶贫龙头企业、合作社、创业致富带头人等各类经营主体，通过基地务工、订单包销、反租倒包等方式，带动相对贫困户实现稳定增收。

（3）给予就业服务扶持。对有就业培训意愿的相对贫困家庭的劳动力，组织参加就业技能培训、岗位技能培训和创业培训，享受职业培训补贴政策，提升贫困劳动力的就业创业能力。发挥公共就业服务平台的作用，持续开展劳务输出、"送岗进村"、"送岗入户"活动，实现人岗精准对接。对符合条件的相对贫困人口，可因地制宜安排在公益性岗位就业。

2.提高医疗保障水平。对因大病、重病导致的相对贫困户，按规定及时纳入农村低保对象，享受医保政策范围内住院医疗费用报销比例达到90%的政策。

3.加大兜底保障力度。进一步强化低保、养老保险和特困人员救助供养等综合性社会保障措施，确保应保尽保。对符合救助条件的相对贫困人员优先启动临时救助，及时纳入低保对象识别认定范围。对相对贫困户家中有重度残疾人、重病患者、困难老人、未成年人等特殊对象，符合条件的可参照单人户纳入低保，并按规定适当提高保障标准和补差水平，退出低保时可适当延长渐退期。

4.强化教育政策资助。相对贫困户子女按照《江西省家庭经济困难学生认定暂行办法》的要求认定为资助对象，落实相应资助政策。

5.购买精准防贫保险。由县级财政出资为相对贫困人口购买精准防贫保险，主要保障因病、因学、因灾（含意外事故）、因赔偿责任、因生产资料损失等因素导致的临贫易贫对象。优化保险方案、理赔程序和手续，限时办结防贫保险理赔。一是对象框定。按农村人口一定比例框定防贫保险人数。原则上，按照防贫对象年均可支配收入低于上年度国家贫困线1.5倍进行框定。二是建立年度保险费结余滚存下一年度保险费管理机制。三是保险金发放。按照因病、因学、因灾（含意外事故）、因赔偿责任、因生产资料损失分类设置预警线，纳入监测范围，制定保险金发放标准，及时发放到位，充分发挥防贫作用。

6.深化志智双扶。健全自治、德治、法治相结合的志智双扶体系，持续开展"机关干部下基层，连心连情促脱贫"活动，依托新时代文明实践中心等载体，通过"三讲一评"颂党恩活动，教育群众听党话、跟党走。发挥村民小组长、党小组长、妇女小组长等农村"三个小组长"的作用，推广"道德红黑榜"、积分兑换爱心物品、脱贫典型宣讲等做法，树立自立自强、勤劳致富新风尚。

7.强化社会帮扶。充分发挥社会扶贫网、"百企帮百村"等平台载体的作用，广泛动员引导社会组织、企业单位和爱心人士等各类社会力量参与扶贫助困。

第三节 促进产业就业衔接，加快乡村产业振兴步伐

脱贫攻坚时期，贫困地区产业发展的主要目标是带动贫困户、贫困村在短时间内脱贫解困，不可避免地具有短期性、突击性和运动性等特点。当前，从农村整体经济结构来看，产业结构还比较单一，产品结构层次低，产业融合链条短，产品附加值不高，产业融合带动性不强，使得农村的产业综合效益偏低。赣州在推进产业就业扶贫过程中，主动谋划产业发展、突破发展瓶颈，不断培育地方特色、创造产业优势，将产业与生态、产业与就业充分融合，促进农业产业可持续发展。

一、持续推进乡村产业发展

在保持现有产业扶贫政策稳定、提高产业扶贫质效的基础上，

强化财政、金融、保险等政策对产业发展的扶持，增强抵御风险能力，提高带农益农效益。将脱贫攻坚中的产业扶贫"五个一"机制和"一领办三参与"①产业合作形式植入乡村产业振兴，适当放宽产业奖补补贴政策条件和品种范围。充分发挥"农业产业振兴信贷通"对农业产业发展的促进作用，带动贫困户、贫困边缘户、非贫困农户、农业产业化龙头企业和新型农业经营主体

赣州市人民政府办公室文件

赣市府办字〔2020〕19 号

赣州市人民政府办公室
关于印发赣州市"农业产业振兴信贷通"
工作方案的通知

各县（市、区）人民政府，市政府有关部门，市属、驻市有关单位：

经市政府同意，现将《赣州市"农业产业振兴信贷通"工作方案》印发给你们，请结合实际，认真抓好落实。

2020 年 3 月 13 日

赣州市印发的"农业产业振兴信贷通"工作方案

发展农业产业。进一步加大对种粮农民的补贴扶持力度，全力稳定粮食生产。建立健全农业保险保障体系，加大对涉农产业保险险种的开发力度，拓展政策性农业保险范围，增强农业产业抵御市场风险的能力。

二、接续推动农民就业创业

统筹开发或增加养路、护林、生态管护、卫生保洁、农家书屋管理等公益性岗位，逐步将就业扶持对象范围覆盖至所有农户。将脱贫攻坚中针对贫困户的交通补贴、一次性求职补贴和一次性创业补贴的

---

① "一领办三参与"，指村干部与能人带头领办、村党员主动参与、村民自愿参与、贫困群众统筹参与。

补贴对象，由贫困户扩大为一般农户。统筹加强农民职业技能培训，把农民培训纳入职业培训体系，整合培训资源，拓宽培训渠道，优化培训方式，提高培训效果。立足赣南地区实际，加强农业实用技术培训，优化培训时间和课程设置，推动实用技术培训与农时、农事相结合，提高农民"实战"经验，增强就业创业能力。

第四节　促进资金项目衔接，为实现乡村全面振兴提供坚强支撑

为巩固提升脱贫攻坚成果，有效抑制返贫和新生贫困现象，赣州全面推进脱贫攻坚资金项目与乡村振兴相衔接，继续加强性质相同、用途相近的涉农资金统筹使用，促进功能互补、用途衔接的涉农资金集中投入，将脱贫攻坚需要升级的各类项目，纳入乡村振兴规划和实施方案，同时，根据乡村振兴的项目资金标准和要求充实到脱贫攻坚项目中，为乡村振兴提供保障支撑。

一、继续加大涉农领域投入力度

建立与乡村振兴战略相匹配的财政投入机制，在各级设立乡村振兴专项资金，集中用于乡村振兴重点领域、重点环节。土地出让收益主要用于乡村振兴和解决相对贫困问题。调整优化涉农资金投入，重点用于推动农业产业发展、农村基础设施建设、基本公共服务提升、农民就业创业等。减少财政专项转移支付，增加一般转移支付，赋予县级更多的财政自主权。创新金融支持农业中小微企业政策，给予更多信贷资金支持，纾解农业中小微企业发展困难。加大对村集体经济

发展的扶持力度，探索建立农村撂荒耕地经营权回收制度，对事实撂荒两年以上的农村耕地，允许将经营权回收至村集体，由村集体统一组织流转或经营，并从流转费用或经营收益中提取一定比例充实村集体经济，同时返还一定比例给承包农户。

二、统筹安排农村基础设施建设

优化调整基础设施投入政策，统筹安排贫困村和非贫困村项目建设。转变村庄整治工作重点，由注重建设向建管并重转变，确保乡村基础设施和公共服务建得起、用得上、管得好。农村公路建设在保持现有支持政策的基础上，进一步重视与乡村产业振兴有关的道路建设，积极推进以双车道以上公路为主的旅游路、资源路、产业路建设，支持连通现代农业示范（产业）园、乡村旅游点、特色小镇、森林小镇等道路建设，为旅游、特色加工、商贸物流等产业落地、发展创造条件。在全面解决农村饮水安全问题的基础上，进一步推进城乡供水一体化建设，建立以规模化集中供水为主、小型集中供水或分散供水为辅、与城市供水同质同服务的农村供水服务体系，提高供水系统之间的集群调度、多源调解能力，促进城乡优质供水资源向农村延伸。

第五节　启示与思考

打赢脱贫攻坚战是乡村振兴的前提和基础，实施乡村振兴战略是脱贫攻坚的巩固和提升。当前，我国正处于脱贫攻坚和乡村振兴战略实施的交汇期，脱贫攻坚进入最后的冲刺收尾阶段，全面实施乡村振兴战略的号角已经吹响。为推进脱贫攻坚与乡村振兴相衔接，赣州在实践层面作了一些探索，对未来推进乡村全面振兴进行了一些思考。

一、正确处理政府主导和群众主体的关系

两大战略实现有效衔接的核心是谁来衔接的问题。无论是《中共中央、国务院关于打赢脱贫攻坚战的决定》，还是《中共中央、国务院关于实施乡村振兴战略的意见》，其中明确的第一个原则都是政府主导。这是由我国基本国情决定的，也是做好有效衔接工作的制度优势以及必须把握的原则。同时，在实际工作中，要充分尊重农民意愿，激发群众内生动力，继续坚持扶贫同扶志、扶智相结合，引导广大农民群众自觉处理好国家扶持、社会帮扶和自身努力的关系，把广大农民群众以及其他主体的积极性、主动性、创造性调动起来，切实发挥好人民群众的主体作用。

二、正确处理长期目标和短期目标的关系

实施乡村振兴是一项长期而艰巨的任务，不是轻轻松松一冲锋就能打赢的，而是要有打持久战的准备。因此，在实施有效衔接过程中，应把握好长期目标和短期目标的关系，遵循乡村建设规律，着眼长远，谋定而后动，坚持科学规划、注重质量、分类施策、从容建设，聚焦阶段任务，排出优先次序，分好轻重缓急，循序渐进、远近结合，一步一步走，一件一件办；要保持足够的历史耐心，把可能出现的各种情况尽可能想得周全一些，切忌贪大求快、刮风搞运动，防止走弯路、"翻烧饼"。

三、正确处理增强群众获得感和适应发展阶段的关系

实施乡村振兴战略，必须围绕农民群众最关心、最直接、最现实的利益问题，加快补齐农村发展民生短板，让广大农民有更多实实在在的获得感、幸福感、安全感。与此同时，资金投入必不可少。要探索建立可持续发展的长效机制，尽力而为、量力而行，不提脱离实际的目标，更不能搞形式主义和"形象工程"。要借鉴脱贫攻坚时期的有效做法，建立与实施乡村振兴战略相适应的投入体系，解决好资金、资源等问题，充分吸引社会资本广泛参与，形成资金多渠道、多样化投入。

四、正确处理加强改革创新和把握基层实际的关系

乡村振兴是一篇大文章。要把这篇大文章做好，需要大力解放思想，注重改革创新，深入挖掘总结推广基层的好做法、好经验，充分发挥农民的首创精神，调动他们的积极性和主动性，创造性解决问题，避免简单照搬照抄上级文件，搞一个模子套到底。同时，要科学把握乡村的差异性，坚持一切从当地实际出发，坚持精准方略，因村因地制宜，精准精细施策，扎扎实实推进乡村振兴。

2015—2020 年中央主流媒体刊发的赣州市脱贫攻坚稿件

（按发表时间先后排序）

1. 赣州加大革命老区扶贫攻坚力度：不让一个贫困对象掉队

时间：2015 年 5 月 25 日　来源：《经济日报》

望着村后丘陵上刚开垦出来的一片山林地，江西省赣州市章贡区沙河镇罗坑村党支部书记邱有生掩饰不住地高兴："瞧，这就是我们罗坑油茶专业合作社的基地，20 亩搞观光旅游，再搞 500 亩种植油茶，村里 39 户贫困户都纳了进来。这贫困村的帽子，就靠它来摘了！"

于都县上欧工业新区移民搬迁扶贫安置示范区内，73 岁的贫困户刘中汉进进出出地打量着装修一新的三居室，怎么也看不够。"享受完土坯房改造和深山移民政策，算下来每平方米不到 1000 元钱，政府还替我们向银行担保贷款，并贴息 80%。"刘中汉美滋滋地说，"儿子、儿媳也在家门口的工业园上班了。一家人进城进园，日子越过越红火。"

龙南县就业扶贫福利厂生产车间里，看着一枝枝精美的塑料花从自己手中制作而出，58 岁的聋哑老人廖家通脸上流露出满意的笑容。虽然耳不能听、口不能言，但老人心里比谁都敞亮。政府给办了低保社保不说，他每月还能在厂子里拿到 2000 元的工资，这样的日子，廖家通以前想都不敢想……

这是《经济日报》采访组一行，4 月中旬赴赣南进行革命老区扶贫攻坚调研时看到的一组温暖场景。赣南是革命老区，曾为中国革命作出过重大贡献和巨大牺牲。在改革开放的浪潮中，赣南地区受历史、地理等因素制约，成为全国较大的集中连片特困地区，后发展、欠发达的特征至今未变。

"决不能让老区人民在全面建成小康社会进程中掉队。"2012 年 6 月，《国务院关于支持赣南等原中央苏区振兴发展的若干意见》正式出台；同年年底，国务院正式批复《罗霄山片区区域发展与扶贫攻坚规划（2011—2020 年）》，将赣南 11 个县（市、区）及章贡区纳入国家罗霄山集中连片特殊困难地区扶贫攻坚范围。一场国家层面的精准扶贫攻坚战由此在赣南老区打响。

"让老区人民过上富裕幸福生活是我们的责任与使命。"江西省委书记强卫多次在赣州考察时强调。江西省委、省政府拟定了 30 个方面 330 项省级重点建设项目，由省直部门联动推进，29 个省直厅局出台实施意见或签订战略合作协议，举全省之力，从政策层面予以赣南系统化、整体性扶持，形成多层次、宽领域、立体化政策支持体系。

"不让一个贫困对象掉队。"这是赣州市委、市政府作出的庄严承诺。在探索中，赣州念好"精准"二字诀，在识别、帮扶、管理三个层面扎实推进精准扶贫，不断创新产业扶贫、移民扶贫、教育扶贫、就业扶贫等可复制的扶贫经验，使赣南贫困面貌发生深刻变化。到 2014 年年底，全市减少扶贫对象 110 多万人，农民人均年纯收入由

4182 元提高到 6946 元；贫困发生率为 14.28%，下降近 16 个百分点。今年 4 月 1 日，赣州市委又作出了"学习梁家河、当好村支书、打好攻坚战"的决定，加快扶贫攻坚步伐，纵深推进赣南老区振兴发展。

一幅更美、更动人的全面建成小康的图景，正在这块红土地上徐徐展开。

（郑波、赖永峰、刘志奇、刘兴）

2. 红土地蝶变展翅飞
——聚焦赣南振兴发展 4 年新变
时间：2016 年 7 月 8 日　来源：新华社

7 月的赣南，山清水秀，草木葱茏。

一幢幢客家新屋掩映在青山绿水之间，一户户贫困户脱贫走上致富路，一座座厂房在园区拔地而起……2012 年 6 月 28 日，《国务院关于支持赣南等原中央苏区振兴发展的若干意见》（以下简称《若干意见》）出台。4 年来，赣南这片被革命先辈鲜血浸染过的红土地，发生了翻天覆地的变化。

一张老照片见证农房新面貌

今夏多雨，67 岁的胡世瑞时常想起雨夜从倒下的屋子中扒土救人的难忘场景。从那栋破旧的土坯房搬进新居已经两年，但土坯房留给老人的记忆，也许这辈子都难以抹去。

走进兴国县埠头乡铭恩新村，一幢幢青色坡顶、白色砖墙的 3 层联排新房错落有致。走进胡世瑞的家，宽敞明亮的客厅墙壁上挂着几幅照片。"这就是我以前住的房子。"照片上，是一栋墙体开裂、破败不堪，曾经在赣南大地随处可见的农村土坯房。

1983 年，老房子被雨水泡倒，胡世瑞择址新建。两年后，一个雨夜，房屋再度倒塌。"土坯房最怕雨，夜里下雨，一面墙直接倒下来。小女儿被埋，就一个脑袋露在外面。"所幸抢救及时，胡世瑞的女儿无碍。但是，2010 年、2011 年，房屋两次倒塌。

2011 年年底，赣州摸底发现，有 69.52 万余户农民居住在像胡世瑞家那样的危旧土坯房中，约占全市农户数的 40%。

《若干意见》明确提出，加大以土坯房为主的农村危旧房改造力度，优先解决突出的民生问题。土坯房改造中，赣州实行"政府扶助＋农民自助"的方式，让危旧土坯房拆得掉、新房建得起。

安居才能乐业。4 年过去了，赣州 69.52 万余户、近 300 万农民告别了透风漏雨的危旧土坯房。

一辆电动车跑出扶贫新作为

从"三送"干部到第一书记，近年来，于都县政府办公室干部丁良跃进村入户，电动车换了 3 次电瓶，跑了上万公里。

打造全国革命老区扶贫攻坚示范区，这是《若干意见》对赣南老区的战略定位之一。送政策、送温暖、送服务，9 万余名扶贫工作队队员扎根赣南大地，织起一张探"穷因"、斩"穷根"的扶贫网。

一次次进村入户、来回颠簸，丁良跃找到了信心和答案："跑的次数多了、走得近了，自然就对路了。"

2014 年初春，中央国家机关及有关单位首批 39 名年轻干部到赣州各县（市、区）开展为期两年的挂职帮扶。从此，赣南老区振兴发展多了一支特殊的"国家队"。2016 年第一批期满，第二批接力。这一约定，直至2020年。

山沟沟里"挖黄金"，选好产业"斩穷根"。一棵棵脐橙，带动70余万人脱贫致富；一株株油茶，让全市13.5万名贫困人口每人年均增收800多元……结合当地资源禀赋和产业基础，"一人一亩油茶、一人一亩脐橙、一户一亩蔬菜、一户一亩茶叶、一户一个鸡棚、一户一人进园务工"的"六个一"产业精准扶贫大战正如火如荼。

累计脱贫145万人，贫困人口减少三分之二，贫困发生率下降20.6个百分点，这是赣南在"十二五"期间交出的扶贫攻坚答卷。赣州市市长冷新生说："《若干意见》实施的4年，是赣州扶贫成效最大、减贫进程最快的时期。"

一份工业蓝图描绘老区新愿景

赣州龙南县江西中科铨通稀土陶瓷公司展厅内，金卤灯光璀璨夺目。创立仅1年，这家公司就已发展成国内技术领先的金卤灯陶瓷管的制造商。针对发展潜力大的企业，龙南县建立"全方位管理、保姆式服务"的保障体系，集中优势资源，推动企业做大做强。

"通过3年左右的努力，到2018年，实现全市规模以上工业主营业务收入和工业固定资产投资在2015年基础上翻一番。"2015年9月，赣州市委、市政府在全市工业工作会上发出了主攻工业的动员令。江西省委常委、赣州市委书记李炳军说，赣州的发展短板在工业，主攻工业是加快赣南老区发展的不二选择。在经济下行压力下，尤其要横下一条心抓好工业，否则，稳增长、促发展就没有支撑，赣州经济社会发展就缺乏内生动力。

用扶贫攻坚的态度和决心帮扶企业。去年9月，赣州设立100亿元的工业发展基金；今年5月，赣州大规模启动领导挂点联系园区和企业活动，48位市领导每人挂点联系1个园区，县级领导联系本辖区的园区企业，帮助企业渡过经济下行的难关。

在赣州经济技术开发区，一个集热线受理、台账管理以及精准帮扶企业的手机APP上线，预计每年可为企业减负44.87亿元。

依托稀土、钨资源优势，规划建设中国稀金谷；致力于打造"赣粤高铁"沿线电子信息产业带；紧贴国家产业导向，新能源汽车、生物医药等战略性新兴产业正在红土地上异军突起……

今年以来，赣州总投资亿元以上的重大工业项目达249个，比2015年同期增加111个，增长80.4%。

赣南，这片红土地又站在了一个新的起点上。

（李兴文、高皓亮）

3. 赣州：苏区振兴谱新篇

时间：2016年9月15日　来源：人民网—《人民日报》

秋日赣南，处处瓜飘香、果满枝。

同是这个季节，82年前，中央主力红军从这里出发，拉开了震惊世界的二万五千里长征序幕。

弹指一挥间。这片红土地正在发生深刻变化，英雄的赣南儿女正奋力谱写中国梦的"赣州篇章"。

赣南大地脱贫忙

"送郎去当红军啊，亲人啊慢慢行……"80多年前，在这里，上演着一个个娘送儿、妻送郎参军的感人故事。

赣南，是原中央苏区的重要组成部分及核心区域。据统计，在革命战争年代，赣南牺牲的有名有姓的烈士就有 10.8 万余人，其中半数牺牲在长征路上。仅兴国籍战士就牺牲了 1.2 万多人，相当于长征每走一公里路，就有一名兴国籍战士倒下。

今天，新的一幕幕场景出现在红土地上：全市党员干部秉承长征精神和苏区干部好作风，深入农村、深入基层，和贫困户攀穷亲、结对子，帮扶他们脱贫致富；贫困群众在党和政府的帮扶下，自强不息、奋力拼搏，大步迈向全面小康路。

章贡区沙河镇罗坑村的一块芋头田里，贫困户高凭兰挥汗如雨。今年 50 岁的高凭兰身患残疾，全家主要靠他的丈夫常年当搬运工维持生计。驻村扶贫工作组了解情况后，为其量身定做了脱贫计划，并争取到 3000 元产业扶贫款，扶持她家扩大芋头种植规模和养殖鸡鸭等。"今年，我家种了 3 亩芋头，加上养殖的近百只土鸡、土鸭，一年收入近 2 万元。"高凭兰兴奋地说。

赣州抓住 2012 年 6 月《国务院关于支持赣南等原中央苏区振兴发展的若干意见》出台实施的契机，构建精准扶贫政策体系，产业扶贫扶在"要害"上。近年来，赣州通过发展脐橙产业，带动 70 余万人脱贫致富；全市累计约 3 万户 13.5 万贫困群众参与油茶产业发展，人均年增收 800 多元。蔬菜、脐橙、油茶、光伏、电商等产业，覆盖带动了 40 万贫困人口增收。

产业扶贫、搬迁扶贫、兜底扶贫、就业扶贫、金融扶贫等多管齐下，赣州脱贫攻坚成效显著。

长征源头展新颜

于都县建国路上刘光沛家的宅子，是典型的客家民居。斑驳的墙壁上，还留着"扩红一百万""巩固于都政权，猛烈向外发展"等当年红军留下的标语。走进老宅，可以看到房屋整体结构保存尚好，但正厅门、厢房门、腰门等 20 多间房的门框却有框无"门"，或者只剩半扇门。

"为什么我们家没有门？"这是刘光沛幼年时的疑问。后来，他得知，这些门板是去"参军"了。1934 年，中央红军长征时，他的爷爷将家里的门板拆下来为红军架了浮桥。"门框空就空着吧，留个念想！"刘光沛说。

站在于都长征渡口，于都河上，4 座大桥横跨两岸，如长虹卧波。1934 年 10 月 17 至 20 日傍晚，中央红军就是从这里的 8 个渡口搭设浮桥渡过于都河，踏上征程的。当时，听说红军架桥缺木料，沿岸许多百姓把自家的床铺、门板拆卸下来。有位曾姓大爷，甚至把棺木也捐出来了。

"于都的变迁，桥是最好的见证。包括县城的 4 座大桥，全县有33 座大桥，老百姓的出行发生了翻天覆地的变化。"中央红军长征出发纪念馆副馆长张小平介绍说。如今，于都有火车直达北京、动车直达多地；厦蓉高速和 323、319 国道穿境而过，可全程高速直达南昌、广州、深圳、厦门。

民生大于天。《若干意见》实施 4 年多来，赣州改造农村危旧土坯房 69.5 万户，解决了 296.71 万农村人口的饮水安全问题，所有行政村实现通水泥（柏油）路，还解决了 7.6 万户山区群众用电问题和18.65 万户农民看电视难问题。

补齐短板气象新

"路迢迢，秋风凉，敌重重，军情忙，红军夜渡于都河，跨过五岭抢湘江……"

百余名身着红军服的红军后代饱含深情地唱响《长征组歌》。于都县长征源合唱团在 2010 年 11 月组建成立，由该县 70 多个单位的职工组成。成立 6 年来，带着主打精品节目《长征组歌》，为江西省内外的观众义务演出 100 余场。

林丽萍是于都实验小学的音乐老师，2014 年到广西演出《长征组歌》时，在当地湘江战役纪念馆的烈士碑上，找到了 80 年杳无音信的叔公林罗发的下落。"当时，我眼眶就湿润了。全家人传看手机上的照片，失声痛哭。"

过上好日子正是先辈追求的目标，林丽萍们见证了赣南老区日新月异的变化。

在赣南这片以农业为主的土地上，工业悄然崛起，成为加速推进振兴发展的新动力。前不久，赣州中航新能源科技有限责任公司装配生产的首辆新能源纯电动车样车下线。赣州规划建设占地 35.2 平方公里的赣州新能源汽车科技城，将此作为"主攻工业、3 年翻番"的重要载体和平台。

不断修炼内功、增强"造血"功能，对现状的清醒认识、对未来的科学定位，开启了赣州振兴发展新篇章。

赣州大力加快新能源汽车科技城、中国稀金谷、电子信息产业科技城、青峰药谷、南康现代家居城等重大产业项目建设，重点打造新材料及应用、新能源汽车及配套、电子信息等千亿元主导产业。目前，稀土钨、家具产业集群的主营业务收入超过千亿元。

今年上半年，全市实现财政收入 199.63 亿元，增长 10.1%；实现地区生产总值 924.45 亿元，增长 9.4%，增速居江西全省第一；农村居民人均可支配收入 3210 元，增长 10.4%，增速为江西第一。

"今年要完成 80 场巡演，有难度，也很累，但是，大家有信心。

红军不怕远征难。我们要学习长征精神，勇往直前，实现目标。"林丽萍挥手告别时，一番话掷地有声。

（吴齐强、倪光辉）

4. 坚持内外兼修、"输血"与"造血"并重，江西赣州真扶贫、扶真贫

时间：2016年10月13日　　来源：人民网—《人民日报》

"野生刺葡萄真是致富果、摇钱树！今年又是一个丰收年！""十一"期间，记者走访江西省赣州市崇义县麟潭乡两杰村时，老表庄上科望着沉甸甸挂满枝头的野生刺葡萄，笑呵呵地说。去年，老庄家一株野生刺葡萄摘果310公斤，直接收入4000多元。

崇义县因势利导，大力发展野生刺葡萄产业，带动老表致富。县财政每亩给予补助4000元，并同时实施发展1—5亩每亩补助1100元、发展5亩以上每亩补助1600元的叠加政策，用于硬件设施和土地流转费用。君子谷公司免费提供种苗，保价收购，切实解决了贫困户发展野生刺葡萄产业的资金投入、技术管理、销售等一系列问题。今年上半年，崇义县新发展刺葡萄1290亩，涉及贫困户110户，仍有697户贫困户有意向发展刺葡萄1004亩。

崇义县的野生刺葡萄产业，是赣州产业扶贫的一个典型范例。赣州是全国较大的集中连片特困地区之一，是江西脱贫攻坚的主战场。近年来，赣州全市上下紧紧围绕赣南老区振兴发展，大力传承弘扬苏区精神，脱贫攻坚坚持内外兼修、"输血"与"造血"并重，综合运用产业、就业等扶贫举措，打好"组合拳"，精准扶贫、脱贫攻坚取得明显成效。贫困人口由2010年年底的215.46万减少到2015年年

底的 65.19 万，5 年脱贫 150.27 万人；贫困发生率由 29.95% 下降到 9.4%，降幅达 20.55 个百分点。

突出产业扶贫。赣州依托农业产业、光伏产业、电商产业、旅游产业优势，扎实推进产业扶贫。该市通过发展脐橙产业，带动 70 余万人脱贫致富；扶持约 3 万户、13.5 万贫困群众参与油茶产业发展，人均年增收 800 多元；建立电子商务产业园 26 个，帮助贫困群众通过直接开网店创业、参与相关产业链、分享电商发展的溢出效应等途径实现增收脱贫。

打好安居扶贫硬仗。赣州大力实施易地搬迁扶贫、贫困户危房改造和特困户保障房建设，并在创造就业机会、帮助发展生产、提供公共服务等方面加大后续扶持力度，确保贫困户搬得出、稳得住、能致富。截至目前，全市已规划 2016—2018 年易地扶贫搬迁安置点 344 个，已开工建设安置点 219 个。今年计划总投资 2 亿元，建设农村保障房 8661 套，现已完成中心村 3 户以上集中建房点规划选址 601 个，已开工建设 7838 户，开工率达 90.5%。

提高贫困户保障水平。赣州将原农村低保、五保供养对象享受的政策，扩大到所有农村建档立卡贫困对象。在"新农合"大病保险补偿时，农村建档立卡贫困对象在本参合年度（大病保险参保年度）内的起付线下降 50%，补偿比例在普惠基础上提高 10%，门诊慢病报销比例由 40% 提高到 50%，年度封顶线由 3000 元提高到 4000 元。

干部结对帮扶贫困户。赣州组织 6 万多名干部与 30.82 万户贫困户开展结对帮扶，实现结对帮扶贫困户的全覆盖。其中，市本级按"532"形式，即市领导帮扶 5 户、县处级干部帮扶 3 户、科级以下干部帮扶 2 户，并选派 3649 名优秀干部担任村（社区）党组织第一书记，还制定了精准扶贫驻村工作队管理办法。

赣州还用好用足中央国家机关及有关单位对口支援和央企对口

帮扶政策，已争取 37 个部委出台 47 项对口支援具体实施意见或支持政策，已落实和正在落实的项目达到 209 项，累计援助资金近 60 亿元。

（任江华）

5.产业扶贫让老区搭上发展快车

——江西赣州整体脱贫扎实推进

时间：2017 年 4 月 20 日　来源：《经济日报》

江西省赣州市以产业发展作为精准扶贫突破口，加快老区脱贫攻坚步伐，取得了明显效果。截至 2016 年年底，全市通过贫困户和新型农业经营主体联结方式，累计辐射带动 9.93 万户、36.1 万贫困人口增收。仅 2016 年，全市就有 175 个贫困村、27.1 万贫困人口实现脱贫。

作为革命老区，赣州曾为中国革命作出过重大贡献和巨大牺牲。由于受历史、地理等因素制约，赣州成为全国较大的集中连片特困地区。近年来，赣州在实践中总结和完善了一套行之有效的产业扶贫"五个一"机制，即选准一个产业、打造一个龙头、建立一套利益联结机制、扶持一笔资金、培育一套服务体系。针对全市 932 个"十三五"省级贫困村的资源禀赋、产业基础，因村施策，指导每个村选择 2 至 3 项能够带动覆盖多数贫困户的主导产业，按照长短结合、种养互补、三产融合的思路，重点发展脐橙、油茶、蔬菜三大主导产业，以及畜禽、白莲、刺葡萄等区域特色产业，并引导有条件的贫困户发展农家乐、农村电商等新业态。在此过程中，赣州出台激励政策，创新金融扶贫模式，培育农业龙头企业，引导新型农业经营主体发挥传、帮、带作用，吸纳贫困户参与产业发展。目前，全市培育新型农业经营主体 4 万余家，其中规模以上农业龙头企业有 2500 多个。

产业发展，使贫困群众走上了脱贫致富的快车道。截至 2016 年年底，赣州共引导 58988 户贫困户直接发展农业产业增收，涉及贫困人口 20.25 万人；各类新型农业经营主体通过要素入股、土地流转、就业务工等方式，联结带动 40347 户贫困户增收，涉及贫困人口 15.85 万人；建成农村电商县级运营中心 18 个、乡级服务中心 100 个、村级服务站 300 个，辐射贫困人口约 8.5 万人；全市建成 97 个扶贫车间，帮助贫困人口就近就业。

"将产业扶贫和农业供给侧结构性改革紧密地结合起来，通过企业（合作社、基地）与贫困户建立起紧密的利益联结机制，让贫困群众分享产业发展成果，革命老区赣州整体脱贫胜利在望。"赣州市政协主席、市精准扶贫攻坚战领导小组副组长刘建平对《经济日报》记者说。

（张磊、赖永峰、刘兴）

6. 赣南老区人的新生活

时间：2017 年 8 月 6 日　来源：人民网—《人民日报》

不久前，江西赣州国际港迎来从俄罗斯返程的中欧班列，同时，首次开行前往吉尔吉斯斯坦的中亚班列。依托赣州国际港，赣南老区连接"一带一路"，赣州市南康区的家具产业真正实现了"买全球、卖全球"，成为我国进口木材和出口家具的重要集散地之一。

赣州国际港与南康家具产业的快速发展，都源于 5 年前《国务院关于支持赣南等原中央苏区振兴发展的若干意见》的出台实施。5 年来，《若干意见》的政策红利加速释放。赣州广大干部群众以思想的解放引领作风的变革、行动的突围，振兴发展中期目标如期实现，赣南处处新气象。

抓实脱贫攻坚，老区人民过上幸福新生活

赣州把解决突出民生问题放在振兴发展的首要位置，将国家扶持资源用在刀刃上。财政支出的近七成、新增财力的近八成用于改善民生，5 年来共投入民生类财政资金 1700 亿元，民生类支出年均增长 26.6%。

脱贫攻坚，是解决突出民生问题的重中之重。"抓好脱贫攻坚是重大政治任务。我们把脱贫攻坚作为头等大事，以背水一战的决心、'绣花'的功夫，推动脱贫攻坚工作做得更实更细，确保如期实现脱贫目标，不让一个贫困老乡掉队。"江西省委常委、赣州市委书记李炳军说。5 年来，全市共有 143.7 万人脱贫，贫困发生率由 26.71% 下降到 6.6%。

紧扣产业扶贫这个关键，赣州通过选准一个产业、打造一个龙头、建立一套利益联结机制、扶持一笔资金、健全一套服务体系的产业扶贫"五个一"机制，实施种植、养殖、旅游、电商等产业扶贫项目，让有劳动能力的贫困群众进入产业链，带动了 51.4% 的建档立卡贫困人口增收脱贫。

宜农则农、宜游则游、宜商则商，赣州坚持因地制宜发展富民产业。连日来，崇义县上堡乡正井村村民沈斌忙得不亦乐乎。他白天为前来观光的游客带路；晚上和家人一起做农家饭，招待各方游客。他说，在这里生活了 30 多年，过去只知道种地产粮，现在沾了梯田的光，每年为游客提供食宿服务，就能获得一笔不小的收入。在崇义，

像沈斌这样靠提供旅游服务增加收入的农民还不少,旅游产业为当地农民致富打开了一扇崭新的门。

"没有党的好政策,哪有今天的好日子!"在宽敞明亮的小楼里,今年47岁的瑞金市泽覃乡光辉村村民杨小琴感慨万千。5年前,她一家4口人住在仅28平方米的破旧土坯房里,自己患有尿毒症,主要靠低保救助和丈夫打小工糊口,儿子上大学又欠下1万多元外债。贫病交加,让她一度失去信心。幸运的是,靠着好政策,杨小琴不仅获助治病,还圆了安居梦。

赣州坚守兜底保障这条底线,对于像杨小琴这样丧失劳动能力的贫困群众,全部纳入低保和五保保障范围,在已有"新农合"、大病保险、医疗救助的基础上,由财政出资为贫困户购买疾病医疗商业补充保险,构筑起健康扶贫"四道医疗保障线",使贫困人口住院个人自付的医疗费用比例降至10%以内,有效遏制了因病致贫、因病返贫。与此同时,赣州大力实施移民搬迁,帮助近20万人挪离"穷窝";新建农村保障房8680多套,让建不起房的特困群众住上了新房。

改进工作作风,迸发攻坚前行新活力

如何进一步理清思路,加快推进振兴发展? 2015年10月,赣州市委主要领导率领党政代表团一行57人南下广州、深圳、韶关、河源4地学习考察,5天走遍30多个考察点,把先进的发展理念和可借鉴的成功经验带回来,在全市上下掀起了新一轮解放思想的"头脑风暴"。

赣州市委提出,要突出打好主攻工业、精准扶贫、新型城镇化、现代农业、现代服务业、基础设施建设"六大攻坚战"。随后制定了《关于改进工作作风提高工作效率的意见》《推进干事创业实行容错减责免责的办法》《领导干部"为官不为"问责办法》三个规范性文件，为推进振兴发展提供坚强保障，一场以改作风、提效率为主要内容的"效能风暴"迅速掀起。

过去，说起赣州"三南"，摇头者居多。"三南"指的是赣州最南部的定南、龙南、全南三个县。为何摇头？穷！

往昔，定南人纷纷南下广东务工挣钱；如今，广东人来定南购房、投资创业的络绎不绝。据不完全统计，前来定南创业定居的广东人已有近两万。

隔壁的龙南，基层干部们发展的紧迫感、变管理为服务的意识越发强烈。"项目完成后，我们会将梅州、深圳、东莞三个工厂整体转移到龙南，并设立龙南总部。"江西志浩电子科技有限公司负责人陈文渊介绍，该公司之所以搬到龙南，不仅因为这里的成本下降，更看中干部的服务意识。

龙南经济开发区党工委书记、龙南县委书记缪兰英说，对企业生产经营中遇到的问题，龙南创新机制实行分级处理；单靠挂点服务单位难以协调解决的难题，由经开区和县领导现场办公，"一事一议"进行破解。

赣州各地、各部门纷纷拿出过硬举措、务实作风，不断优化环境，推动振兴发展。蓉江新区是赣州新设的城市新区，为了让区内市场主体尽快拿到营业执照，区工商局办证服务窗口从筹办到开始受理业务仅用了短短 3 天；赣州新能源汽车科技城项目从启动规划到昶洧新能源汽车、山东凯马汽车等大型企业入驻，前后用了不到一年时间。

5 年来，赣南老区振兴发展的重大平台建设快速推进、密集落地。龙南、瑞金经开区及赣州高新区升格为国家级园区，赣州综合保税区、进境木材国检监管区建成运行，赣南承接产业转移示范区、全国加工贸易承接转移示范地、瑞（金）兴（国）于（都）经济振兴试验区加快实施，"老区中的特区"优势进一步凸显，赣州成为江西乃至全国拥有国家级平台最多的设区市之一。

践行新发展理念，培育振兴发展新动能

从事稀土行业上游分离加工 30 多年的民营企业家刘春灵，几年前开始思考如何转型。

经过多次调研考察，刘春灵投入资金研发数码变频燃气发电机。"产品核心竞争力包括永磁电机、变频技术等，稀土应用与永磁电机制造密切相关。"刘春灵介绍，两年前，赣州致力打造中国稀金谷后，永磁伺服电机、智能制造设备等项目不断集聚，为企业制造新产品提供了良好的配套环境。

赣州素有稀土王国、世界钨都的美称，是国内最大的稀土、钨产品加工基地，全球每年 70% 的中重稀土、60% 的黑钨产自赣州。以往，稀有金属资源没有得到充分利用，企业产品多处于产业链的中低端。借鉴美国硅谷模式，赣州策应稀土稀有金属转型升级发展需要，强调创新发展，通过汇聚产业、研发、人才、金融、信息等五大要素，全力打造中国稀土稀有金属产业集聚区。

目前，工信部已同意将中国稀金谷建设列入"中国制造 2025"重大项目库，科技部将赣州稀土、钨新材料应用产业发展纳入"十三五"国家科技创新规划，国家级离子型稀土工程技术研究中心落户赣州。

赣州围绕建设全国稀有金属产业基地、先进制造业基地和特色农产品深加工基地，加快产业创新升级步伐，走出产业振兴新路子，培育振兴发展新动能。赣州新能源汽车科技城、现代家居城、中国稀金

谷、青峰药谷、赣粤电子信息产业带"两城两谷一带"规划建设快速推进，一批龙头企业快速成长。

一个充满发展活力的赣州正快步走来。目前，赣州规模以上工业企业已有 1533 户，比 2011 年增加 751 户；稀土钨、家具产业集群的年产值突破千亿元。全市规模以上工业主营业务收入突破 3500 亿元，战略性新兴产业超过 400 亿元。

（吴齐强、魏本貌）

7. 赣南苏区：红土地 5 年巨变

时间：2017 年 8 月 21 日　来源：《新华每日电讯》

赣南从不缺少关注的目光。

从《国务院关于支持赣南等原中央苏区振兴发展的若干意见》出台至今的 5 年间，这片土地上发生的变化令人惊叹。

鳞次栉比的新房、蜿蜒向前的道路、洋溢幸福的面容……走进赣南，你会发现，5 年中频繁落地的一项项精准帮扶政策，给这里 970 万人带来的不仅仅是生活生产形态的改变，更有这个国家振兴发展蕴藏的强大活力和滋养。

把老区振兴发展放在心上

苏区时期，参军参战的赣南儿女有 93 万余人，占当地人口的三分之一，仅有名有姓的烈士就有 10.8 万人。在二万五千里长征路上，平均每公里就有 3 位赣南子弟倒下。

由于战争创伤，加上资源禀赋、交通条件、产业结构等因素，赣南的经济发展远落后于全国和江西全省平均水平，至今还是全国较大的集中连片特困地区。据统计，2011 年，按国家最新的贫困线标准，这里有贫困人口 194.88 万人，占全市人口的 21.2%，贫困发生率高出全国平均水平 14 个百分点。

总有一份牵挂，让人念念不忘。

赣南特殊的地位、特殊的贡献、特殊的困难，得到国家特殊的支持。

在 2011 年年底至 2012 年年初的两个月内，中央领导就赣南等原中央苏区振兴发展问题先后作出 7 次重要批示指出，赣南苏区为中国革命作出了重大贡献和巨大牺牲，由于种种原因，目前经济发展仍然滞后，人民生活仍然比较困难。如何进一步帮助和支持赣南苏区发展，使这里与全国同步奔入小康社会，让苏区人民过上富裕幸福的生活，应当高度重视和深入研究。

2012 年 4 月，由有关部委组成的联合调研组来到赣南，为赣南苏区振兴发展"把脉开方"。

高低不平的泥泞路、阴暗潮湿的土坯房、照明用的松油火把……眼前的情景，让联合调研组人员心情沉重。

"把老区的真情实况带上去、把群众的期盼愿望转化为政策，是我们这次调研的初衷。"联合调研组的同志说，不然，我们就对不起这块红色的土地，对不起赣南的 10 多万革命先烈。

2012 年 6 月 28 日，《国务院关于支持赣南等原中央苏区振兴发展的若干意见》正式出台。

消息传来，赣南人喜泪温情抛洒，豪情尽情迸发。

随后，12 个"国字头"支持文件、88 个部委帮扶意见汇聚赣南。

《若干意见》被赣南人看作是"幸福宝典"。大到战略定位、产业发展、基础设施，小至村民住房、老表喝水、学生读书……既兼顾当下，又着眼长远，充满了党和国家对赣南老区的浓情关怀。

习近平总书记一直关心赣南的发展，他反复叮嘱：

原中央苏区振兴发展工作要抓好，这有政治意义。

决不能让老区群众在全面建成小康社会进程中掉队，立下愚公志、打好攻坚战，让老区人民同全国人民共享全面建成小康社会成果。

暖意浓浓的话语，彰显了中国共产党以人民为中心的执政理念，体现了党和国家领导人念兹在兹的为民情怀。

这种情怀，直抵人们心灵深处。

5 年间，有关部委先后派了 79 名优秀干部到赣南 18 个县（市、区）挂职。

"踏进门槛，走进心坎；舍弃面子，做实里子。"这是冯宗伟的扶贫感悟。

身为由中国日报社选派的处级干部，他选择了到会昌县大西坝村当第一书记。

为了疾病缠身的村民，他四处奔波，寻医问药；为了解决项目推进中的困难，他耗费精力，生病住院……

无论是项目推进，还是挖井修路，部委挂职干部用他们的行动，把党中央的牵挂传递到百姓心中，架起了党和人民之间的一座座"连心桥"。

让政策转化为百姓的获得感

一船一筏一人家，62 岁的崇义县农民冯祖明曾靠水生活，"水上漂"的经历让他对"家"的渴望特别强烈。

20 世纪 50 年代，国家筹建上犹江水电厂，崇义和上犹两县大量耕地和住房被淹。一些村民便靠水吃水，在水面搭起木屋，有的一住就是半个多世纪。

《若干意见》的出台，让 1246 户"水上漂"结束了头枕波涛的日子，安居乐业的梦想照进了现实。

前年，老冯搬进了政府为这些"水上漂"新建的崇义县"梦想家园"新村。上岸后的渔民，有的进开发区务工，有的从事旅游服务业。

《若干意见》将"民生"二字放在了突出位置，提出解决好民生问题是振兴发展的首要任务，要优先解决突出民生问题，凝聚振兴发展民心民力。

5 年来，赣州市财政支出的近七成、新增财力的近八成用于改善民生；143.7 万人脱贫，占江西省脱贫人口数的一半，贫困发生率从 26.71％下降到 6.6％；近 300 万农民告别了透风漏雨的土坯房，饮上了干净水，用上了稳压电；人均可支配年收入为 8729 元，是 5 年前的 1.9 倍……

夯实农业基础，促进城乡统筹发展；加快基础设施建设，增强振兴发展支撑力……《若干意见》有 11 部分共 45 条，含金量十足，其中 11 次提到"试点"、17 次提到"重大"、18 次提到"示范"、108 次提到"支持"。

"文件好，关键还在于落实。"赣南的干部群众牢记习近平总书记的嘱咐，在振兴发展的实践中，以抓铁有痕、踏石留印的精神，进行大胆实践和探索。抓住《若干意见》实施的重大机遇，将国家扶持振兴发展的利好政策转化为加快经济发展的内生动力。

前不久，记者在现场看到，一列赣州国际港至哈萨克斯坦的中亚班列正待开行。班列满载 100 个 20 尺集装箱的家具、电子设备和服装等产品，12 天后将抵达哈萨克斯坦。

赣州国际港于 2016 年开通，是江西省第一个内陆口岸，能有效降低企业物流成本，助推赣州打造成为连接"一带一路"的重要节点城市和国际货物集散地。

依托赣州国际港的平台，不靠海、不沿边，缺乏木材资源的南康，发展成为实木家具生产基地。去年，南康家具产业总产值从 2012 年的刚逾百亿元增加到 1010 亿元，外贸企业从 2014 年的 3 家增加到 300 多家。

除了开通赣州国际港，赣州还通过创建先行先试示范点，赢得发展主动权。目前，国家旅游扶贫试验区、教育综合改革发展试验区、集体林权综合改革试验示范区等 80 项省级以上试点取得良好的示范成果。

5 年革故鼎新，5 年沧桑巨变。

数字显示，2012 至 2016 年是赣州经济社会发展最快、城乡面貌变化最大、老百姓受益最多的时期：

赣州地区生产总值年均增长 10.3%，规模以上工业企业数量、实现增加值和主营业务收入 5 年接近翻番；

实施旅游扶贫、光伏扶贫、扶贫车间等产业扶贫项目，让有劳动能力的贫困群众进入产业链，增强贫困户自身的"造血"能力，确保长效脱贫；

优化教育、医疗卫生资源配置，整合资金资源，改善城乡养老机构基础设施和服务功能；

……

江西省委常委、赣州市委书记李炳军说，赣南 5 年的振兴发展和实践，不仅意味着全国革命老区扶贫攻坚示范区加快建成，更是以习近平同志为核心的党中央治国理政新理念新思想新战略在革命老区的具体实践。

续写红土地新的时代荣光

哎呀嘞！

日头出来照四方，

老表心里亮堂堂。

兴国山歌唱不尽，

一组山歌歌颂党。

在赣南，悠扬的"哎呀嘞"表达了《若干意见》实施 5 年来，赣南人民对今天幸福生活的由衷赞美、对共产党的深厚感情。

铭恩新村是兴国县土坯房改造安置点，同时安置了 4 个村子的村民。新村建好后，乡亲们聚在一起商量，要为自己的新家取个如意的名字。

有人提议，叫"铭恩新村"吧。我们世世代代都在这里居住，那就应该世世代代记住党的恩情。

对此，大家一致赞成。于是，乡亲们将"铭恩新村"4 个大字镌刻在村头的一块大石头上。

赣南儿女将感恩之情化作奋斗的激情和前行的力量。

为推动赣南老区加快发展，《若干意见》实施 5 年间，赣州市委开展"送政策、送温暖、送服务"工作，完善党员干部直接联系服务群众"双向全覆盖"制度，变"群众找上门"为"干部走上门"。

在全市掀起"作风效能"革命，推动干部履职动力、能力、绩效"三提升"……

走进赣州新能源汽车科技城，极目远眺，近 12.6 平方公里的土地，已不是昔日的荒坡、山地。

仅仅一年时间，汽车城就落户总投资 200 亿元的项目 5 个。汽车城规划面积达 35.2 平方公里，建成后可拉动 800 亿元的投资。

"曾经来考察的德国专家认为，只用一年时间建起这么大规模的汽车城是很不容易的事，但是赣南做到了。"赣州新能源汽车科技城管理处党委书记张雪刚说。

时间对于忙碌的人来说，总是如白驹过隙，转瞬即逝。

赣南的干部在被问到这 5 年最大的体会时，不约而同地说："时间过得太快，还有太多的事情等着我们去做。"

瑞金市教育局党委书记、扶贫干部杨锐说："现在，说起'人民'，便立刻想起我那 20 多户联系户。"

待万世之利，在今日之胜。

从羊肠小路到康庄大道，从透风漏雨的土坯房到窗明几净的暖心房，从点煤油灯吃饭、举松明子照明到城乡处处灯火通明……赣南人以"等不起"的紧迫感、"坐不住"的责任感、"慢不得"的使命感，感恩奋进，让旧貌换新颜。

即便在最困难的日子里，烈属白敬成也把父亲白品交的革命烈士证明书小心翼翼地保存。

赣南人懂得，今天的岁月静好，是因为过往和当下无数的人在为他们负重前行。

于都，中央红军长征出发地。城头的于都河顺流而下，让人想起这个民族走向诗和远方的那次远征。

今天，振兴中华成为全体炎黄子孙的共同意志。我们坚信：赣南人民定不负时代眷顾，在全面建成小康社会和实现中国梦的伟大征程中，续写新的时代荣光。

（陈建华、胡锦武、赖星、余贤红）

8. 江西赣州：感恩奋进，振兴发展"红色样板"

时间：2019 年 5 月 25 日　来源：央视网——央视《新闻联播》

江西赣州是全国著名的革命老区，举世闻名的二万五千里长征从这里出发，老一辈无产阶级革命家用鲜血和生命铸就了不朽的丰碑。这块铸就光荣的土地受到习近平总书记的牵挂和关怀。2012 年 6 月 28 日，国务院正式出台《关于支持赣南等原中央苏区振兴发展的若干意见》。赣南老区振兴发展上升为国家战略，今天的赣南老区经历了怎样的发展变化？

在江西赣州的华屋村，有 17 棵让华屋村人 80 多年来一直精心守护的松树。

85 岁的华从祁老人从未见过自己的父亲。80 多年前，他的父亲和兄弟二人与同村的 15 个青年一起参加红军。临行前，每个人在后山种下了一棵寄托思念、表达信念的松树。他的父亲走后一个多月，华从祁出生了，但他的父亲再也没有回来。

17 名参加红军的年轻人，最终全部牺牲在长征路上，年龄最小的只有 15 岁。赣州这片红土地上，仅有名有姓的烈士就达到 10.82 万人。但是，由于种种原因，几十年来，这里却仍然处于贫困状态。

由于房子太小，每到春节，华从祁老人在外打工的 6 个儿女只能轮流回家过年，从未真正团聚。

2011 年 12 月 31 日，习近平同志在《赣南等原中央苏区经济社会发展状况调研报告》上作出重要批示：赣南苏区为中国革命作出了重大贡献和巨大牺牲。如何进一步帮助和支持赣南苏区发展，使苏区人民过上富裕、幸福的生活，应当高度重视和深入研究。批示中字里行间，饱含着对赣南人民的深情。

2012 年 4 月 10 日，带着让老区人民过上更加美好生活的深情和使命，国家 42 个部委 149 人组成联合调研组，奔赴赣南实地考察。同年 6 月，《国务院关于支持赣南等原中央苏区振兴发展的若干意见》正式出台，一股春风开启了革命老区振兴发展的宏伟实践。华屋村从此也迎来了翻天覆地的变化。

国家的支持、政策的推动，改变的不仅仅是华屋的村容村貌，还有老百姓创业的精气神。华从祁在外打工 20 多年的儿子华水林也回到了家乡，承包政府新建的蔬菜大棚，对接电商实现订单式销售。2018 年瑞金脱贫摘帽时，华水林还当选为优秀脱贫示范户。

80 多年过去了，17 棵青松越发挺拔，它们的故事也已经成为华屋红色旅游的一张名片。当年 17 位烈士为民谋幸福的信念，已经转化为新时代华屋人创造美好生活的动力。

国家对赣南老区振兴发展的支持，不仅有改善民生的"输血"，更少不了提升动力的"造血"。

2016 年，不靠海、不沿边的赣南老区，却建成了全国革命老区中唯一一个对外开放的内陆口岸。这个创新探索，来自国务院出台的《若干意见》中"支持赣州南康家具等产业基地建设"这样一句话。

正在施工扩建的综合性查验口岸，整个工期只有短短的 20 天。对于建设部负责人朱经明来说，赣州国际港的发展离不开速度和激情。没有任何建设港口的经验，但在短短几年间，赣州的广大干部群众让赣州国际港全面融入"一带一路"开放大通道，实现了从无到有的跨越式发展。

给朱经明这些干部奋斗动力的，还有老区人民对赣州国际港建设的全力支持。朱经明曾经参与了赣州国际港铁路一期的拆迁工作，亲身经历了如同当年苏区人民支持红军一样的场景。

朱经明负责拆迁的向阳村就是蔡启康的老家,当初,蔡启康第一个积极响应拆迁,不仅拆了他家的老宅子,还有他当时正在经营的几间厂房。两年多过去了,蔡启康曾经住了几十年的土坯房正在变成一栋栋崭新的楼房。蔡启康的新厂房也即将投产,这里将安装最先进的数控机床和环保设备。

赣州国际港的建设,真正打开了赣南老区对外开放的大门。依托赣州国际港,50多个国家和地区的木材进入南康,家具则销往全球100多个国家和地区。南康家具产业由2012年的百亿元产值,迅速攀升到了2018年的1600亿元,成为全国最大的实木家具生产制造基地。外贸企业由原来的3家发展到今天的近500家。

《若干意见》出台近7年来,国家层面支持赣南老区的政策文件达到192个,39个部委派出121名干部挂职对口帮扶,236项相关政策事项已基本落实。赣州主要经济指标增速持续高于全国平均水平,贫困发生率由26.7%降至2.45%。

9.红色沃土上的初心和使命
——赣南老区脱贫攻坚迈出坚实步伐

时间:2019年6月27日　来源:光明网—《光明日报》

青山掩映,暖风轻拂,赣南大地迎来又一个夏天。

这是一片红色的沃土。80多年前,中国共产党在这里创建了最大、最重要的革命根据地,组建了中华苏维埃共和国临时中央政府,中央红军从这里集结出发开启二万五千里长征。

这是一片奋斗的热土。7年前,《国务院关于支持赣南等原中央苏区振兴发展的若干意见》出台实施。习近平总书记关于"使苏区人民过上富裕、幸福的生活"的殷殷嘱托，化作加快振兴发展的强劲动力，化作打好攻坚战、同步奔小康的追梦号角，破茧成蝶的城乡巨变在这里次第发生。

车行赣南，历史与现实在耳边回响，希望与未来在眼前铺展。承载着共产党人的初心和使命，寄托着亿万老区人民对党的信赖和对美好生活的期待，肩负着新时代中部地区崛起的重任，江西赣州蹚出一条革命老区坚决打赢脱贫攻坚战的新路，奋力奔跑在振兴发展的新征程上。

"千里来寻故地，旧貌变新颜"

俯瞰赣州，武夷山脉横卧东北，罗霄山脉雄踞西北，南岭山脉盘亘南方。"八山一水半分田，半分道路和庄园"，这里的每一座山都铭记着赣南儿女为中国革命作出的重大贡献和巨大牺牲，也标记着这片红土地实现振兴发展的不易。

"红军长征出发前夕，于都人民母送子、妻送郎当红军。为了给红军搭建渡河浮桥，他们连门板、床板都奉献出来。"老红军王承登已年过百岁，他至今犹记"万里长征路，里里兴国魂"的悲壮：苏区时期，93万赣南人民参军参战，10.82万烈士英勇捐躯。

这是一种血肉相连的深情。

这片土地上曾经有过的苦难、伤痛、奉献和牺牲，始终是中国革命史上不可磨灭的一页。也正是由于战争创伤大、历史透支多、底子薄、基础差等原因，赣州至今仍是全国较大的集中连片特困地区，脱贫攻坚任务繁重。走出贫困、奔向富裕，成为981万赣南儿女的热切期望。

历史没有忘记，人民没有忘记，党和国家没有忘记。作出特殊贡献、有着特殊地位、面临特殊困难的赣南老区，得到了特殊支持。

2012年6月，《若干意见》出台实施，明确了赣州要打造全国革命老区扶贫攻坚示范区，并从政策、项目和资金等方方面面给予赣南倾斜。

这是一份饮水思源的使命。

赣南儿女永远记得，习近平总书记始终惦记着老区，始终挂念着老区人民。从2015年全国两会参加江西代表团审议，到今年5月到江西考察，总书记在不同场合反复强调："要着力推动老区特别是原中央苏区加快发展，决不能让老区群众在全面建成小康社会进程中掉队"，"要饮水思源，决不能忘了老区苏区人民"，"我这次来江西，是来看望苏区的父老乡亲，看看乡亲们的生活有没有改善，老区能不能如期脱贫摘帽"……

赣南儿女永远记得，国家各部委"翻箱倒柜、鼎力相助"，为加快赣州振兴发展注入强劲动力：国家层面的政策支持文件达192个，42个部委对口支援赣南，121名优秀干部下沉到赣南挂职帮扶。

这是一种不忘初心的担当。

7年来，从中央到地方的特殊关怀，形成了一场使命与爱心的接力，最终凝结成一串可喜的数字：至2018年年底，赣州累计脱贫176.02万人，贫困人口减至18.86万人，贫困发生率由2011年的26.71%降至2.45%，实现有史以来最大规模脱贫。

赣南人民不负厚望，交上了一份"变化真的很快"的脱贫答卷，成为江西和革命老区发展变化的一个生动缩影。

"唤起工农千百万，同心干"

明经华自己也没有想到，在这里一干就是10年。

12个行政村173个村民小组，赣县区五云镇的每个角落都留下了镇党委书记明经华忙碌的身影。新阳村的种植大户邱连贵今年想要申报更多蔬菜大棚，在村口看见她赶紧问政策；老表林然亮想找专家学习蔬菜种植技术，招呼从田垄走过的她来做参谋；结对帮扶的贫困户曾峰申请做保洁员的公益性岗位落实了，她第一时间赶去他家告知好消息。

而明经华更为老表们所熟知的故事发生在2015年3月。那一年，是她担任五云镇镇长的第5年、被选为第十二届全国人大代表的第3年。

去北京参加全国两会前，明经华到群众家里走访调研，专门拜访了老红军王承登。老人十分高兴，特地写了一封信，希望国家加大对赣南油茶等扶贫产业的支持，还准备了一份特殊的礼物——两瓶山茶油，委托她转呈习近平总书记，表达赣南老区老红军对党中央和总书记的感激之情。

带着百岁老红军和赣南老表的重托，明经华来到北京。王承登的信，她顺利转交给总书记；但是两瓶茶油，却没有送出。

"总书记带头践行中央八项规定，不拿群众一针一线，您的茶油他没有收，但您的心意他领了。"全国两会结束，明经华回到赣州，带去了总书记对赣南老红军的祝福和对老区人民的深切问候。在总书记的亲自关怀下，赣南油茶产业发展良好。而被总书记婉拒的这两瓶茶油，被送到了苏区干部好作风陈列馆里。

以百姓心为心、干群同心加油干，这样的故事在赣南大地俯拾皆是。苏区干部好作风历经岁月洗礼，愈加深入人心。

20世纪二三十年代，赣南等中央苏区是中国共产党最重要的治国理政试验田，共产党人的文韬武略都在这里试验过、预演过。80多年后，扎根基层的广大党员干部，传承红色基因，弘扬苏区干部好作风，为打赢脱贫攻坚战下足了"绣花"功夫。

——在数据管理上，为每名贫困对象建档立卡，对信息进行大数据比对，常态化开展精准识别、精准退出"回头看"，确保户户过筛、人人过点。

——在脱贫措施上，因地制宜、因户施策，通过产业扶贫"换穷业"、健康扶贫"除穷因"、教育扶贫"斩穷根"、安居扶贫"挪穷窝"、就业扶贫"断穷路"、生态扶贫"改穷貌"等"组合拳"，释放扶贫叠加效应。

7年来，69.52万户农村危旧土坯房得到改造，近300万农村人口实现安全饮水和稳定用电，25户以上自然村全部通上水泥路。赣南老区的经济社会发展之快、城乡面貌变化之大，让这片红土地上的儿女获得感满满。难怪老表们又唱响了自编的新山歌："又见苏区好作风，结对帮带联群众。送宝送暖送新屋，粘心粘肉铭恩情。"

"踏遍青山人未老，风景这边独好"

上联"继祖宗勤劳节俭"，下联"教子孙忠厚善良"，横批"励精图治"。2016年年末，瑞金云石山乡黄安村的雷来生脱贫了，在自家新装修的房子里，他贴上了自己写的这样一副对联。

雷来生的脱贫故事听起来很简单。上有老、下有小的6口之家，因劳动力少、教育养老开支大而生活困难。黄安村精准扶贫工作队帮助他解决了资金、技术等难题。他靠种植香芋改善生活，并最终脱贫。

在这简单故事的背后，是赣南人民"幸福都是奋斗出来的"精神风貌的真实写照。"人一定要勤快，不勤快，再好的政策也不起作用。有党和政府的帮扶，再加上自己的努力，老百姓的日子一定会好起来。"雷来生颇有心得。

以雷来生为代表的赣南群众明白，今天的美好生活，是无数革命先辈先烈流血牺牲和大家在党的领导下努力奋斗换来的。老区人民不能"等靠要"，拼搏、创新、勤劳才能走上脱贫致富路。

前赴后继、扎根脱贫一线的赣南干部明白，脱贫攻坚要扶思想、扶技术、扶干劲，坚持志智双扶才能从根本上铲除滋生贫困的土壤，提高贫困地区的自我发展能力。

走过血雨腥风、奋战在振兴发展征途上的赣南人民明白，只有不忘昨天的苦难辉煌、无愧今天的使命担当，才能不负明天的伟大梦想。

如今，赣南大地上涌现出让人应接不暇的脱贫新景："村无闲田，冬无闲人，家无闲事"成为赣县五云镇新阳村的一道亮丽风景；瑞金云石山乡的"村村一台戏，感恩总书记"群众演出活动场场爆满，脱贫后的村民们演身边事、说心里话来表达对党中央、对习近平总书记的感恩之情；寻乌晨光镇开展"六星创评"、"身边好人榜"评选、"赣南新妇女运动"等乡风文明活动，让贫困户既富了口袋，也富了脑袋，过去光棍多的怪现象变成了寻乌小伙"不愁娶"……

一家一户脱贫致富的小故事振奋人心，由点及面，勾勒出一幅革命老区振兴发展的大画卷。2017 年，瑞金脱贫摘帽。2018 年 4 月，会昌、寻乌、安远、上犹、石城、南康等 6 县（区）脱贫摘帽。赣南革命老区脱贫攻坚的星火，已呈燎原之势，点亮了全面建成小康社会的康庄大道。

"今年年底，赣州 4 个未脱贫县（区）必将全部摘帽。"赣南儿女的这份自信，让踏访这片红土地的记者感同身受。党中央的关怀、赣南人民的期盼，正在变成现实：全面小康路上，老区人民不会掉队。

巍巍井冈山上，滔滔赣江水边，981 万赣南儿女接续奋斗、书写振兴发展的美好图景就在眼前，共产党人为中国人民谋幸福、为中华民族谋复兴的初心和使命历久弥新。

老区人民懂得，中国人民懂得。

（方莉、李晋荣、胡晓军）

10.赣南苏区：7年一瞬，山乡巨变

时间：2019 年 9 月 1 日　来源：《新华每日电讯》

7 年前，贫困发生率高达 26.71%，农村随处可见透风漏雨的土坯房，关键经济指标增幅位居江西全省后列。

7 年后，贫困发生率降至 2.45%，300 多万农户告别土坯房，关键经济指标增幅跃居江西全省第一。

赣南，这片浸透烈士鲜血的红土地生长着忠诚和信仰，也承载着苦难与辉煌。二万五千里长征路上，平均每公里就有 3 位赣南子弟倒下。

"确保老区苏区在全面建成小康社会进程中一个都不掉队。"这是共产党人的庄严承诺。

2012 年 6 月，《国务院关于支持赣南等原中央苏区振兴发展的若干意见》出台。

7 年一瞬，山乡巨变。江西举全省之力推动赣南振兴发展。"铭记党恩""永远跟党走"，赣南百姓把对党的感激写成对联贴在门上。

紧扣民生痛点，改善民生赢得民心

青色坡顶、白色砖墙的 3 层联排新房，与墙上照片中破败的土坯房形成强烈反差。

兴国县埠头乡农民胡世瑞曾 4 次建房、4 次倒塌，一到下雨天就提心吊胆，生怕房子塌下来。从老房搬进新居已有 6 年，但土坯房留给他的记忆难以抹去。

新房、旧照是赣南之变的缩影。

记者曾多次到赣南采访。2012 年以前，群众住危旧土坯房、不能正常用电、"全村共用一口井，排半天队挑半桶水"等问题突出。

2012 年 6 月，《若干意见》出台实施，摆在首位的是解决突出民生问题。7 年来，42 个中央国家机关及有关单位，江西省委、省政府把老区群众面临的住房难、喝水难、用电难、行路难等民生痛点，作为振兴发展的头等大事来抓。

7 年一瞬，民生之变可触可感。

赣州市扶贫办副主任赖外来说，民生优先的战略定位，使赣州实现了有史以来最大规模减贫，贫困发生率由 2011 年年底的 26.71% 降至目前的 2.45%，累计脱贫 176 万人。

在赣州瑞金叶坪乡华屋自然村，66 栋客家新楼和一旁 7 套阴暗潮湿的土坯房形成强烈反差。

改善民生，赢得民心。

"昔日破旧土坯房，如今新屋亮堂堂；铭谢党的政策好，百姓心安喜洋洋。"行走赣南，群众把对党的感激写成对联贴在门上。

"造血"强筋骨，变"产业洼地"为"发展高地"

"做世界上最好的磁钢，为祖国争光。"

江西金力永磁科技股份有限公司展厅里，高性能磁钢产品琳琅满目。该公司技术研发一部副总监刘路军说："经过多年潜心研究，现在，我们掌握的晶界渗透技术可以和国际顶尖企业竞争。"

产业兴，经济兴。没有产业的支撑，振兴发展就没有根基。

瞄准产业发展的薄弱环节，《若干意见》提出"集聚发展、创新发展"的目标。赣南着力增强经济"造血"功能，变"产业洼地"为"发展高地"。

集聚产业，培育壮大特色优势产业——从"散"到"聚"，是7年来赣南产业发展的重大转变。为从根本上改变稀土、钨行业的低水平、分散状况，赣州把全市88座稀土矿山整合到中国南方稀土集团，并将97家持证开采的钨矿山整合为66家。稀土钨新材料及应用产业主营业务收入突破千亿元；昔日"小作坊"家具产业的总产值突破1600亿元；赣南脐橙带动70万果农脱贫致富，蔬菜通过中欧班列远销海外……如今，一批具有赣南特色的优势产业正在形成。

集聚平台的催生发展"磁吸效应"——赣州"三南"国家级承接加工贸易转移示范地获批后，已在粤港澳大湾区举办4次产业合作推介会，签约总额达270多亿元。赣州市工信局副局长林小兵说，这是平台建设带来的"磁吸效应"。

《若干意见》实施以来，赣南累计获国家、省级层面批复的重大平台220个。曾经以要素流出为主的赣南老区，逐渐变成周边区域要素集聚的高地。

集聚人才，闯出创新引领发展新路——位列乘用车电池装机量第一梯队，拿下欧洲汽车巨头千亿元订单，赣州孚能科技公司短短数年即成为全球新能源汽车动力供应领域的一匹"黑马"，关键就在于引进了两位高层次科技人才。凭借先进的技术、超强的创新能力，企业"蹦"着往上走，产值连年翻倍。

引进人才就是引进未来。在赣州市章贡区人才产业园，引进的22位高层次人才已创办17家企业。

先行先试闯新路，再造发展新优势

8月28日，赣州国际陆港今年第271列中欧（亚）班列缓缓驶出，开往白俄罗斯。

翻开《若干意见》，11次提到"试点"、18次提到"示范"。敢闯新路、先行先试，成为赣南7年之变的加速"引擎"。

对外难出口、进口成本高，曾经是地处内陆腹地的赣南老区面临的一大瓶颈。借助《若干意见》赋予的先行先试权，南康建成全国县级城市首个内陆开放口岸——赣州国际陆港。现在，这一内陆港与多个沿海港口实现"同港同价同效率"。南康区家具产业促进局局长蔡湖南说，这相当于"苏区再造了沿海优势"。

攻坚克难，争创一流，在今日的赣南随处可见。

先行先试推出票链业务；创新驱动国家旅游扶贫试验区建设，打造百个旅游扶贫重点镇……聚焦重点领域和关键环节，一批在全国具有开创意义的改革创新在赣南推出，为老区发展注入新的动力。

地方发展离不开营商环境的优化。

为提高行政效能，赣州出台50条优化发展环境的举措，创新实施"中介服务超市""错时延时服务"等政务服务。如今，"最多跑一次"事项占比90%以上，企业投资项目审批时间减至20个工作日以内。

2018年，地区生产总值、固定资产投资等10项关键指标增幅位居江西全省第一；今年上半年，地区生产总值同比增长9.1%，增幅居江西全省第一位，加速振兴发展的赣南已成江西经济发展的强劲板块。

风景这边正好，赣南已迈上新的征程。

（刘健、李兴文、高皓亮、郭强）

11.高质量脱贫攻坚作示范

——江西赣州建立稳定脱贫长效机制的实践与探索

时间：2019 年 12 月 29 日　来源：《经济日报》

在全国打赢脱贫攻坚战的"作战图"上，江西赣州是一个"特别的存在"。

说赣州"特别"，首先在于赣州的贫困"量大、面广、程度深"。全市 20 个县（市、区），有 11 个贫困县（市、区）、932 个贫困村；实施精准扶贫之初，赣州接近千万的人口构成中，有 115.03 万建档立卡贫困人口。

说赣州"特别"，还在于近年来赣州脱贫的速度和质量。2018年年底，赣州贫困人口已减至 18.86 万人，贫困发生率降至 2.45%；在之前瑞金、会昌、寻乌、安远、上犹、石城、南康等 7 个贫困县（市、区）摘帽的基础上，剩下的兴国、于都、宁都、赣县 4 个贫困县（区），也将于近期实现"出列"。赣州脱贫攻坚不仅取得了"决定性胜利"，更是构筑起稳定脱贫、防止返贫的长效机制，实现了与乡村振兴的有机衔接。随着产业支撑能力、自我发展能力的进一步增强，赣州正通过自己的努力为全国革命老区的高质量脱贫作出示范。

把精准扶贫做深做实

说起赣州近年来的脱贫工作，赣州市扶贫办副主任钟小春口里不时会蹦出"长效机制"4 个字。在他看来，这是赣州高质量脱贫的最大特点，也是最大亮点之一。

于都上欧纺织产业园内，机杼声此起彼伏。安踏专属工厂兴雪莱（赣州）服装有限公司车衣工刘小英来自偏远的仙下乡山段村，经过近一年的培训和实操，她现在每个月工资已接近 4000 元。虽然和同一生产线上月薪上万元的熟练工相比还有不小差距，但有了一技之长的刘小英现已开始憧憬更加美好的未来："不用再待在深山沟了。工厂食宿全管，等孩子再大些，我合计着把家搬到县城，方便上学。"

相比于进城成为"产业工人"的刘小英，依旧在地里"淘金"的梓山镇潭头村贫困户李金禄，现在则贴上了"现代农民"的标签。随着于都梓山富硒蔬菜产业园开建，一直没有稳定收入的李金禄两年前在产业园承包了 20 亩地种富硒西瓜。成功脱贫后，他扩大种植规模，今年又尝试着种植丝瓜。"丝瓜一季亩产超过 5000 公斤，每公斤能卖到差不多 10 元。产业园带着合作社、贫困户一起干，我们不用愁资金、技术和市场。"李金禄说。

"高质量的脱贫一定是可持续的，所以，我们特别注重结合地方经济社会发展实际，找准致贫原因，因地制宜发展产业、扶持就业，让更多的农民成为懂技术、会经营的现代农民。对于愿意进城务工的，则让他们掌握一技之长。"于都县委书记蓝捷介绍，拥有 120 万人口的于都，劳动力资源富集。近年来，于都一方面重点发展富硒蔬菜产业，在龙头企业与合作社的带领下，让农村贫困人口实现就地转化；另一方面，围绕纺织服装产业发力，充分发挥当地外出务工人员之前抱团沿海纺织服装行业的专业技能优势，引进资金与人才，从无到有发展起完整的纺织服装产业链条，不仅把这个产业做成了涵盖全供应链柔性定制的朝阳产业，还吸纳了大量贫困人口就业，"现在，于都纺织服装产业有品牌、有市场，年销售收入超过 400 亿元。产业园工人月平均务工收入近 5000 元，已经和在长三角、珠三角的务工收入基本持平"。

"最重要的还是要立足资源禀赋和发展基础，选准一个产业，打造一个龙头，创新一套利益联结机制，扶持一笔资金，培育一套服务体系。"钟小春介绍，近年来，赣州先后探索出包括产业扶贫、金融扶贫、电商扶贫、就业扶贫、社会扶贫、消费扶贫、健康扶贫在内的多种可复制可推广扶贫模式，推动精准扶贫走深走实。通过直接发展产业和建立新型农业经营主体联结方式，已累计覆盖带动26.95万户贫困户增收，占全市贫困人口的91.48%。赣州不仅建立起稳定可持续的产业脱贫机制，在防止返贫方面也已"先行一步"。早在2012年，赣州就开始建立覆盖所有贫困户和贫困边缘户的信息网络，跟踪监测，动态预警，"大量贫困户和贫困边缘户最主要的致贫返贫原因还是疾病与意外事故，为此，我们构建起基本医保、大病保险、疾病医疗商业补充保险、医疗救助'四道医疗保障线'，城乡贫困人口住院个人自付比例控制在10%以内。同时，我们还积极实施教育扶贫工程，阻断贫困代际传导。找准'病因'，对症下药，事情办起来就有信心了"。

和乡村振兴深度融合

走进会昌县站塘乡罗坊村的蔬菜大棚，藤蔓上的小南瓜长势喜人，这里种植的南瓜即将进入又一个收获季。罗坊村原先也戴着贫困村的帽子。和其他贫困村不一样的是，罗坊村在脱贫攻坚路上除了强调"特"，还特别强调一个"稳"和一个"美"，就连种植的南瓜也是"贝贝南瓜"这么一个充满诗意的名字。站塘乡党委书记邱华说："村里最后商议着发展'贝贝南瓜'种植。别看这个品种是个'冷门'，但是行情看涨。最重要的是常温下可以储存3个月左右，规避了一般蔬菜不易存储带来的市场风险。"近年来，通过发展"一村一品"，罗坊村甩掉了贫困的帽子。

"赣州是革命老区，抓好脱贫攻坚具有重要政治意义；加快老区发展，让老区人民过上幸福富裕生活，同样具有重要政治意义。"赣州市委副秘书长、政研室主任陈相飞说。赣州在构建稳步脱贫长效机制的过程中，特别注重与乡村振兴结合起来。

安远是赣州最后一个通高速公路的县城，也是供粤港用水的东江水源源头地。严苛的生态环保等各种前置条件，让安远在富民产业的选择和布局上必须坚持更高标准。近年来，从禁渔到退出水产、畜禽养殖，再到对矿产资源、河道砂石全面禁采，产业空间的收窄并没有放慢当地脱贫的脚步。

在东江源头三百山下的符山村，村民唐秀成开发的生态观光果园已小有名气。来自粤港等地的游客在饱览三百山风光之余，纷纷前来采摘、垂钓，感受农家风情。山野上，农民种植的脐橙、油桃等经济林木，正成为一个个"绿色银行"。

从南康的家居产业，于都的纺织服装、富硒蔬菜产业，到石城的制鞋产业、全域旅游产业，再到龙南、安远的河长制、林长制以及在最严格环保条件下的生态富民产业，产业兴旺、生态宜居、乡风文明、治理有效、生活富裕的美好图景正在赣州广大农村徐徐展开。

"帮扶干部带我们去过很多地方学习，从一开始就规划着把带领乡亲们脱贫致富和乡村的生态、宜居、文明新风结合起来。"在兴国县杰村乡和平村，村党支部书记范贞秀为了带领乡亲们脱贫，已经把自家产业的大部分事务交由家人代为操劳。随着稻虾共作、奶牛场等项目的推进，村里的贫困户基本全部脱贫。"这几年，村里拆除了4万平方米的'空心房'，道路、学校、村委会办公地全部修葺一新。现在，大家口袋鼓了，还要把'脑袋'也富起来。"范贞秀说。

"截至目前，全市已有 801 个贫困村脱贫退出。"陈相飞介绍，按照整洁美丽、和谐宜居的要求，赣州大力推进村庄整治，统筹推进贫困村基础设施、生态环境、公共服务项目建设，加大对危旧房、"空心房"改造力度，推进农户家庭环境卫生整治，整体改变贫困面貌，"缺什么、补什么，努力实现乡村振兴与脱贫攻坚互融互促"。

让内生动力奔涌起来

自打 2016 年罗坑特色体育小镇打造以来，章贡区沙河镇罗坑村村民邱有生和他开办的"庚生客栈"一刻也没闲着。村里每个月都举办的山地自行车比赛，给他带来了稳定的客源。"我们村虽然距离中心城区只有十几公里，但过去，这里是个交通死角，经济发展困难重重，是远近闻名的贫困村。"邱有生指着门前的山地赛道说，"如今，这可是市民运动休闲的天然地、村民脱贫致富的聚宝盆。"

现在，沙河镇党委书记刘晓伟打起了新算盘："昌赣高铁开通后，赣南老区迎来高铁时代。我们要把业态再丰富起来，让发展动力再强起来。"

随着昌赣高铁，赣深客专，广吉、兴赣高速，城市"四横六纵一环"快速路网等基础设施建设的推进，赣南老区的区位困局正在加速破解。目前，覆盖江西全省主要市县区的"2 小时交通圈"和通往珠三角和海西经济区的"4 小时高速经济圈"正在加速构建，内陆腹地"变身"为开放前沿。

对于赣州铭宸农业发展有限公司董事长张向江来说，距离早已不是问题。这位来自山东寿光的"蔬菜大王"，不仅带动 7000 多户贫困户种植蔬菜，更是早在两年前就借助赣州国际港，把基地 60% 的蔬菜卖到了俄罗斯、匈牙利。谁能料想到，一个不靠海、不沿边的赣州国际港，两年来开行中欧班列 360 列、铁海联运"三同"班列 1000 列，19 条中欧班列线路通往 28 个国家，带动木材、家具和蔬菜等老区特色产品低成本"卖全球"。

"摒弃'等靠要'思想，增强'造血'能力、自我发展能力"——这已成为赣南老区干部群众的共识。近年来，赣州以突出打好主攻工业、精准扶贫、新型城镇化、现代农业、现代服务业、基础设施建设"六大攻坚战"为主战场，奋力推进高质量跨越式发展。聚焦优势产业，赣州培育壮大新能源汽车科技城、现代家居城、中国稀金谷、青峰药谷、赣粤电子信息产业带、赣闽纺织服装产业带等"两城两谷两带"，着力打造有国际影响力的稀土产业集群、国内知名的现代家居研发生产基地、脐橙产业基地、赣南富硒农产品供应基地、全国一流的红色旅游目的地。聚焦建设省域副中心城市，赣州推动瑞（金）兴（国）于（都）经济振兴试验区、"三南"（定南、龙南、全南）一体化、会（昌）寻（乌）安（远）生态经济区建设，区域发展新平台、新格局正在加速构建。

"打开深山门，拥抱全世界"——这是当下赣南老区的真实状态。"脱贫攻坚几年下来，赣州收获很多。难能可贵的是，一大批干部在脱贫攻坚战中得到锤炼，发展的紧迫感和使命感前所未有。"赣州市委组织部副部长杨有谷说，为激发干部创业热情，赣州成体系、分批次选派干部到沿海挂职交流，让"思想提速"带动发展提速。

"我们不仅要巩固好脱贫成果，更要撸起袖子加油干，奋力创造新时代属于人民的幸福美好生活。"江西省委副书记、赣州市委书记李炳军说。

（郑波、赖永峰、刘志奇、刘兴）

12. 老区拔"穷根",发展有奔头
(总书记来过我们家)

——回访江西于都县梓山镇潭头村孙观发家

时间:2020 年 2 月 5 日 来源:《人民日报》

我这次来江西,是来看望苏区的父老乡亲,看看乡亲们的生活有没有改善,老区能不能如期脱贫摘帽。脱贫攻坚已经进入决胜的关键阶段,各地区各部门要再加把劲,着力解决好"两不愁三保障"突出问题,让老区人民过上幸福生活。城镇化和乡村振兴互促互生。要把乡村振兴起来,把社会主义新农村建设好。要加强乡村人居环境整治和精神文明建设,健全乡村治理体系,使乡村的精神风貌、人居环境、生态环境、社会风气都焕然一新,让乡亲们过上令人美慕的田园生活。

——习近平

建村 700 多年的江西省赣州市于都县梓山镇潭头村,古时曾是于都县治所在,如今随着乡村振兴加快推进,悠悠古村再度热闹起来。

潭头村地处县城东郊,国道穿村而过。村外,青山环绕,绿树成荫;村里,亭台水榭,白墙黛瓦,既有百年古建,又有崭新楼房,墙上绘着喜庆的农民画,江南水乡气息扑面。

70 岁的潭头村村民孙观发一脸幸福。2019 年 5 月 20 日下午,习近平总书记带着对老区人民的牵挂,来到潭头村考察,同孙观发一家和当地镇、村干部围坐在一起拉家常。大半年过去了,孙观发现在讲起来仍很激动。

总书记的话非常暖心

厨房、卧室、客厅……习近平总书记看得认真，问得仔细。"总书记拉住我的手，随和亲切。他的手很厚实、很温暖，他对农村很熟悉。"孙观发激动不已。

在厨房里，习近平总书记看了煤气罐、米缸、食用油壶，详细询问了孙观发一家人的生活情况："气多少钱？""用电方便吗？多少钱一度？""油是自己榨的还是外面买的？"……

孙观发就在厨房给总书记算了笔家庭账："一罐气 100 元钱，可以用一个月，电费一个月大概 200 多元，油是我们自己榨的，农村生活是越来越方便了。"

回忆起当天的情景，孙观发的儿子孙国华历历在目："总书记打开厨房冰箱，看到里面摆放的土鸡蛋、肉和鲜鱼，问我们：'这鱼是鲜鱼吗？红烧吗？'"

"我回答总书记，这鱼是今天刚买的，准备红烧。总书记笑着说：很丰盛！"孙国华说，"总书记的话非常暖心。"

总书记仔细查看客厅墙上的奖状，这是孙国华的子女在上学时得到的奖励。"习爷爷很和蔼，他鼓励我们好好学习，将来考上大学。我一定会努力！"孙国华的小女儿孙妍回忆。

在客厅，总书记同大家座谈。孙观发告诉总书记，自己是红军后代，心中一直有保家卫国的愿望，1970 年便参了军。"总书记问我是什么兵种，我回答是铁道兵。总书记说：铁道兵很辛苦啊！听了这话。我非常感动。"

家家开展"厕所革命"

"座谈前，总书记来到后巷看了我家的卫生间，问得格外仔细。我给总书记介绍：卫生间是自建的，在村里就是中等水平。不少村民家的卫生间修得更好。总书记听了很高兴。"孙观发回忆，"一个小小的卫生间，会让总书记这么挂心，我们真的没想到，真是好感动！"

习近平总书记接下来的一个问题却问住了孙观发："这个厕所用的是化粪池还是沼气池？"

"我赶紧接话，这个是三格式化粪池，池口就在门外。"潭头村党支部书记刘连云说，"总书记立马走出卫生间，让我们揭开盖子看化粪池。我跟总书记讲，经过沉淀过滤后的污水就是上好的有机肥。"

"总书记又问了补贴情况。我说贫困户补助 2000 元，非贫困户补贴 1000 元，修一个这样的卫生间需要 2800 到 3000 元左右。总书记笑着说，一家掏 1000 多元就能有一个这样的卫生间。大家听了都乐开了花。"刘连云记得很清晰。

这些年，潭头村变化确实大，孙观发深有感触："潭头村有句老话：'晴三天，挑烂肩头；雨三天，水溅灶头。'如今，吃水排水已不是问题，牛圈猪舍也很干净，水更清了，山更绿了，景更美了，早就不是过去的潭头啦！"

每天接待上千游客

鲜红的脱贫光荣证，挂在家里显眼处，脱贫的时间是 2017 年。

那天座谈时，孙观发告诉习近平总书记："我是因病致贫，爱人因为治疗肿瘤，欠下 20 万元外债。"

"我说我们不灰心，儿子、女儿出门务工，我就在家把孩子照料好。2017 年，我们家脱了贫；2018 年，年收入就达到了 7 万元。"孙观发说，"总书记听了很高兴，鼓励我们好好干。"

说话间，不时有游客走进孙观发家，他频频起身招呼。刘连云笑道："就这几个月，老孙兄弟几人合伙开的超市、农家乐都火起来了。"

孙观发开的农家乐 4 个月就收回了成本，他又把自家闲置的 4 间屋子改成民宿。"儿子最近也涨了工资，儿媳妇就在附近的扶贫车间工作。那天，我跟总书记汇报，2019 年，家庭收入能有 10 万元。现在一算，翻了一倍！"

刘连云介绍，镇上一直想把潭头及其周边地区打造成特色旅游区。2019 年 7 月，潭头旅游开发有限公司正式成立，100 多户村民成了股东。这几个月，每天接待的游客都有上千人，很多学校到潭头村开展研学活动，孙观发的家成了孩子们的课堂。

"总书记关心我们老区群众，我们更有干劲、更有奔头了！我们的生活一定会像芝麻开花节节高！"孙观发充满期待。

（朱磊、钱一彬）

后 记

  2020年是全面建成小康社会收官之年，也是脱贫攻坚战决战决胜之年。编写《决不让一个老区群众掉队——脱贫攻坚"赣州答卷"》，既是对赣南老区脱贫攻坚实践的一次梳理和总结，也是讲好中国脱贫攻坚故事的一次有益尝试。本书编写过程中，我们始终坚持客观、真实、准确的原则，书中有关数据、图片、事例等资料，均来源于赣州脱贫攻坚一线；在文字表述上，力求严谨规范、精练精准，尽可能做到通俗易懂。

  本书的编撰得到了赣州市委、市政府的大力支持，赣州市扶贫办、赣州市委政研室、赣州市委宣传部等有关单位对书稿内容提出了具体修改建议。本书的编写凝聚了有关单位和全体编撰人员的智慧与心血，是集体劳动的结晶、团队协作的结果。在付梓出版之际，谨对所有关心支持本书出版的各级领导、有关单位和编撰人员表示最诚挚、最由衷的谢忱！

  从光荣的历史走来，向幸福的未来走去。我们有理由相信，在打赢脱贫攻坚这场硬仗后，赣南老区人民一定能够创造新的更大辉煌。

本书编写组

2020 年 5 月

丛书策划：蒋茂凝

责任编辑：侯　春

封面设计：姚　菲

版式设计：周方亚

责任校对：史伟伟

图书在版编目（CIP）数据

决不让一个老区群众掉队——脱贫攻坚"赣州答卷"/北京师范大学中国
　扶贫研究院 著 . —北京：人民出版社，2020.9

ISBN 978－7－01－022481－7

I.①决…　II.①北…　III.①扶贫－研究－赣州　IV.① F127.563

中国版本图书馆 CIP 数据核字（2020）第 175123 号

决不让一个老区群众掉队

JUEBURANG YIGE LAOQUQUNZHONG DIAODUI

——脱贫攻坚"赣州答卷"

北京师范大学中国扶贫研究院　著

人民出版社 出版发行

（100706　北京市东城区隆福寺街 99 号）

北京华联印刷有限公司印刷　新华书店经销

2020 年 9 月第 1 版　2020 年 9 月北京第 1 次印刷

开本：710 毫米 × 1000 毫米 1/16　印张：27.25

字数：340 千字　印数：00,001~10,000

ISBN 978－7－01－022481－7　定价：90.00 元

邮购地址 100706　北京市东城区隆福寺街 99 号

人民东方图书销售中心　电话：（010）65250042　65289539